# 武将たちの四季

～戦国の逸話と物語～

岩原信守

元就出版社

# 前書き

戦国時代は文字通り戦乱の時代です。戦乱は約百年続きました。その中で人々はその現実に対応する工夫と努力をして来ました。長く続いた戦乱の中での人々の生き方、対応の仕方について当時の人々が共感したこと、非難したことなど、人のうわさに上り、語り継がれ書き継がれて来たことが数多く現代に伝わっています。

本書はそれらの中から約二百項目を選んで記述しました。項目の選定に当たっては、善くも悪くも「読む人の心に響くもの」を選びました。

本書の内容の基本になるのは、当時の人々の心の動きと人間関係です。戦争体験の中で、人はどう行動し何を学んだか。また、そこにどういう人間関係が生じたか。その広がりが本書全体の内容です。その全体の内容を、同類の項目を集めて十編に分類しました。

戦国時代に侍が懸命に戦うということは、自分の職務に精励するということでありました。そう考えると、現在それぞれの職場で精励されている人にも、何か通じるものがあるのではないでしょうか。

本書の中には、戦国を過ぎた江戸時代の話も一部含んでいます。これはその人物が戦国を生き抜き、戦国の気風を残していると考えて取り上げたものです。
本書の執筆に当たっては、数多くの資料を使用させて頂きました。古文の資料は現代文に直して使用しました。先学諸氏の御著書も多数参照させて頂きました（巻末に明示）。その恩恵について、心から謝意を表する次第です。

平成十五（二〇〇三）年六月

岩原　信守

# 武将たちの四季——目次

## 二 侍の心懸け 62

## 三　上に立つ者（主君・将）　113

## 四 下で支える者（家来）　166

【主を思う】　166



【主君を諫める】　179

# 武将たちの四季

――戦国の逸話と物語――

装幀——純谷祥一

# 一　戦国の戦い

**【戦国の戦いを見る】**　(1)〜(8)

戦国時代は戦いの連続である。戦国の戦いには謀略と権謀術数が多く用いられたと言われる。謀略と権謀術数は、共に「人を欺き陥《おとしい》れるはかりごと」である。ここでは(1)〜(3)の項にそれが特徴的に現れている（ちなみに、現代も人を欺き陥れて財産を横領しようとたくらむ者は後を絶たない）。(4)〜(8)は一般的な戦いの例である。戦いは常に知力と武力の総力を挙げて行われ、常に死と隣り合っていた。

## (1)　北条早雲《そううん》〈小田原城乗っ取り〉

北条早雲は伊豆（静岡県東部）を手中に収めた後、さらに東隣りの相模《さがみ》（神奈川県）へ関心を寄せた。相模の小田原は、箱根山を挟んで伊豆と隣り合っている。当時、小田原城には大森氏頼《うじより》が居て強い勢力を持っていた。早雲は氏頼に使者を送って、親交を結びたい旨を伝えたが、氏頼は用心して応じなかった。

明応三（一四九四）年八月、氏頼が没し、子の藤頼《ふじより》が小田原城主となった。早雲はこれを機会に、改めて藤頼に使者を送って親交を結ぶことを望んだ。初めは用心していた藤頼も、早雲からの度々の使者に次第に心を許すようになった。そこで早雲は藤頼を訪ねて懇談する機会を作り、何回目かの懇談の時、早雲は藤頼に言った。

「もし敵がわが館《やかた》に攻め寄せることがあったら、貴殿に後詰《ごづ》め（敵の背後から攻める）を頼みたい。また、貴殿の城に敵が押し寄せるようなことがあれば、この早雲が後詰めをしよう」と。

こうして二人は、いっそう親しみを深めた。しかし、これは早雲の謀略であった。早雲は藤頼が油断したことを見極めると、小田原へ使者を送って伝えた。

「このたび当国の山で鹿狩りをしたところ、鹿や猪《いのしし》などが箱根山へ逃げ込んだ。それで当方の勢子《せこ》（狩猟を手伝う人夫）を貴国へ入れて、鹿・猪を当方へ追い返したいが、貴国へ人数を入れるのは差し障《さわ》りがあるので、もし曲げてお許し頂ければ幸甚に存じますが……」

早雲のこの申し出に藤頼は謀略とは知らず、心安く承諾した。早雲はしてやったりと喜び、屈強の若者数百人を足軽の勢子にし、戦《いく》さに慣れた数百人を猟犬の世話人に仕立て、竹槍を持たせて夜襲の準備をさせ、翌年二月十六日、熱海《あたみ》の日金山《ひがねやま》を越え、石橋、湯本《ゆもと》の辺りにこれらの兵を隠し置き、合図を待つように命じた。

日暮れになると、数十頭の牛の角に松明《たいまつ》を結び付け、夜になるのを待って松明に火を付け、小田原城の上の箱根山へ追い上げた。それと同時に別働隊を、小田原南方の海辺からほら貝を吹き立て、鬨《とき》の声を挙げて押し寄せさせ、箱根から小田原城下へ通じる町家《まちや》に火を付けさせた。

小田原城内は仰天《ぎょうてん》した。山を見ればすさまじい数の松明が右往左往し、他方からはおびただしい鬨の声が聞こえる。城下の町は猛火に包まれている。城兵は防戦するどころではなく、われ先にと逃走した。城主大森藤頼も命からがら城外へ脱出した。早雲は宿願の小田原城乗っ取りに成功したのである。一般に、戦国時代は北条早雲から始まったと言われている。

## (2)　毛利元就〈厳島の戦い〉

厳島の戦いは、北条早雲が小田原城を乗っ取った六十年後のことである。

毛利元就が陶晴賢《すえはるかた》との対決に踏み切ったのは、天文《てんぶん》二十三（一五五四）年五月であった。これより前、陶晴賢は主君である山口の大内義隆を殺し、大内の後継者として九州の大名大友宗《そう》麟《りん》の子息を迎え、大内義長と名乗らせ、実権は陶晴賢が握っていた。元就は表面上は晴賢と友好関係を保ちながら、しばらくじっと時機を待っていたのである。

元就の本拠地は、安芸の国中部の山地にある郡山城《こおりやま》（広島県吉田町）であった。元就は晴賢との対戦を決意すると、直ちにわが子隆元《たかもと》・吉川《きっかわ》元春・小早川隆景の三人と、その兵合わせて三千余を率いて、瀬戸内海にある厳島を目指して一気に進軍した。途中にある陶方の属城を次々に落とし、元就は攻め落とした桜尾《さくらお》城（広島県廿日市《はつかいち》）に入り、やがて厳島をも占領した。

陶晴賢はそれまで毛利を味方と思っていたので、この知らせを受けて大いに驚き怒り、宮川房長に兵七千を預けて桜尾城を取り返そうとした。房長は桜尾城の西方一里（四キロ）にある折敷畑山《おしきばたやま》に陣を敷いて気勢を上げた。元就は三千の兵を四つに分け、四方から折敷畑山に攻め懸《か》かった。元就の作戦は成功し、敵将宮川房長を討ち取って大勝した。そこで元就は、一たん郡山城へ引き揚げた。

大軍を擁する陶晴賢に勝つための方策として元就が最初に考えたことは、陶方の有力武将江《え》良《ら》房栄《ふさひで》を晴賢から引き離すことであった。房栄は陶の重臣で、かつて元就が陶に味方していた時に戦場を共にし、その優れた戦い振りを元就はよく知っていた。

やがて元就の耳に聞こえてきたことは、房栄が毛利攻めの先陣を勤めるということ、また、房栄は晴賢に毛利と和睦するように勧めているということであった。晴賢という男は、人の諫《いさ》めを嫌う性格である。そこで元就は、間者《かんじゃ》を陶の本拠山口へ送り込んで、

「江良房栄は毛利に内通している」

といううわさを流させた。そうして右筆《ゆうひつ》に命じて房栄の筆蹟をまねさせ、見分けの付かぬほど上達したところで、房栄から元就に当てた起請文《きしょうもん》を偽作させ、間者に持たせて山口の城下に落とさせた。

晴賢は房栄のうわさを聞いた時は、これは元就の謀略であろうと思っていたが、起請文が晴賢のもとに届けられ、その筆跡が房栄のものと認められ、自分に毛利との和睦を勧める房栄の言動などと考え合わせて、ついに晴賢は房栄謀反を信じ込んだ。そして重臣である弘中隆兼《たかかね》を招き、房栄を殺すことを命じた。隆兼はこれは毛利の謀略に違いないと説いたが、晴賢は聞き入れなかった。隆兼は止むなく房栄の居城岩国（山口県岩国市）へ行き、房栄に腹を切らせた。

次に元就が考えたことは、陶軍との決戦をどこで行うかということであった。そしてその地を厳島と決めた。

厳島は本土から約一里（四キロ）離れた瀬戸内海に浮かぶ小島で、平清盛の信仰厚かった厳島神社の在るところである。厳島はまた瀬戸内海航路の要地で、山口の大内氏が安芸（広島

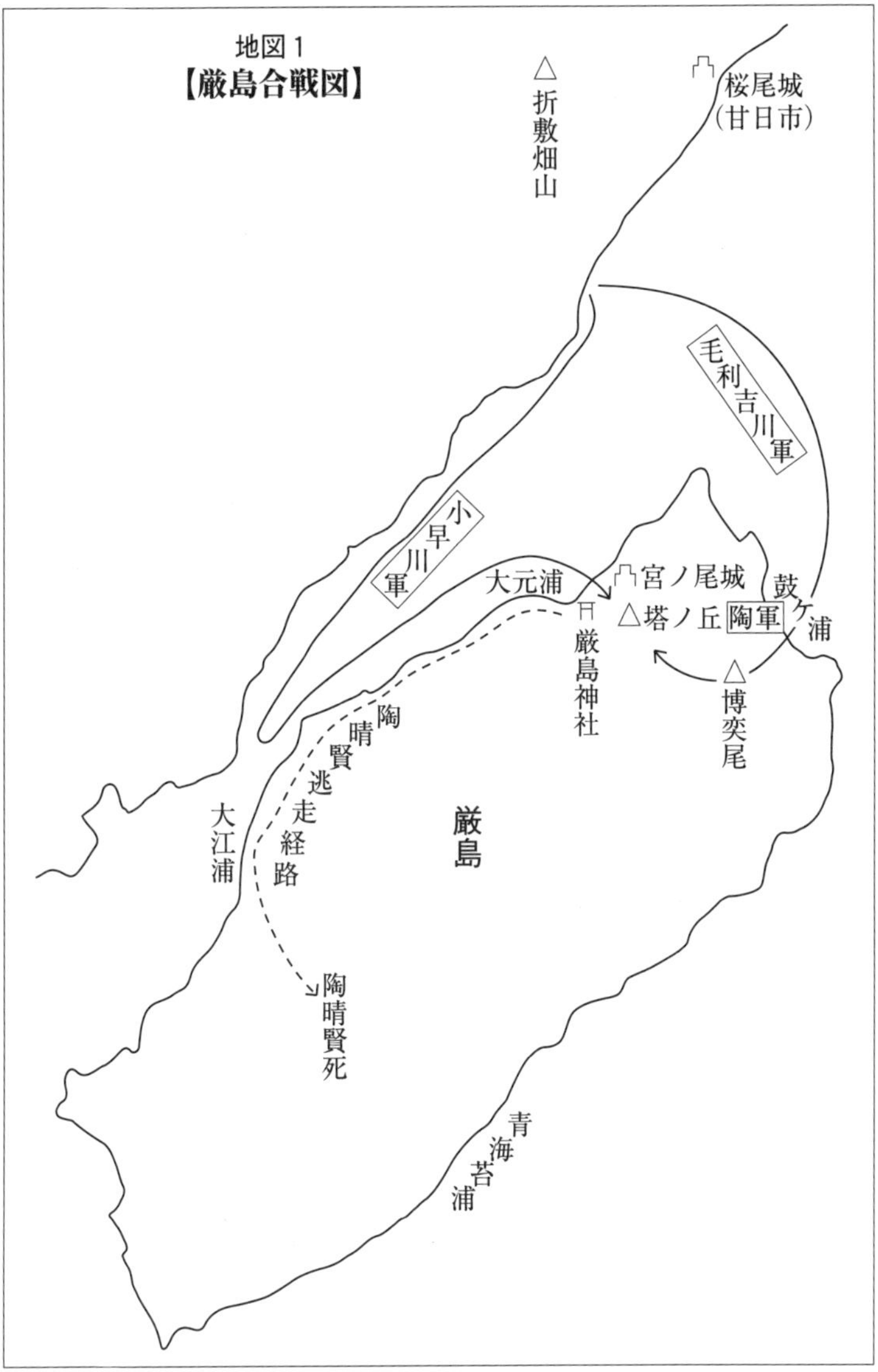
地図１
【厳島合戦図】
△折敷畑山
桜尾城
(甘日市)
毛利吉川軍
小早川軍
大元浦
宮ノ尾城
△塔ノ丘
陶軍
鼓ケ浦
厳島神社
△博奕尾
陶晴賢逃走経路
大江浦
厳島
陶晴賢死
青海苔浦

県）へ遠征する時は、この地に本陣を置いた。かつて陶晴賢自身も、毛利の援軍に来た時は厳島に陣を敷いていたし、晴賢が大内義隆に反逆する直前にも真っ先に厳島を奪ったという実績がある。

晴賢は、毛利に奪われた厳島に強い執着心を持っていた。元就は厳島を占領した後、約半年をかけて厳島へ城を築いた。厳島神社のすぐ近く宮ノ尾というところに築城したのである。この城は言わば晴賢を誘い寄せるための、おとりの城であった。城将には陶方から寝返った己斐《こい》豊後守と新里《にいざと》宮内少輔《くないのしょう》の二人に、強兵五百を付けて守らせ、晴賢を挑発した。そうしておいて元就は言った。

「わしが重臣たちの諌言《かんげん》を聞かずに、厳島に築城したことは一代の過《あやま》ちであった。今さら城を破却するのも、自分の過ちを広く世間に知らせることになり、敵味方の者がどう思うかと実に恥ずかしい。その間一里ばかりの海上とはいえ、敵船は五、六百艘《そう》、味方は百艘ばかりであり、どうして助けることが出来よう。さてどうしたものか」と。

この元就の言葉を聞いて、家中一同が言った。

「厳島に築城なされたことは、殿の一代の失策、晴賢が大軍をもって攻めれば日を経ずして落城し、したがって他の諸城も順次落ちるであろう。殿がいかに名将であろうとも、これでは成功するはずがない。郡山城へ引き退くよりほかはありますまい」と。

これは、実は元就が家中の者たちに、そう言わせるように仕向けたのである。

陶の間者がこれを聞き、毎日のように晴賢に報告したので、晴賢も次第にそれを誠と思うようになった。

元就の家臣に桂元澄《かつらもとずみ》という者がいた。かつて元就が毛利家を相続しようとした時、元澄の父広澄は、元就の弟元綱の陰謀に加担した罪で自殺した。元就はこの事実を利用して、敵を欺く謀《はかりごと》を考え、元澄に晴賢への偽《にせ》の書状を書かせた。その内容は、

「我らはかねてから元就に遺恨を抱き続けて来た。今こそ無念を晴らす好機である。晴賢が厳島を攻めれば、元就は必ず宮ノ尾城の救援に向かうであろう。その時、我らは毛利の本拠郡山城を陥落させよう」

という意味のものであった。この書状も、暗に陶軍を厳島へ向かわせようと勧誘する内容である。陶方ではこのような毛利方の一連の動きを、毛利の謀略ではないかと警戒する者もあったが、晴賢の決断によって厳島攻略が行われることになった。

こうして陶晴賢の率いる二万の軍勢は、五百艘の船に分乗して厳島に上陸した。厳島に上陸した陶軍は、宮ノ尾城（毛利の城）の南方約一・五キロの塔ノ丘付近に布陣し、宮ノ尾城攻撃を開始した。

郡山城に居て、陶軍が厳島へ渡ったことを知った元就は、長男隆元を先陣に郡山を出発し、厳島の対岸近くに軍勢を集めた。一方、船の調達をかねてから小早川隆景に命じておいた。隆景は家臣で小早川水軍の頭領である乃美宗勝《のみむねかつ》を通じて、伊予（愛媛県）の村上水軍に協力を頼んだ。村上水軍と呼ばれる能島《のしま》の村上武吉《たけよし》と来島《くるしま》の来島通康《みちやす》は、一応宗勝に好意的であった。

村上水軍が毛利方に好意的であったのは、一つには縁故関係があったことによる。村上武吉という当時二十三歳の若者は、乃美宗勝の姉の孫であり、来島通康の娘婿《むこ》であった。さらに大事なことは、村上水軍が陶晴賢に恨みを持っていたことである。

当時、瀬戸内の水軍は、航路の要所に船を置いて、航行する商船から通行料を取って生活の資としていた。通行料徴収の名目は、商船の案内役を務めることと、海賊の攻撃から守る警固役をすることであった。村上水軍は、以前から厳島付近での通行料徴収を権利として持っていた。ところが、陶晴賢はその権利を取り上げたのである。そのような事情で、陶方からも船借用の依頼があったのを断り、毛利方に協力することになった。

村上水軍は伊予の武将河野《こうの》通直《みちなお》の指揮下にあったが、通直に毛利援助の最終決断をさせたのは、小早川隆景の、

「負けたとなれば、二度と島を出ることは無い。船を借りるのは厳島へ渡る時だけでよい」

という決死の覚悟であったという。隆景の決死の覚悟は、毛利全軍の覚悟であった。

こうして、元就が陶晴賢と対決することを決意した年の翌年九月二十八日、村上水軍は厳島の北方廿日市《はつかいち》の沖に、三百艘の船団で姿を現した。毛利方の意気は挙がった。元就は三十日の夜、渡海することに決め、全軍に軍令を出した。

軍令の内容は、合印《あいじるし》として、手ぬぐいで鉢巻きをする。たすきを二重に巻く。合言葉は〝勝つ〟に対して、〝勝つ勝つ〟。兵糧は三日分として、餅《もち》一袋・焼き飯一袋・米一袋を腰に付ける。船のかがり火はたかず、先頭を進む元就の本船の一灯を目標にして進むこと。掛け声・櫓《ろ》拍子は一切禁止する。というもので、これを全軍に周知徹底させた。

三十日の日暮れになって、いよいよ出船しようとすると、にわかに暴風雨が襲って来た。重臣や水軍の将から、渡航延期の進言があったが、元就は、

「敵に気付かれずに渡る好機である」

と言って、全軍の士気を鼓舞し、渡航を強行した。暴風雨は航行の途中で止み、毛利元就・同隆元・吉川元春の軍勢二千は、午後十時ごろ、厳島の北東岸鼓《つづみ》ヶ浦に上陸した。上陸が終わると、兵船はすべて帰した。全員逃げ場の無い背水の陣である。軍勢は吉川元春を先陣として、陶方本陣の背後に当たる博奕《ばくち》尾《お》の丘上に陣を敷いた。陶の軍勢で、毛利の布陣に気付いた者はいなかった。

一方、小早川隆景の率いる千五百の一隊は、小早川水軍に村上水軍も加わり、陶軍に気付かれないように、本土に沿って一度南下し、そこから再び北上して、厳島神社大鳥居の方へ向かった。ところが、この辺りには陶の軍船が密集していた。小早川軍の先頭を進んでいた乃美宗勝は、大声で、

「我らは筑前の兵船である、陶晴賢殿の加勢にまかり越した。ここを開けられよ」

と言って、陶の軍船を寄せさせて上陸した。筑前（福岡県）は、陶晴賢が大内氏の後継として招いた大内義長の実家、大友氏の領地である。乃美宗勝は小早川軍を、筑前から馳せ参じた陶の援軍と称して、この場を切り抜けたのである。小早川軍は上陸すると、陶軍本陣のある塔ノ丘の坂下に布陣した。

明けて十月一日午前四時ごろ、夜が白み始めると同時に、毛利・吉川の本陣博奕《ばくち》尾《お》の軍勢二千が、鬨《とき》の声と共に駆け下りて、背後（南）から陶軍二万の駐屯する塔ノ丘目掛けて攻め込んだ。それに合わせて小早川勢千五百と、宮ノ尾城の城兵五百、合わせて二千の軍勢が、正面（北）から陶軍に攻め掛かった。

不意を突かれた上、前後から挾《はさ》み打ちにされた陶二万の大軍は、大軍のため動きが取れず、

なすすべもなく、大混乱に陥った。陶方の部将も防戦につとめたが、やがて総崩れとなって、西方の海岸へ向けて敗走した。しかし、彼らが期待した船団は、ほとんど毛利方の水軍にいかり綱を切り放され、撃破されていた。

敵の大将陶晴賢は家臣三浦房清《ふさきよ》に助けられ、近習数人と共に厳島神社に近い海岸大元浦《おおもとうら》まで逃れたが、船は無かった。晴賢らはさらに六キロほど南の大江浦《おおえのうら》まで逃れたが、ここにも船は無かった。晴賢は肥満体で、常には騎馬で行動したが、ここには馬はいない。近習に助けられて、やっとの歩行であった。

房清は、なお山越えで厳島東岸の青海苔浦《あおのりうら》まで行って船を探したが見付からず、そこで毛利の軍兵に討たれた。房清の死を知った晴賢は、万策尽きたことを悟り自刃して果てた。場所は大江浦から青海苔浦へ行く途中の山中で、晴賢時に三十五歳であった。

戦いが終わって元就は、汚《けが》した神域を元に戻すための作業に入った。死者は小早川隆景の船で海へ流し、負傷者は海を渡って本土へ運んだ。血の流れた土は削って海へ捨てた。神社の建物は海水で洗い清めて、その後参拝した。また、敵味方の死者を供養するため、僧を招いて読経させた。それらの作業と行事を終えると、元就はようやく郡山城へ凱旋したのである。

毛利元就が陶晴賢を討った厳島の戦いは、織田信長が今川義元を討った桶狭間の戦いと並んで、戦国時代の二大奇襲作戦と呼ばれている。

### (3) 宇喜多直家《なおいえ》〈祖父の敵《かたき》を討つ〉

宇喜多直家は八歳の時、父が急死したので、親類の家に預けられた。弟が二人、忠家六歳と春家四歳がいたが、笠加《かさか》（岡山県）の尼寺に伯母が尼となって居たのに頼んで、世話をしてもらった。直家は物静かな生まれ付きであったが、十一歳のころからにわかに暗愚になって、物の区別も付かぬほどである。十五歳になった時、母のところへ行くと、母は涙を流し、

「三人兄弟の中でも兄なので、せめて人並みであって欲しいと思っていたのに、一段と愚かであるとは……。人並みであったら浦上《うらかみ》の殿に申して、草履でも取らせてもらうのに。どういう因果でこのような憂《う》き目を見るのであろうか」

と言って打ちしおれた。直家は母の様子を見て側近く寄り、

「誠は愚かなのではありません」

と言った。母は聞いて、

「お前ほど愚かでありながらも、なお賢《かしこ》いと思っているのか」

と、いよいよ嘆く有様である。直家は、

「ここに一つの大事なことがあります。誰にも話してはいけません。もし漏らすようなことがあると、そのことは叶《かな》えられません」

「それはどのようなことぞ」

「よくお聞き下さい。私の祖父能家公《よしいえ》は島村豊後（後に貫阿弥《かんあみ》）のために殺されました。父は敵《かたき》を討たずに世を去られましたこと、誠に口惜《くちお》しゅうございます。何とかして一度祖父の弔《とむら》いをしたいと思いますが、それには島村を殺すに越したことはありません。私がもし賢いと島村に聞こえたら、私をこのまま生かして置くでしょうか。ただこのことだけを考え、謀《はかりごと》を巡《めぐ》らし、祖父の恥をそそぎたいと存じます。はや十五になったので、殿様に奉公致すように計らって下

さい。仮初《かりそ》めにもこの一大事を口に出されませぬように」

母は聞いて驚き、かつ喜んで、天神山城（岡山県）の城主浦上宗景《うらかみむねかげ》に頼み、直家は初めて主君に仕えることになった。

直家の性格は静かで愚鈍に見えた。直ぐ下の弟忠家は賢《かしこ》く立ち回る性格であったので、人々は兄を誹《そし》り弟を誉《ほ》めた。浦上家の家老に一閑《いっかん》と言う老人がいたが、一閑は、

「いやいや、直家は心底がしっかりしていて、尋常の者ではない。きっと家を興《おこ》し身を立てるであろう。弟の忠家は、世事に賢いけれども邪心がある」

と言った。果たして一閑の言ったように直家は後に家を興した。

直家は宗景に仕えたが、知謀に優れていたので、宗景は次第に直家を寵愛《ちょうあい》するようになり、後に乙子《おとご》の城を預けた。そのころ宗景の家臣中山信正《のぶまさ》は沼の城に居たが、宗景の心に背《そむ》くことがあった。宗景は中山を除くことを密かに直家に相談した。それに対して直家は、

「某《それがし》は中山の娘を妻とし、婚姻の親しみが深い者でありますのに、このような仰せを承《うけたまわ》ることは、殿は私を不忠の行いはしないとお信じなされてのことと存じます。それならば、力の限り取り計らってみましょう。ただ一つお願いがあります。それをお許し下さいませんでしょうか」

宗景は喜んで、

「何事であっても、その志に任せよう」

それで直家は、

「私の祖父能家《よしいえ》は忠功の者でありましたのに、島村貫阿弥が密かに殺しました。主君を軽んず

る者なので、私が望まなくても必ず討たれる者です。祖父の敵ですから、お許しを得て殺したいと思います」

と話した。宗景は聞いて、

「島村がその方の祖父を殺した時は、予《よ》が幼かったので、島村は思いのままに振る舞った。今は予も憎く思っているところである。謀《はかりごと》をよくして、島村・中山の二人を討て」

と指図した。

中山信正の居る沼の城の東に、川を挾んで茶園畑というところがあった。直家はここに茶店を設け、鷹狩りに出て日が暮れると、茶店に入って寝泊まりした。また、信正の沼の城に行って打ち解けた親しみを示した。ある時、直家が中山に向かって、

「ここへ来るのに間に川があるので、南の方へ回らなければならないが、それでは道が遠い。茶園畑から直ぐに川を渡るために、仮橋を掛けさせてもらえれば、普段は取りのけて置いて、行き来の時だけ掛けるようにしたいが」

と言うと信正は、

「それは易いことよ」

と許した。直家はうまく謀《はか》ることが出来たと喜び、宗景に、

「沼の城から天神山の城へ、狼煙《のろし》を上げて知らせましょう。狼煙が上がったら、信正を討ち取ったと承知なされませ。その時は直ぐに島村のところへ使いを走らせ、『中山信正が謀反したので、直家に下知《げち》して討たせた。早く沼の城に駆け向かい、直家に力を合わせよ』と下知《げち》されたなら、島村は年老いたけれども、深く考える暇が無く、一騎駆けに沼の城へ来るのを討つこ

とは容易でしょう」

と言って、それを実行する日を約束した。

当日になると直家は鷹狩りに行き、日暮れになって沼の城に入り、狩りで捕った鳥を肴《さかな》にして酒宴になった。夜も更《ふ》け、信正も酒に酔った。直家が、

「私は今夜はここで寝よう」

と言うと、信正の家臣も退出した。直家は寝入った振りをしていたが、不意に起き上がって信正をただ一刀で斬り殺し、外に踊り出て大声を上げた。かねて合図をしてあった者共が城下に忍んで待っていたので、われ先にと城内へ駆け入った。城中では何事かと驚くばかりである。川の向こうに伏せて置いた兵も鬨《とき》の声を上げ、仮橋を渡って攻め入り、うろたえる信正の侍どもを斬り伏せ斬り伏せ、間もなく城を乗っ取った。この時、狼煙《のろし》を上げたので、宗景は直ちに島村のもとへ使いを走らせて、直家と打ち合わせたように告げた。島村は聞いて、

「続け、者ども」

と、馬に鞍《くら》を置かせて打ち乗り、付き従う兵七、八人ばかりで沼の城へ駆け入った。城はすでに落ちていたので、直家は本丸に在って、島村が城に入ると同時に門を閉じさせた。島村はこのような謀《はかりごと》があるとは知らず、本丸に入るところを、かねて打ち合わせてあったので、取り囲んで討ち取った。

島村の軍兵が一騎駆けにまばらになって来るのを、道で待ち受けて討ち取り、やがて島村の居城鷹取山《たかとりやま》の城へ攻め寄せると、防ぐ兵もなく散り散りになって逃げてしまった。直家は望みを達したのである。ちなみに、後に本文に出て来る宇喜多秀家は直家の子である。

## (4) 柴田勝家〈瓶《かめ》割り柴田の由来〉

織田信長が岐阜に本拠を置いていたころ、柴田勝家は近江《おうみ》（滋賀県）の長光寺《ちょうこうじ》城を預かっていた。元亀元（一五七〇）年、信長は徳川家康と共に、浅井・朝倉軍と近江の姉川で戦った。その時、近江の佐々木義賢《よしかた》（六角承禎《じょうてい》）は浅井・朝倉軍に味方して、勝家の長光寺城を攻め、城の周りの総構えを打ち破った。勝家は本丸に在って必死の防戦に努めていた。

その時、村人が義賢の陣へ、

「この城は水の取り入れ口が遠く、遙かなところから水を運んでいます。それをふさげば、城は持ちこたえることが出来ません」

と知らせた。義賢は喜んで水の取り入れ口をふさいだ。城中では苦しんだが、弱った気色は見せなかった。義賢は城中の様子を知りたいと思い、和平の使いと称して平井甚助《じんすけ》を城中へ送り込んだ。

平井は勝家に対面していろいろ世間話をした後、手洗いの水を所望した。すると小姓が直ぐに飯銅《はんどう》（水入れ）に水を満たし、二人で舁《か》いて持って来て、平井に十分手洗いをさせ、残った水は庭へ捨てた。平井は帰ってこのことを話すと、あまりに予想と違うので、皆が不思議に思った。

城中ではすでに水が残り少なになったので、勝家は、明日は城から打って出て斬り死にしようと、諸士を集め最後の酒宴をした。残っている水を問うと、大きな水瓶《みずがめ》に三つしか無いということであった。勝家はこれを舁《か》き出させ、

「この間中ののどの渇きを止めよ」

と、人々に十分に飲ませ、残った水の入った瓶を薙刀《なぎなた》の石突き（柄の端の金属部分）で突き割った。決死の覚悟を示したのである。そして明くる日の早朝に門を開いて打って出ると、敵は思いがけないことなので散々に敗れた。

勝家は敵を追撃し、首八百余を取って信長のもとへ送った。信長は戦いの様子を聞いて、感状を贈って勝家を賞した。これ以後、世間では勝家のことを、〝瓶割り柴田〟と呼ぶようになった。

## (5) 魚津《うおづ》城兵〈全員切腹〉

天正十（一五八二）年三月、越後（新潟県）の上杉景勝と同盟した一向一揆が、織田信長配下の富山城を攻め落とした。信長は柴田勝家・佐々成政《さっさなりまさ》・前田利家・佐久間信盛《のぶもり》を大将として富山城を攻撃させ、富山城を織田方の手に奪い返した。柴田勝家らはその勢いで、上杉方の魚津城・松倉城（共に富山県魚津市）を取り囲んだ。魚津城では、直ぐに上杉景勝へ救援依頼の使者を送った。

そのころ、武田勝頼を滅ぼした織田の大軍は、まだ甲斐（山梨県）・信濃（長野県）に滞陣し、景勝は本拠越後を留守に出来る状況にはなかった。そのうちに信長が軍を率いて東海道を経て安土城（滋賀県）へ向かったとの情報を得て、景勝はようやく魚津城の救援に向かうことになった。

景勝が越後春日山《かすがやま》城（新潟県上越市）を出発し、魚津城の東側にある天神山城に着いたのは五月十九日であった。景勝が天神山城に入ったと聞いた織田軍は、天神山城に押しかけ各地で激戦を展開した。

一方、景勝が春日山城を留守にしたことを知った織田方の部将、森長可《ながよし》・滝川一益《かずます》らは、春日山城を突くべく越後領内へ侵入を開始した。本拠である春日山城の危機を知った景勝は、直ちに越後へ引き返すことを決意した。景勝にとっては、魚津城救援を断念せざるを得ない状況になったのである。

魚津城内ではすでに矢玉は尽き、食糧も底を突いていた。城兵たちは命の限りに戦ったが、疲労と体力の衰えとで気力も尽きてしまった。六月三日、城将中条景泰《なかじょうかげやす》と城兵は、今はこれまでと一か所に集まり、

「敵のために生け捕られて、武名を汚すも口惜しい。各々一同に腹かき切って名を後代に残そう」

と相談し合った。そして短冊《たんざく》形の板に自分の姓名を書き、それに小刀《しょうとう》の先で穴を空けて針金を通し、その針金を耳に突き通して結び付けた。そして腹十文字にかき切り、互いに差し違えて果てた。すさまじいばかりの死の演出である。

この時、切腹した者の名は後世まで記録として残され、それぞれの子孫は上杉景勝に取り立てられたという。

### ⑹　竹中半兵衛〈稲葉山《いなばやま》城乗っ取り〉

竹中半兵衛重治《しげはる》は、稲葉山（岐阜市）城主斎藤竜興《たつおき》に仕えていた。若い竜興は半兵衛を愚人

と見て侮《あなど》り、無礼に扱うことが多かった。それは、半兵衛が蒲柳《ほりゅう》の質（ひ弱い体質）で、顔立ちが優しく色白で、一見女性のようであったからである。この時代は殺伐の気風に満ちていて、男は強剛激烈な風貌《ふうぼう》と、激しい気概を持つことを良しと考えていた時代である。

それに半兵衛は日夜、家にこもり、軍書を読むのを常としていた。その上、半兵衛は性格も大様《おおよう》で、大抵のことには無感動を装って悠然としていた。——優男《やさおとこ》が読書にふけり悠然としている——、他の武士の目には、それは男にあるまじき柔弱《にゅうじゃく》振りと映ったであろう。

ある日のこと、半兵衛が城から帰るところを、櫓《やぐら》の上に居た竜興の近習たちが見掛けた。日ごろから主君竜興が半兵衛を侮《あなど》っているのを見知っている近習たちである。中の一人が前をまくって、ちょうど半兵衛が真下に来掛かるところを狙い、小便を飛ばしかけた。半兵衛は髪の毛から滴《しずく》が垂れるほど濡《ぬ》れてしまった。竜興の権威を笠に着た近習たちのいじめである。半兵衛は怒りをじっと我慢して、自分の居城菩提山城《ぼだいやま》に帰った。

半兵衛は、我が身に受けた恥を雪《すす》ぐ決心をした。風呂に入り身支度を整えると、舅《しゅうと》である安藤守就《もりなり》の屋敷を訪ねた。安藤は斎藤家の筆頭家老である。半兵衛は安藤に、主君竜興や近習の日ごろの自分に対する態度、今日の屈辱のことなどを話し、この恨みを晴らしたいと訴えた。しかし安藤は、この企てはとうてい成功する見込みは無いと考え、主君に謀反を起こせば身の破滅になる、と諭《さと》して半兵衛を帰した。

半兵衛の決心は変わらない。ちょうどそのころ、稲葉山城中に人質として送られていた半兵衛の弟久作《きゅうさく》が病気にかかった、という知らせが届いた。半兵衛は、これを好機として作戦を練った。今まで学んだ軍書が頭の中にある。それをいかに実地に応用するかということでもあった。

半兵衛は久作を看護するという名目で許可を得て、取りあえず六人の部下を城内の久作のもとに送り込んだ。そうしておいてその日の夕方、長持《ながもち》に武具などを入れて雑人《ぞうにん》に担《かつ》がせ、半兵衛自身は、侍十人を引き連れて登城した。門番たちには、弟の病を見舞いたい、長持に入っているのは人々を持て成すための酒や食物である、と言って通った。半兵衛は時々、登城しているので、門番たちも格別怪しむ風はなかった。本丸の久作の住居に着き、夜更《ふ》けを待って長持を開き、武具に身を固めた。半兵衛と家来合わせて十七名である。

半兵衛はまず、その夜の城番の侍大将斎藤飛騨守《ひだのかみ》を襲い、真っ二つに斬り倒した。不意のこととて、城中に居合わせた者どもが周章狼狽《ろうばい》するところを、十七人の者たちはあちらこちらと斬り回った。城主竜興は近習に囲まれ、辛《かろ》うじて城外に脱出し、美濃（岐阜県）領内の小城に落ち延びたという。

やがて城中から早鐘が打ち鳴らされ、待機していた半兵衛の家臣と、成り行きを心配していた安藤守就の手勢が入城し、稲葉山城は完全に竹中半兵衛の手に帰したのである。時に永禄七（一五六四）年三月、半兵衛二十一歳の時であった。

半兵衛は稲葉山城に居ること僅か十日あまり、間もなく舅《しゅうと》であり美濃の筆頭家老である安藤守就を仲に立て、竜興に城を返した。そして自分の居城菩提山城に退いた。しかし、半兵衛はそこも引き払い、浪人となって近江（滋賀県）の栗原山に居を構えて移り住んだ。

その後しばらくして、半兵衛は木下藤吉郎（豊臣秀吉）の熱心な勧誘を受け入れ、藤吉郎の軍師として活躍することになる。

## ⑺　羽柴秀吉〈賤ヶ岳の戦い〉

織田信長の跡目相続を巡《めぐ》って羽柴秀吉と柴田勝家が対立した。その決着をつけるため、勝家は越前北ノ庄（福井市）を出陣し、近江の柳ヶ瀬《やなせ》（滋賀県余呉《よご》町）に着陣した。時に天正十一（一五八三）年三月であった。

秀吉はこれに応じて近江の木之本《もと》（滋賀県木之本町）に本拠を置き、賤ヶ岳一帯に砦《とりで》を築き、柴田勢を迎え討つ用意をした。柴田勢約三万に対して羽柴勢約五万である。両軍はそのまま睨《にら》み合いの態勢に入り、どちらからも仕掛けることなく四月になった。

四月中ごろになって、柴田勝家に味方する岐阜城の織田信孝（信長三男）が出陣するというわさを、秀吉は聞いた。勝家と対陣している秀吉にとって、もし信孝軍が参陣したら、秀吉軍は北から勝家軍、南から信孝軍に挾み撃ちにされることも予想される。秀吉は弟秀長に後を託して、直ちに兵一万八千を率いて信孝攻めに向かい、大垣（岐阜県）に着陣した。

大垣から岐阜へ攻め入るには、揖斐《いび》川と長良《ながら》川の二つの川を渡らねばならない。ところが、揖斐川は連日の大雨で氾濫《はんらん》し、とても人馬を渡すような状態ではない。止むを得ず大垣に宿陣して人馬の疲れを休めた。これは後から考えると幸運であった。大垣で人馬を休めたことが、次の木之本への迅速な引き返し作戦を可能にしたのである。

一方、柴田の陣営では、勝家の甥《おい》で鬼玄蕃《おにげんば》の異名《いみょう》をとる猛将佐久間玄蕃允《のじょう》盛政《もりまさ》が、行市《ぎょういち》山《やま》に着陣していたが、秀吉が岐阜に行って留守と聞いて、その間に先制攻撃を仕掛けることを勝家に提案した。勝家は慎重を期して反対したが盛政は聞かず。勝家も止むなく、一戦したら

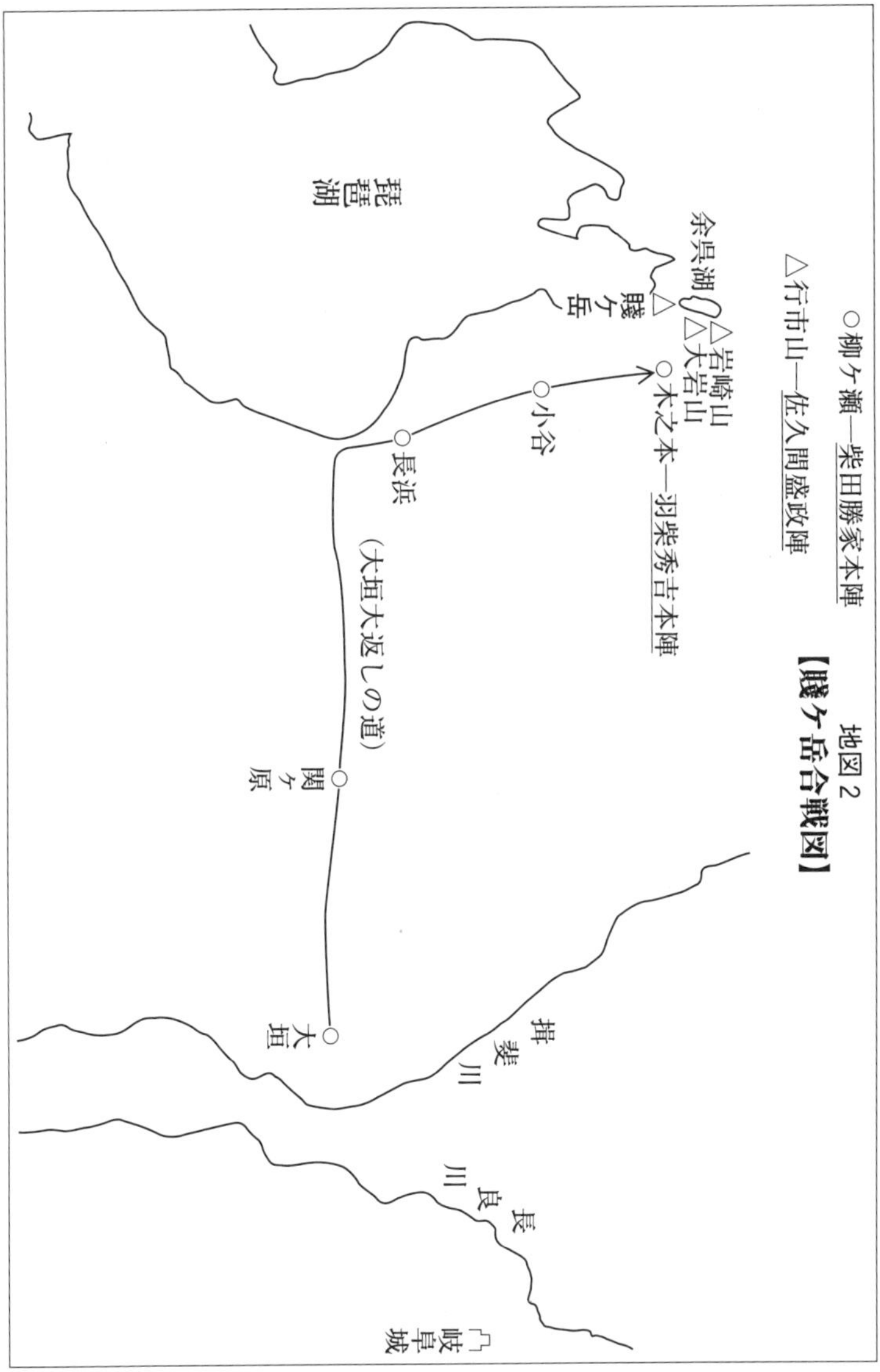
○柳ケ瀬―柴田勝家本陣
△行市山―佐久間盛政陣
○木之本―羽柴秀吉本陣
△岩崎山
△大岩山
余呉湖
△賤ケ岳
琵琶湖
○小谷
○長浜
（大垣大返しの道）
○関ケ原
○大垣
揖斐川
長良川
岐阜城

地図2
**【賤ケ岳合戦図】**

直ぐ引き返すことを条件に許可した。

盛政の率いる一万の軍勢は、四月二十日午前二時、行市山を出発し、余呉湖《よごのうみ》の西側を回って賤ヶ岳の横を通り、中川清秀の守る大岩山《おおいわやま》砦を攻撃した。午前七時ごろのことである。清秀は千に足りない軍勢で奮戦したが、多勢に無勢、遂に守将中川清秀以下ほとんど全員討死《うちじに》した。大岩山の北の岩崎山砦には高山右近《たかやまうこん》が居たが、この様子を見て砦を捨て、秀長の陣地まで退却した。また、大岩山の南にある賤ヶ岳砦には桑山重晴《しげはる》が居たが、重晴は盛政との取り引きで、夜になって盛政に砦を明け渡して引き揚げた。

この戦果に気をよくした盛政は、一戦したら引き返す、という勝家との約束を破り、さらに多くの戦果を期待して、勝家からの再三にわたる撤退命令をも無視して、敵の陣中に宿営した。

大垣に駐屯していた秀吉のもとに秀長から急使が届いたのは、四月二十日の正午過ぎであった。佐久間盛政の攻撃を受け、大岩山の中川清秀軍が危急に陥《おちい》っているという知らせであった。

秀吉はこの知らせを受けると、直ちに近江木之本の本陣へ引き返す決心をした。軍勢にその用意を命じ、足軽の中から特に足の達者な者五十人を選んで先遣隊とし、秀吉の旧領長浜まで急行させた。そして長浜領内村々の庄屋・大百姓に触れさせ、蔵の米を供出させて握り飯を作らせ、また、馬の飼料として糠《ぬか》を混ぜた飼《か》い葉《ば》を、握り飯と共に道端に用意させた。

さらに、小谷《おだに》（滋賀県湖北町）へ着くころには夜になろうと言うので、小谷から木之本までの道の両側に松明《たいまつ》を立てさせた。そして、すべての費用は後で十倍にして支払うと言わせた。秀吉はかつて長浜の領主であったので、領民は秀吉を慕っていた。人々は予想以上に秀吉に協力した。

秀吉は信孝への警戒から三千の兵を大垣に残し、一万五千の兵を率いて二十日午後二時、大垣を出発した。急ぎに急いで木之本の本陣目指して進軍した。そして先頭部隊は午後七時ごろ、後続部隊は同九時ごろ、木之本に到着した。大垣・木之本間五十二キロの道程を、五時間乃至《ないし》七時間で駆けたのである。普通には軍勢の移動は一日に二十キロと言われている。それから見ると、驚くべき速さである。人々はこれを〝大垣大返し〟と呼んだ。

佐久間盛政は、四月二十日の夜、木之本付近に数も知れない多くの松明の明りが揺れているのを見て驚いた。秀吉帰陣とはにわかに信じることが出来なかった。盛政の計算では、秀吉の帰陣は速くても二十一日の午後になるという予想であった。二十時間に近い誤差の影響は大きい。盛政の以後の作戦計画をすべて駄目にし、柴田軍敗北の原因を作ったのである。

盛政は秀吉が帰陣したことを確認すると、全軍撤退以外に方法が無いことを悟った。大岩山・岩崎山付近に宿営していた盛政の軍勢は、月の出を利用して夜半に退却を開始した。始めに通った余呉湖西側の道を引き返した。盛政勢の後を秀吉軍が追撃して来る。

盛政の弟柴田勝政は賤ヶ岳の西方にあって、盛政勢の撤退を援護していたが、二十一日明け方、盛政勢に合流しようと動き出した時、秀吉は側近の者に追撃を命じた。普段、側近の者には全軍の利を考えて、個人の功名を禁じていたが、この時、秀吉は個人で働くことを許したのである。側近たちは秀吉の言葉に勇気を奮い起こし、思い思いに功名した。

〝賤ヶ岳の七本槍〟と称される者は、福島正則・加藤清正・加藤嘉明《よしあき》・片桐且元《かつもと》・脇坂安治《やすはる》・平野長泰《ながやす》・糟屋武則《かすやたけのり》の七人を指すが、ほかにも同様の功名をした者が居た。石川一光《かずみつ》・桜井家一《いえかず》・伊木遠雄《いきとおかつ》の三人である。この三人は槍を用いず、太刀《たち》で戦功を挙げたので、〝賤ヶ岳の三振《みふり》太刀〃と称されることがある。これら武功の者に、秀吉はそれぞれ感状と知行《ちぎょう》増を行ったが、石川一光はこの時討死したので、一光の弟長松《ちょうまつ》に感状と知行を与えた。

柴田勝家を敗戦に追い込んだのは、盛政・勝政軍の敗北に加えて、前田利家の戦線離脱であった。利家は静かに戦況を見守っていたが、柴田勢に勝ち目が無いことを見極めると、軍勢を率いて越前府中（福井県武生《たけふ》市）に引き揚げた。

柴田勢敗北のうわさが陣中に広がると、たちまち軍勢は動揺し、雑兵《ぞうひょう》を中心として続々と脱走し始めた。雑兵たちは恩賞を目当てに集まったか、強制的に徴集された者たちなので、勝ち戦《いく》さなら勢いづくが、負け戦さになると、蜘蛛《くも》の子を散らすように逃げ出すのが常である。

柴田勝家は本拠地北ノ庄（福井市）へようよう帰り、二十四日、天守に火を付け自刃して果てたのである。

## (8) 島津家久〈島原城の戦い〉

天正十二（一五八四）年三月、肥前（佐賀県）の竜造寺隆信《りゅうぞうじたかのぶ》は大軍を率いて、有馬義純《よしずみ》の島原城（長崎県）を攻めた。義純は島津に助けを求めたので、島津の当主義久は、弟の家久に命じて義純を助けさせた。家久は兵三千を率いて島原に至ると、有馬義純は家久に使いを出して、城に入るよう求めた。家久は、

「城に入って大軍に取り囲まれては都合が悪い。ただ明日、手詰めの一戦（厳しい攻撃）をする積もりである」

と言って入城を断り、部下将兵に軍令を下して言うには、

心のため一つ」

「下知《げち》が無いのに、鉄砲を打ってはならぬ。命令があったら連発せよ。但《ただ》し弾《たま》は二つ、外に用

そして残りの弾は取り上げて、全部舟の中へ入れた。また、

「一番槍・一番手柄は採用しない。左右を顧《かえり》みず、真っ直ぐに敵に掛かれ。全員一隊となって、分散してはならぬ。一太刀斬ったら捨て、一槍突いて倒れたら他の敵に掛かれ。敵の首を取ってはならぬ。組み打ちをしてはならぬ。努めて敵を多く討て」

と厳命し、舟の櫓《ろ》と櫂《かい》をすべて山へ投げ捨て自ら逃げ道を閉ざし、決死の覚悟を示した。

さて、家久は軍勢を三手に分け、自らは一千騎を率いて姉津村《あねづむら》へ軍を進め、伊集院《いじゅういん》の率いる一千騎は姉津村の東側に伏せ、新納《にいろ》の一千騎は西の山際に伏せた。竜造寺隆信は島津を小勢と見て攻め寄せて来た。

家久は鉄砲を二発打たせ、一同で隆信の旗本に切って掛かった。その時、東西に伏せていた伊集院・新納の勢も一同に切り掛かった。隆信の旗本が右往左往に乱れた時、島津の臣川上《かわかみ》左京・万膳覚兵衛《まんぜんかくべえ》の二人が、ついに敵将竜造寺隆信を討ち取った。

家久は勝って誇らず、人数を取りまとめ、陣を整えているところへ、龍造寺の臣で江里口藤《とう》兵衛《べえ》という者、首一つを血に染まった刀に持ち添えて、

「大将はいずこにおわしますぞ、功名の印でござる」

と大声で家久に近寄り、首を投げ捨て、馬の上にいる家久を一太刀斬ったが、家久は機敏に馬より飛び下りたので、左の草摺《くさず》り（鎧《よろい》の胴から下へ垂れた部分）を切って、余った勢いで膝に当たった。居合わせた島津勢が江里口を中に取り込めて討とうとすると、家久が、

「惜しい者を討つな」

と止めたので、生け捕ろうとしたけれども、江里口はもとより今日を最期と思い定めて切って回ったので、ついに討たれた。

家久は江里口の首を膝の上に置き、

「並びない剛の者、義勇の侍とはこの者をこそ言うべきであろう。生け捕って対面し、龍造寺へ送り返そうと思ったのに、心に決めた戦死であったので、どう仕様もなかった」

そうして近所の僧を招いて、江里口の弔いのことを懇《ねんご》ろに指図し、戦死の時の有様を詳しく書いて、その僧に頼んで江里口の故郷へ送り届けた。


この戦いの時、家久は十五歳になった子の豊久を近付け、

「天晴れな武者振りよ、ただ上帯《うわおび》（鎧《よろい》の胴を締める紐《ひも》）の結び方はこうするものぞ」

と言って結び直し、脇差しを抜いてその端を切った。これは再び鎧を脱ぐことは無いという、決死の覚悟を示すものである。そして豊久に、

「よく聞け、もし戦さに打ち勝って、戦死せずに帰ったなら、この上帯は父が解く。また、今日の戦さに屍《かばね》を戦場にさらすことになった時、島津の家に生まれた者は、思い切った覚悟である、と敵も知り、父も黄泉《よみじ》で喜ぶであろう」

と言い捨てて、はや打ち立った。家久は自分自身にも、自分の子にも、さらにすべての将兵にも、決死の覚悟を求めたのである。戦いが終わって後、家久は豊久を呼んで、今朝の約束のように上帯を解いてやった。

**【城攻め】**　(9)(10)

ここでは羽柴（豊臣）秀吉が行った大掛かりな城攻めを取り上げる。(9)は兵糧攻め、(10)は水攻めの例である。

## (9)　羽柴秀吉〈鳥取城を兵糧攻め〉

織田信長から中国の毛利攻めを命じられた羽柴秀吉は、天正八（一五八〇）年、鳥取城へ軍を進めた。そして城将山名豊国《とよくに》に使者を送り、「降伏すれば因幡《いなば》（鳥取県東部）一国を与えよう」と言って交渉させた。豊国は家老の中村春続《はるつぐ》・森下道誉《どうよ》に相談したが、賛同を得られず、豊国は単独で城を出て秀吉に降った。秀吉は豊国が鳥取城を開城し、城兵一同と共に降伏することを期待していたので、この計略は失敗に終わった。

鳥取城では家老らが相談して、毛利方の山陰道責任者である吉川《きっかわ》元春に城将の派遣を要請した。しかし、元春から送られて来た城将は、家老たちにとって納得できる武将ではなかった。家老たちは、鳥取城は秀吉の大軍を引き受けて戦わなければならないので、吉川氏の一族の武将を派遣して欲しいと要求した。吉川元春は熟慮の末、吉川の分家筋に当たる吉川経家《つねいえ》を派遣することにした。経家は天正九（一五八一）年三月、手勢四百を率いて鳥取城に入った。

これより前、羽柴秀吉は鳥取城攻略について、黒田官兵衛の献策によって兵糧攻めを行うことにした。まず、若狭《わかさ》（福井県西部）の船主に依頼して、鳥取城を取り巻く因幡国中の米を、時価の二倍で買い上げさせた。住民たちは思いがけない高値に喜んで売りに出した。このことを聞き付けた鳥取城の中にも、高値で米を売った者があったと言う。秀吉は買い上げた米を、弟小一郎の居城竹田城（兵庫県）へ運ばせた。

秀吉はさらに、鳥取付近の住民を無理に城内へ追い込んだ。城内の人数を増やして、出来るだけ早く城内の米を消費させるためである。城内には千四百人の将兵が居たが、その将兵の家族と、追い込まれた住民を合わせると、籠城《ろうじょう》する人数は四千人を超えた。

吉川経家が鳥取城へ入って驚いたことは、食糧の備蓄が余りにも少ないことであった。急いで米の買い付けに走らせたが、米はどこにも無かった。そこで経家は毛利方へ食糧補給を要請した。毛利方は経家の要請に応じて日本海回りの船で食糧を運んだが、その船は織田方に奪われ、または沈没させられて、遂に毛利方からの食糧補給はまったく無かった。

羽柴秀吉はその年の七月、鳥取城とその支城である丸山城を二万の大軍で包囲した。総延長十二キロに及ぶ大包囲網で、鳥取・丸山両城を遠巻きにした。

木の柵《さく》を打ち回し、川の縁には杭《くい》を無数に打ち込み、また、逆茂木《さかもぎ》（切り倒した木の枝をすべて斜めに削って先を尖《とが》らせ、敵の通行を防ぐ仕掛け）を置き、川底には網を張って敵の逃亡を防いだ。周《まわ》りに置いた諸将の陣屋では、鐘やほら貝を鳴らし、夜はかがり火を明々《あかあか》と燃やして敵を見張った。日本海の海上には警固の船を置いて見張りに当たらせた。まさに完全な包囲網である。

こうして鳥取城・丸山城はまったくの孤立無援となった。城内の食糧は九月にはほとんど無くなり、十月になると餓死者が続出するようになった。その様子を「信長公記《しんちょうこうき》」は、次のように述べている。

「鳥取城には因幡の国鳥取郡の男女がすべて逃げ込み、立て籠《こも》っていた。下々の者、百姓以下の者たちは、長い期間にわたって籠城《ろうじょう》する覚悟もなかったので、たちまち餓死してしまった。

初めのうちは、五日に一度または三日に一度、鐘を突き鳴らし、その鐘を合図に雑兵たちすべてが、柵際《さくぎわ》まで出て来て、草木の葉を取り集めた。中でも稲の切り株（稲の切株からは二番生えの新しい芽が出て、茎や葉や新もみに育っている）は、上々の食物であった、けれども後にはこれらも取り尽くして、城内の牛馬まで食ってしまった。（次第に寒さも厳しくなり）霜や露にうたれて、体の弱い者は限りなく餓死した。

餓鬼のようにやせ衰えた男女が、柵際までにじり寄り、もだえ焦がれて、『ここから引き出して助けて下さいよー』と叫びわめく声の悲しく哀れな有様は、目をそむけずには居られない。

こちらから鉄砲で打ち倒すと、まだかすかに息をしているその者のところへ人々が集まって来て、手に手に刃物を持って、手足の関節を切り離して肉を取る。体の中でも特に頭部は味が良いらしく、首をあちらこちらと奪い合って逃げ回る。いずれにしても、人間の命ほど非情なものは無い。（中略）

十月二十五日、鳥取城は落ち、城に籠《こも》っていた者が助け出された。羽柴秀吉があまりに気の毒に思って、彼らに食物を与えたところ、食物に心を奪われて食べ過ぎ、半数以上の者が急死した。まことに餓鬼のようにやせ衰えて、随分《ずいぶん》と哀れな有様である」

この「信長公記」の記述は、鳥取城内の悲惨な様子をよく示している。ちなみに、わが国で人肉を食った例は、この鳥取城の戦い以外には記録が無いという。

吉川経家は城将としての責任を感じ、城兵の命と引き換えに、十月二十五日、自刃して果てた。自刃に先立ち経家は、父と子供たちに当てた遺書を書き、その後、行水して衣服を改め、鎧櫃《よろいびつ》に腰を掛けて悠々と腹を切ったという。経家行年《ぎょうねん》三十五歳であった。家老の中村春続と森下道誉の二人も責任を取って、前日の二十四日に切腹した。これで百日余りに及ぶ鳥取城の戦いは終わった。後の人はこの戦いを、〝鳥取の飢《かつ》え殺し〟と呼んでいる。

秀吉は鳥取城に城代として宮部継潤《けいじゅん》を入れ置き、姫路城に凱旋《がいせん》した。

## ⑽　羽柴秀吉〈備中高松城を水攻め〉

鳥取城を落城させた羽柴秀吉は、翌天正十（一五八二）年三月、備中高松城（岡山市高松）を攻撃することにした。高松城は織田・毛利両軍の決戦場とも言える重要な地点にあった。高松城の城将は清水宗治《しみずむねはる》という毛利方の知勇兼備の武将である。宗治については、次のような話が残っている。

ある時、毛利輝元が宗治を呼んで、宗治の領地加増を申し渡した。その時、宗治は、

「ただ今まで、毛利の殿は私に特別に心安く思《おぼ》し召されているものとのみ存じて居りましたが、今このように加増頂くというのは、私を二心《ふたごころ》ある者と思し召されてのことと存じます。領地加増を賜わるには、何らかの勲功がなくてはならず、訳もなくして賜わることは無いはず。

考えますに、近ごろ羽柴秀吉が隣国播磨《はりま》（兵庫県）に出陣したとのこと、恐らくは私にも調略《ちょうりゃく》の手を差し延べて来ましょうから、もしかすると寝返るのではあるまいか、との思し召しからの加増ではないかと存じます。私を二心ある者と思し召されることは、私の本心とはまった

く相違しております。元就公ご在世の時ならば、決してこのようなことはあるはずも無いものを……」

と言って宗治は涙を流し、加増を固辞して高松城へ帰った、ということである。

また、次のような話も伝わっている。

天正十年五月、小早川隆景は、羽柴秀吉が備中へ攻め入るとのうわさを聞いて、備中東部七か城の城主を、隆景の居城三原城《みはら》（広島県三原市）に呼び集め、次のように言った。

「織田信長が中国を退治すると言って、羽柴秀吉に大兵を付けて、今年の夏、備前より攻めて来るという風聞がある。定めて宇喜多（直家）が手引きすると思われる。それについて各々が守るところの城々は交戦の場所となるであろう。そのうち信長より味方に付くよう策略を巡《めぐ》らして来ると思われる。信長へ志を通じようと思う者は、その心に任すことにする。古来その例もあることなので、恨みに思うことはない」

と語り出したのを聞いて、七人の城主は、

「仰せ下されました趣意、誠に口惜しいお言葉でございます。そのようにお心もとない各々と思し召される者共に、大事の境目の守りを仰せ付けられるはずはありません。私共は決して二心はありません。ただ一筋に一命を捨てご用に立つ覚悟です」

隆景は聞いて、

「各々の志、神妙の至り、祝着《しゅうちゃく》至極である」

と言って、それより防戦の軍議を尽くした後、振る舞いの酒肴《さかな》を出し、脇差しを一人ずつに与えた。城主各々は、

「このたびの防戦に勝利の上は、重ねてまた目出たくお祝いのため拝謁致そう」

と挨拶《さいさつ》した。その時、独り清水宗治のみは、一座の諸城主に向かい、

「ただ今のお言葉、我らにおいてはお受け致し兼ねる。その子細は、羽柴秀吉が攻めて来るからには、人数十万は必ずあるであろう。そうすれば境目の小城、各々方の持ち口で防ぎ止めるに、必ず勝利を得るとは思われず、ただ一戦に及び、かなわぬ時は城をまくらに切腹することに決め申した。それゆえ重ねて目出たきお祝いに会うとは、我ら少しも思い申さぬ」

と、言ったという。

さて、羽柴秀吉は岡山に着陣すると、直ちに黒田官兵衛と蜂須賀小六に、高松城の清水宗治との交渉に当たらせた。交渉の内容は、宗治が織田方に付けば、備中・備後（共に広島県）二国を与えるという、信長の誓紙と秀吉の添え状を持って、宗治に織田方へ寝返るよう勧告するものであった。けれども宗治は、その勧告には乗らず、

「信長公ご誓詞の趣旨は誠に有り難く存じますが、多年毛利家に属し、東国所々の境目を預かり、重恩を被《こうむ》って居ります。それを今さら逆臣の身となり主恩を忘れ、信長のお味方となり、織田の先手《さきて》となって毛利攻めに加わるとは、死後にまで恥辱を残すことになり申す。例《たと》え両国を拝領して栄華な暮らしをしたとしても、何の面目あって心底から楽しむことが出来ようか。織田方に付くなど思いも寄らぬこと。この段よろしく仰せ上げられよ」

と返答した。

高松城は平地にあって、城の三方は沼、他の一方は大きな堀で水をたたえていた。四方を水に囲まれた城を攻めることは難しい。四月二十七日、秀吉は一気に高松城を攻め落とそうと、

軍勢をいかだに分乗させて堀を渡る途中、矢玉を散々に浴びせられ、数百人の死傷者を出した。

秀吉は蜂須賀小六・黒田官兵衛を呼び、戦略を練った。そして黒田官兵衛の提案により、城を水攻めにすることに決した。日本で初めての水攻めである。高松城の西側を北から南へ足守《あしもり》川が流れている。城の南西に堤防を築き、その内側に足守川の水を引き入れて、城を水浸しにしようというのである。高松城の地面は周囲の沼と比べてわずか三メートル高い位置にある。築こうとする堤防は、高さ約七メートル、長さ約四キロに及ぶ長大なものである。

築堤工事は五月八日から始められた。工事の奉行は、黒田官兵衛の家臣で、土木工事に熟練した吉田長利《ながとし》が任命された。長利の指図で、二万の軍兵が工事に従事すると共に、付近の住民に呼び掛け、土俵を一俵持参した者には銭百文を与えることにした。住民は喜んで昼夜の別なく競って土俵を運んだ。こうして、夜を日に継いだ突貫工事によって、堤防は十九日ごろには完成した。

次に、足守川の流れを塞《せ》き止める方法を考えたのも吉田長利であった。川下にある大船三十を引き上らせ、順次石を積んで沈め、船と船の間にも石を詰め、次第に積み重ね、さらに近郷の民家をこわして積み、水を塞き止めることが出来た。

こうして足守川の水は、高松城を囲む堤防の内側を次第に浸して行った。陰暦五月は太陽暦では六月で、ちょうど梅雨期に当たる。日夜降り続く雨は次第に水かさを増し、二十五日ごろには高松城付近の民家は水没し、城をも浸し始めた。

毛利輝元は、吉川《きっかわ》元春・小早川隆景を送り秀吉軍と対陣させたが、満々と湛《たた》える湖水を目前にして、毛利軍は一歩も進むことが出来なかった。秀吉はすでに戦勝を確信したが、戦勝の功を御大将信長に譲ろうと、安土に使者を送り、信長直々の出馬を要請した。秀吉の要請を受けた信長は、自ら毛利討伐に向かう決意をし、明智光秀・池田恒興《つねおき》に先鋒を命じ、出陣の用意をさせた。

一方、毛利方はこの戦いの不利を知って、和平交渉によってこの難関を切り抜けたいと考え、使僧安国寺《あんこくじ》恵瓊《えけい》を羽柴方に遣《つか》わした。恵瓊来訪の趣旨を聞いた羽柴方では、協議の結果、「備中・備後・美作《みまさか》・伯耆《ほうき》・出雲《いずも》五か国の割譲と、高松城将清水宗治の切腹」を和議の条件として提出した。毛利方では恵瓊から羽柴方の条件を聞いて、五か国割譲については異論もあったが、何とか了承した。

しかし、宗治切腹については了承出来ないとした。宗治が秀吉からの調略を断り、律儀に城を守り、ひたすら毛利へ忠勤を尽くしているのに、切腹を命ずることは武士として忍び難いことであったのである。こうして毛利・羽柴間の和平交渉は中断した。

このような情勢にある時、六月三日の深夜、突如として秀吉のもとに、本能寺の変の知らせが飛び込んで来た。織田信長が明智光秀によって、六月二日早朝に討たれたというのである。秀吉はこの知らせを受けるとしばらく呆然《ぼうぜん》としていたが、やがて事の重大さに気を引き締め、直ちに安国寺恵瓊を呼び、再び講和の交渉に入った。

秀吉は講和条件を緩《ゆる》め、織田方への割譲を備中・美作・伯耆の三か国に減じ、高松城は清水宗治の切腹によって、城兵すべての命を助けるということにした。宗治切腹は毛利方の最もこだわるところであったが、秀吉にとっては、宗治の首を取ることが天下に羽柴軍の勝利を示す証拠となり、秀吉旗下《きか》の将兵に勝利を実感させる方策でもあったのである。

恵瓊は秀吉の条件を聞いて、領地の条件には問題ないが、宗治切腹については、毛利側に持ち帰っても、解決は困難と判断し、自ら宗治に会って説得しようと考えた。秀吉方に船の用意を依頼して高松城に赴き、宗治と面談した。

恵瓊から事情を聞いた宗治は、自分の切腹によって城兵一同がこの苦しみから解放されることに、城主としての責任と武将としての誇りを感じ、直ちに了承した。恵瓊は毛利方に帰り、結果を報告して、毛利方の合意を取り付けた。そして羽柴方へもこの合意を伝えた。直ぐに秀吉から宗治へ酒と極上茶が届けられた。

六月四日昼前、宗治らを乗せた船が高松城から羽柴陣地に近付いた。羽柴陣営からは検使として堀尾茂助吉晴《もすけよしはる》が小舟に乗って宗治らを見守っている。周りの小高い丘からは羽柴方の軍兵がひしめき合って見守っている。また、遠くからは毛利・吉川・小早川の軍勢が見守っている。白装束に身を包んだ宗治は、船中に立ち上がり、静かに刀を抜き、謡曲《ようきょく》〝誓願寺《せいがんじ》〟を謡《うた》いながら舞った。終わると着座して辞世の歌を、

浮世をば今こそ渡れ武士《もののふ》の　名を高松の苔《こけ》に残して

と詠《よ》んで、腹一文字にかき切って果てた。時に宗治四十六歳であった。

秀吉からの条件は宗治一人の切腹であったが、高松城中で共に戦ってきた者の中には、宗治一人を死出の旅路に送り出すに忍びず、宗治に殉じて宗治の兄月清《げっせい》入道、毛利から派遣されていた末近信賀《のぶよし》ら六人が、それぞれ船の中で追い腹を切った。

毛利方が信長の死を知ったのは、宗治が切腹した四日の晩であった。毛利方では秀吉の策略を非難して、再び戦いを挑《いど》もうとする論もあったが、すでに和議の誓書を交換した後であると

いうことでその場を治めた。そして六日に陣地を撤退した。秀吉はそれを見極めると、木下昌利《まさとし》に堤防を切ることを命じ、杉原家次《いえつぐ》に高松城の受け取りを命じた。そして午後二時ごろ高松を立ち、急ぎ明智光秀討伐に向かうのである。

清水宗治亡き後、高松城に居た宗治の家臣は、毛利輝元と小早川隆景が引き取り、それぞれ家臣とした。また後のことであるが、小早川隆景が上洛して秀吉に拝謁した時、秀吉が隆景に、「清水宗治の子供がいるであろうから、それを寄こせ、知行一万石をやろう」と言った。隆景は宗治の子景治《かげはる》にこのことを伝えると、景治は毛利方に居たいと言って断った。景治と月清入道の子行宗《ゆきむね》は、共に小早川家に終生仕えたという。

### ⑾　戦場の恐怖〈その実態〉

**【戦場心理】**⑾

実際に戦場に臨んだ者の心の内はどのようであったか。そこには戦場に臨んだ者だけにしか分からない、大きな心の動揺と強い緊張があった。

戦場で敵味方の槍隊同士が向き合った場合の具体的な動きはどうであったろうか。このことに関して吉川英治氏は、姫路城の剣道指南三宅《みやけ》軍兵衛の述懐として、次のように述べている。

「敵も槍ぶすま、味方も槍ぶすま、にじり足で詰め合って、互いに大声ばかり数十度も交わし、やがては味方の後ろで打ち鳴らす太鼓の音も耳に入らなくなり、自分の叫ぶ声も人の叫び声も分からなくなり、目はくらみ、槍を持つ手はこわばって固くなり、自分の体が自分の体でなくなり、一瞬、天地も真っ暗になったかと思った時、はや敵の顔もそこにはっきり見えるのに、敵の列からも一歩も出る者が無く、味方の列も槍の穂先ばかり揃えて、一足も駆け出る者はなく、ここは千尋《せんじん》の谷間か中空かと思えて、足もすくみ、魂も奪われたと思う時、誰とも知れぬ男が、何の何某《なにがし》と名乗るや否や、一番に躍り出て、群がる敵の中へ体当たりに突いて入る者がいると思った瞬間、初めて我を忘れたような気分と共に、その勇者に励まされて、敵の中へ続いて駆け入るのである。

だから、一番駆けの功名というものは、軽々しく得られるものではない。戦さに熟練した者でも、たやすく出来ることではない。普段勇気もあり、力も強い者でも、戦場に臨んだら皆と同じで、私（三宅軍兵衛）なども幾たび戦場を踏んでも、敵と向き合った最初は、身が震えるのをどうしても止めることが出来なかった」と。

続いて吉川英治氏が解説を加えている。

「誠にそうであろうと思われる。死ぬか生きるかの場に立っているのである。敵味方が向き合い、一定の距離まで近付くと、どちらの陣からともなく、ワァッと力いっぱいに叫ぶ。相手の陣からもワァッと叫ぶ。叫びながら少しずつ双方から詰め寄る。あらん限りの大声を出し、その声で我とわが身を励まし、少しずつ敵に迫って行くのである。初戦の勇気を奮い起こすには、張り上げる声だけでは足らず、後ろで激しく太鼓を打ち鳴らすのである。太鼓を打つ者も必死の気迫を込めてばちを打つという。

百戦錬磨の武者でも、歯の根がわななき、目はつり上がり、肌は鳥肌になり、五体はひとりでにガタガタと震え、自分の体を戦闘態勢に変える。この態勢変化は一瞬のうちに行われる。

どれほど場数を踏んだ豪の者でも、戦場へ臨み、敵と初めて向き合い、初めて陣寄せを押し合う瞬間ばかりは、何度経験しても正直怖《こわ》いものだ。これは勇士の本音である」と。

海音寺潮五郎氏は、次のような話を載せている。

明智光秀の家来に野々口丹波《たんば》という者がいた。ある時、尼子の旧臣山中鹿之介に向かって言うには、

「拙者は不肖の者ではござるが、それでも時の仕合わせで武功を立てたことが三度ござる。しかしながらまるで無我夢中で、敵を突き止めて首を取って、はじめて夢から覚めたように我に返りました。自分でどう働いたやら、よく覚えていないのでござる。しかるに、一度くらい良い首を取った者で、自分の働き、敵の働きなど、詳しく物語る者がござる。このような者は生まれ付きの勇者で、拙者は天性の臆病者なのでござろうか」

聞いて鹿之介は感嘆して、

「貴殿は誠に正直なお人でござる。今仰せられたような人物はまやかし者にて、真の勇者ではござらん。拙者は二度も首供養（首を三十三取ったら塚を築いて一度供養するという）をしたほどの者でござるが、槍を合わせて首を取ること四、五度までの間は、貴殿が仰せられたように、まるで夢中でござった。七、八度に及んで暁の薄明りほどに分かるようになり、十度《とたび》に及んで心平静にて白昼に見るが如く、敵の内冑《うちかぶと》が見えるようになりました。こうまでなれば、どこを突くべきかどこを薙《な》ぐべきかがはっきりと分かり、功名手柄思うがままに立てられます。貴殿はまだお若い、首数が重なりなされば、拙者の今申したことが成程《なるほど》と合点致されるでござろ

う」

と、答えたという。

永岡慶之助氏は、徳川家康の臣大久保彦左衛門の若い時の話を、次のように述べている。

大久保彦左衛門は果敢極まる若武者であった。武田勝頼の支城遠江《とおとうみ》（静岡県）の高天神城《たかてんじん》を攻撃した時、槍を合わせた敵将を見事馬上から突き落として、兄大久保忠世《ただよ》の家臣本多主水《もんど》にその首を討たせたが、後でその敵が城将岡部丹後守と聞かされ、

「しゃっ、あれが丹後守と知っていたら、我が手で首をかき取ったものを」

と悔《くや》しがった。彦左衛門の兄忠世が笑って、

「平助（彦左衛門）、後の祭りだ、あきらめろ。そもそも敵の見分けもつかぬほど気が上がっているがために、かようなことにもなるのだ。しかし、合戦の場数を踏めば、そのうち段々と槍を合わせた相手がどのような者か、顔の表情まではっきり分かって来るものよ」

と諭《さと》した。言われて彦左衛門は顔を赤らめた。兄忠世が指摘したように、彦左衛門には敵の顔などろくに見えなかったのである。

吉川英治氏は、福島正則が豊臣秀吉に従って、別所長治《べっしょながはる》の籠《こも》る播磨の三木城（兵庫県三木市）を攻めた時のことを、次のように記している。当時正則は十九歳ぐらいであった。

福島市松《いちまつ》（正則）は三木城攻めの時、別所随一の剛勇と聞こえた末石《すえいし》弥太郎を討ち取って、秀吉の感賞にあずかっている。もっとも市松はまだ弱冠、尋常では討てるわけの相手ではない。

その日、末石弥太郎は、傷を負って三木川の草むらに水を掬《すく》って休んでいた。そこへ福島市松がいきなり体をかがめて詰め寄り、

「市松だッ、羽柴の家来、福島ッ市松ッ」

と、早口に名乗りかけながら、不意に突き掛けたものである。

名乗りとひと口に言うが、一度や二度の合戦を踏んだくらいでは、しかも相手が相当な敵と知れた場合など、思いのまま名乗り声を上げられるものではない。瞬間、口も渇き、舌の根ももつれ、何を叫んだか後では自分でも分からない。というのが後々、一騎当千の強者《つわもの》と呼ばれるようになった人々の、正直に述懐するところである。

この時、市松は、一度敵の末石弥太郎に襟髪をつかまれて、すでに首を取られるところであったが、彼の郎党星野某という者が、末石を後ろからめった切りにして、主従二人がかりでようやく弥太郎の首を挙げたのである。

田井友季子《ゆきこ》氏は、賤ヶ岳の合戦の時の加藤清正について、次のように述べている。清正はこの時二十二歳であった。

〝絵本太閤記〟の武勇伝には、賤ヶ岳の合戦場での清正の働き振りを、

「加藤虎之助清正とは我なり、北国の臆病侍、汚《きたな》し返せ（逃げるとは見苦しい、引き返せ）と呼ばわって、槍をしぼって突き立てれば、北国勢は討たれる者数知れず、算を乱して倒れ伏す」

と、胸のすくような豪傑振りが出て来るが、実際はだいぶ違うようだ。

松浦静山《せいざん》の〝甲子夜話《かっしやわ》〟には、

「念仏（お題目《だいもく》の誤り）を唱えて、その闇の中に飛び込んで槍を入れたのに、何か手応《てごた》えがあったと覚えたが、敵を突き止めたのである。それからやっと敵味方が見分けられた。後で聞けば、その時の一番槍であったと言う」

豪傑の清正も、敵を目前にして思わず目を閉じ、〝南無妙法蓮華経《なむみょうほうれんげきょう》〟と、お題目を唱えてしまったのだ。（加藤家の宗派は日蓮宗なので、念仏（南無阿弥陀仏《なむあみだぶつ》）ではなくお題目である）

**【戦争惨害】** ⑿

戦争に惨害は付きものである。しかもその惨害は、戦いに参加している者だけでなく、一般領民（市民）に及ぶことは現代も同じである。

## ⑿ 戦争の惨害〈ひどい戦後〉

天文《てんぶん》十六（一五四七）年、武田信玄は信州志賀城（長野県佐久《さく》市）を攻撃した。志賀城の城将笠原清繁《きよしげ》は徹底抗戦の態度を堅持し、善戦したがかなわず、遂に討死《うちじに》して城は落ちた。

信玄は、城に残っていた兵士や女・子供まで、すべて百余人を生け捕りにして、甲府へ連れて帰った。反抗する者への見せしめのためである。甲府へ連行された者は、甲府付近に身寄りの者があれば、身の代金《しろきん》として一貫から十貫まで身分に応じて定め、身の代金と引き換えに釈放した。当時の一貫を今日の時価に換算することは困難だが、仮に一貫を十万円とすると、一人の身の代金は十万円から百万円ということになる。

城将笠原清繁の未亡人は、美貌《びぼう》と才媛《さいえん》の持ち主であったというが、武田信玄の部将で志賀城攻めにも参加した小山田信有《おやまだのぶあり》が、二十貫で買って側室とした。身の代金の出ない者は、男の多くは鉱山の鉱夫に、女は遊女に売り飛ばされた。奴隷《どれい》に売られた者もあったという。

当時、戦争に参加する武士は、一般に五人から十人ぐらいの家来を連れていた。家来の多くは普段は農業を営み、戦さが始まると主人である武士に従って戦場に出た。戦場での働きに対する恩賞は、家来の働きの分も含めて武士に与えられる。

家来たちの戦場での楽しみはただ一つ、略奪暴行であった。戦争で勝利を得た日は、将兵に略奪暴行を許すのが普通であった。そこでは、敵方の男は殺すか荷物担ぎの人足にして、後で奴隷に売るのである。女は犯して売女屋に売り飛ばす。家の中にある品物を探して略奪する。彼らは略奪暴行を楽しみにして戦場に出て来ているのである。戦いに負けた側の領民は、絶えず略奪暴行の対象にされるという悲運に泣かされたのである。

右のような略奪暴行を厳禁したのは、織田信長であった。信長は過ぐる源平合戦の時代に、平氏を追って京に入った木曽義仲の軍勢が、京において乱暴狼藉《ろうぜき》の限りを尽くし、京の人々に嫌われ、やがて源頼朝の軍勢に討たれたことを知っていた。また、信長の鋭い頭脳は、自分が占領した土地の住民を安心させ、そこから安定した年貢を徴収するためにも、略奪暴行が支障になると考えていた。

当時は、進軍先で兵糧や馬の飼料を奪うのは当たり前のことであった。また前述のように、勝利の日は略奪暴行が許された。信長はそれを防ぐため、戦いに備えて兵糧を十分に用意し、商人たちを先行させて、物資の調達から女買いの場所まで調べさせ、兵の狼藉を予防する策を講じ、一方で厳しい軍律の触れを出した。一銭を盗む者、火を放つ者、女子を犯す者は、即座に斬首するというものであった。このため京の人々は、初め織田軍の上洛を恐れていたが、やがて織田軍の軍律が見事に行われることを知って、ようやく安心した。

豊臣秀吉が九州の島津を討つために、小倉《こくら》(福岡県北九州市)に到着したのは、天正十五(一五八七)年三月であった。秀吉が軍勢を率いて南下する途中で見聞したことは、ポルトガル船に日本人が奴隷として積み込まれているということであった。諸大名が戦った相手の兵士はもとより、女・子供まで捕らえて、出入りしているポルトガル船に売り渡すというのである。奴隷として売られた者は、手足に鎖《くさり》を付けられて船底に追い入れられ、病気になってもろくに世話もされず、死ぬ者も少なくなかったという。行き先はインドが多かったようであるが、ポルトガルにも連れて行かれ、さらにそこから転売されて、南米のアルゼンチンにも送られていたというから、ほとんど全世界へ散らばっていたと思われる。

九州の大友宗麟《そうりん》・大村純忠《すみただ》・有馬晴信《はるのぶ》の三大名が、ローマへ派遣した少年使節は、天正十(一五八二)年に日本を出発し、八年後に帰国している。この少年使節の一行が、ヨーロッパの各地で労働に使われている日本人のみじめな姿を目撃し、同胞を奴隷として売った一部の日本人に、激しい義憤を感じたという。

豊臣秀吉は、日本人が奴隷に売られていることを知って、在陣中の九州の地から全国の諸大名に対して、日本人奴隷売買禁止の命令を発した。秀吉によって、ようやく日本人が奴隷として海外へ送られる道が閉ざされたのである。

# 二　侍の心懸け

【戦陣に学ぶ】(1)〜(5)

戦陣の体験の中からは、独特の貴重な教訓が生まれることがある。その中から幾つかの例を取り上げる。

## (1)　山県昌景《やまがたまさかげ》〈武芸四門〉

山県昌景は武田信玄の武将である。昌景はある時、武芸四門について次のように語った。

「武芸四門とは、弓・鉄砲・兵法《ひょうほう》(刀・槍など)・馬、この四つである。侍は大小によらず、右の四つを良くも悪くも習い、その上それ以外のことを稽古《けいこ》し、物を読み習い、書き習うことが肝要である。その後で乱舞を習うことも当然である。

武芸四門の中で、まず最初に習わねばならないのは馬である。二番に兵法、三番に弓、四番に鉄砲である。馬を最初に習うのは、馬というものは、戦さ場でどのような大身《たいしん》の者でも、代わりの者や人に頼んでは乗らない。必ず自分自身で乗るものである。さてまた兵法は、斬り合いの時、代わりが出来ないことは、源頼朝さえ曽我十郎・五郎の兄弟が夜討ちの時、薙刀《なぎなた》を取って出られたという。

三番に弓は侍の家のものである。その理由は、一国を持つ大将が武道に優れているのを、〝覚えの人〟〝誉れの人〟とは言わず、〝弓矢を良く取る人〟と申す。しかも弓のことは古来より武士の家に添う物で、これを例《たと》えて言うと、古い系図のある侍のようなものである。新規の侍は鉄砲のようなものである。

鉄砲は猛烈なものであるけれども、魔物が恐れることは少ない。それに対して弓は鉄砲ほど激しくはないが、狐《きつね》に付かれた者や一切の不審な物の怪《け》には、弓で鳴弦《めいげん》（弓の弦《つる》を鳴らして邪気を払う）の習慣があるので、武士の奥義は弓である。鉄砲もところによって敵の槍隊を打ち、また城を取り巻き、その城内へ打ち入り攻めることがあるが、これは足軽大将より下の者のすることである。

さてまた、兵法のことは習わなくても度々《たびたび》斬り合いに勝つ人があれば、稽古《けいこ》しなくても差し支えない。けれども百人に九十人は、人を狙《ねら》うか人に狙われるかという時、互いの力に優劣はほとんど無いので、自分が優位に立つために必ず兵法（刀や槍の使い方）を志すようになるものである。何かがあってその時になって志すのは、深い考えもなく、武士道に不心懸けと言わなければならない。ただ何事もない以前に兵法を学ぶ者は、一段と心懸けのよい侍である」と。

## (2)　山県昌景〈いつも初めての合戦〉

ある人が山県昌景に問うて言うには、

「貴殿は戦さを幾度せられても、一度も後《おく》れを取る（負ける）ことがござらぬが、何ぞ秘伝でもおありか」と。

昌景がそれに答えて、

「そのことについて申すならば、合戦をして二度も三度も同様の経過をたどって勝つことを体験していると、結果はこうなるものと思い込み、自慢の心が先に立ち、戦いに工夫をせずに取り掛かる故に、思いの外《ほか》の過《あやま》ちを犯すことがある。某《それがし》は自慢の心を持たず、いつも初めての合戦と思って戦うので、一度も不覚を取ったことがない。何事も油断すれば錆《さび》が付きたがるものである。殊更《ことさら》侍の道は寝ても休んでも、時の間も油断を忘れてはならない。明け暮れ手に触れて腰に差す刀さえも、油断すれば錆が付くものである。

武道は侍の役であるから、他の嗜《たしな》みまで身に付ける必要はないと言って、悠々と暮らしている者に仕合わせな者はいない。武道の外に嗜みを持っている者でも、思うほど仕合わせは良くない。それらは共に油断があり、心に錆が付いているのである。武道はわが家の道であるから、不要な世間の遊び事は程々《ほどほど》にして、まずわが家の道に油断することなく、錆を付けぬようにしなければならない」

と、言った。

### (3) 馬場信房《のぶふさ》〈敵を見分ける〉

馬場信房は武田信玄の家臣で、武田家四将の一人に数えられた。ある時、武田の若い侍六、七人が信房に向かって、何ぞ後学のためになることを語って欲しい、と要望した。信房がそれ

に答えて言うには、

「剛勇と臆病とによって功名と不覚はあるけれども、一つは心懸けによるものである。某《それがし》、若いころより五つの目の付け所を実行しているが、それからはあまり不覚を取ったことはない。

その五つと言うのは、まず一つには、敵より味方が勇んで見える日は、先を争って働くべきである。味方が臆して見える日に独り進んだら、犬死にして敵に好機を与えるか、または抜け駆けの罪科を受けることになる。

二つには、優れた味方の侍に頼り親しみ、その人を手本にして、その人に劣らぬように心懸けて働くべきである。

三つには、敵の冑《かぶと》の吹き返し（冑が顔の左右で外へ折れ返っている部分）がうつむいて、指物《さしもの》（背中に指した標識）が動かないのは強剛な敵である。吹き返しが上を向いて、指物が動いているのは弱い敵である。弱い敵を選んで槍を付けるべきである。

四つには、槍の穂先が上がっているのは弱い敵である。穂先が下がっているのは強剛な敵である。穂先が揃っているのは長柄の数槍《かずやり》（大量に作った粗製の槍）で、雑兵《ぞうひょう》である。長短が不同なのは侍の槍で、侍の槍に掛かるべきである。

五つには、敵の気力が盛んな時は受けてこらえ、気力が衰えるのが見えたら、一気に突き掛かるべきである。以上が五つの目の付け所である」と。

## ⑷　高畑三河《たかばたけみかわ》〈たびたび戦っても疲れず〉

大友宗麟が佐伯惟教《さえきこれのり》を大将として、豊後（大分県）の合志常陸介《こうしひたちのすけ》を攻めさせた時、佐伯の侍

大将高畑三河は、一日に十三度、敵と戦って功名した。ある人が高畑に問うて、

「槍や刀でわずか一、二度競《せ》り合っても大いに疲れて息が切れ、子供にも負けるほどになるのに、一日十三度の功名は、例《たと》え志はあくまで剛毅であっても、力も息も続くとは思われず、不審である」

と言った。高畑は笑って、

「格別な理由はない。拙者戦場に臨んでは、当然のこととは言いながら、死生存亡の間にあって少しも思案に力を費やすことはない。それ故に人は騒がしくても、自分は静かである。大方の者は、槍を合わせ太刀を打ち違える以前に、力を出し気を張るので、精神がくたびれ疲れるのであろう。

拙者は敵に会う時は、わが首を敵に取らすか、敵の首を我取るか、この二つの中に天命はあると思って、始めは緩《ゆる》いように見えても、打ち合う時にここぞと一決して一槍で勝負を決する。それで疲れることはない。不要のところに気を労することをしないので、幾度ことに合うても胸の内は安閑としている」

と答えた。

### (5) 弓の上手〈能ある鷹《たか》は爪を隠す〉

織田信長の家来に弓の上手な者が居て、的《まと》を射るのに当たらないことが無いという。ある時、信長がその様子を見たいと言うので、日を決めて見ることにした。その日になって弓を射るのに、他の者はよく当てたが、その者は当てることが出来なかった。日が暮れて信長が帰る時、

「人が言うのと見るのとでは違うものだ」

と言った。

その後、一揆が蜂起《ほうき》したというので、皆々馳せ向かった時、かの弓の上手と言われた者が信長の馬の前に進んで、差し詰め引き詰め敵を射るに、当たらぬ矢はほとんど無かった。味方はこれによって勝利を得たので、信長は大変喜んで、

「能ある鷹は爪を隠すと言う。先度の的は、このような時のことを考えて当てなかったのだな、よい嗜《たしな》みである」

と言って褒美《ほうび》の品を与えた。弓の上手という評判が敵にまで聞こえることを考えて慎《つつし》んだのである。

**【礼儀】**(6)〜(12)
戦いに明け暮れた戦国武士の世界にも、礼儀は大事にされた。礼儀は相手を尊敬することの表現であるからである。

### (6) 稲葉一鉄《いなばいってつ》〈雑賀衆《さいか》を帰服させる〉

織田信長は紀州（和歌山県）雑賀衆の雑賀孫一・同若衛門兄弟を説得して降参させようと考え、部下を使いに出したが、その使いが帰らない。殺されたのか、留められているのかも明らかでない。

それで信長は、重ねて使いを送ることにして、その使いを稲葉一鉄に命じた。一鉄は直ぐに

彼の地へ行くと、雑賀兄弟はやがて信長に降参し、尾張（愛知県）へ来て家臣になる礼を取った。この時、信長が雑賀孫一に問うた。

「初めの使いはどうしたか」

孫一が答えて、

「私が殺しました」

「なぜ殺したのか」

「その人は家来を多く引き連れ、かねて案内もよこさず、馬に乗ったまま突然、城門をたたき、信長の使いと称して言葉遣《づか》いは尊大で、態度は高慢でした。これは私を謀《はか》って、捕らえて殺そうとしているものと思い、本丸と二の丸の間に入った時、門を閉じて前後より取り籠《こ》め、残らず討ち果たしました」

「それでは、何故に稲葉は殺さなかったのか」

「稲葉はその態度が初めの使いと大変違い、まず五、六里（二十〜二十四キロ）先より案内を丁寧に請い、信長の使いと言って来た。私が櫓《やぐら》の上で見ると、馬の鞍《くら》も飾らず質素な身なりで、徒歩《かち》の侍をただ十人ばかり連れて、城門の外で馬を下り立ち、若党二人、草履取り一人を連れ、他の者は城門の外に残して、威儀を正して静かに歩いて来た。

私は大変その心懸けに感じ、私自身、門を開き出迎え、内に招き入れて口上を聞くと、道理が明らかで、しかも謹みの心が表れている。股《もも》引きの外れから見ると、布の下帯《したおび》（褌《ふんどし》、一般の人は木綿や麻の布、貴人は絹のちりめんやどんすで作った）をしている。それはわが身を倹約し、財を軍事に遣う志であろうと存じ、良い士風であるのに感じて帰服仕りました」

## (7) 稲葉一鉄〈徳川勢を称賛〉

元亀元（一五七〇）年六月、織田・徳川連合軍と浅井・朝倉連合軍が姉川（滋賀県）で戦った。この戦いを大まかに見ると、姉川を挟んで、織田軍一万八千対浅井軍八千、徳川軍五千対朝倉軍一万という構図である。

徳川五千対朝倉一万の戦いでは、初戦は倍の軍勢を擁する朝倉が優勢で、徳川勢は押されていた。そこで家康は榊原康政に命じ、姉川の川下を渡って朝倉軍の側面を攻撃させた。朝倉軍は不意を突かれ、俄《にわか》に崩れ始めた。

織田一万八千対浅井八千の対戦では、小勢の浅井勢が織田勢を猛攻し、織田の陣営は次々に敗られた。浅井勢は強かった。この情勢を見て、徳川に加勢していた稲葉一鉄は、浅井勢の側面に打って出た。虚を突かれた浅井勢は、織田勢に押され始めた。

こうして姉川の戦いは、織田・徳川方の勝利となった。戦い終わって後、信長は部将たちに論功行賞を行った。織田方第一の功名は、戦い半ばに浅井勢に横槍を入れて突き崩した稲葉一鉄である。信長は、一鉄を〝剛勇比類なき働き〟と賞し、

「信長の長の字をそちにやろう。以後、長通《ながみち》と名乗れ」

と言った。一鉄の名は良通《よしみち》であった。しかし、一鉄は信長に向かって、

「わが殿は目の見えぬ大将におわすか」

と大声で叫んだ。続けて、

「某《それがし》を剛勇と仰せられるが、もともとこの度《たび》の合戦でわが織田勢の戦い振りは見苦しく、浅

井・朝倉に攻め押され、すでに敗走すべきところを、三河（徳川）殿のお力によってようやく勝利を得たものでござろう。三河武者の戦さ、駆け引き、一人として勇無き者はござらぬ。

　この一鉄如きは、上方《かみがた》勢の中にあってこそ一角《ひとかど》槍を取る者と言われようとも、三河殿の中にあっては足手まといの弱兵同然、物の用に立つべきとも覚えず。この度の功名と申せば三河殿の将の働きと士卒の剛勇にあると心得申す。それを一鉄に武勇有りと仰せらるるは片腹痛うござる」

　一鉄の言葉には、誰はばかるところがない。これ以来、誰はばからず自説を押し通す頑固《がんこ》者のことを〝一鉄（徹）者〟というようになったという。それにしても、信長の論功行賞の場で、自分の名誉と功績を捨て、徳川勢を称賛したその心遣いは、誠に見事というほかない。
（注）一徹者という言葉は以前からあったようだが、稲葉一鉄のうわさが広がると共に、その言葉の使用頻度が増したという。

## ⑻　豊臣秀吉〈下馬の作法〉

　豊臣秀吉が小田原の北条を攻めた時のことである。その時、秀吉は沼津（静岡県）に宿陣していた。小早川隆景の家臣に、河田八助・楢崎《ならさき》十兵衛という大力の侍がいた。八助は背中に大指物《さしもの》を立て、十兵衛は背中に大きな母衣《ほろ》を掛けて、秀吉宿陣の遙か前方を通った。秀吉がこれを見て、使い番に申し付けて二人の姓名を問わせた。使い番は馬を走らせて乗り付け、馬上から、

「主将の仰せである。各々姓名を申されよ」

と言った。八助・十兵衛の二人は振り返って見たが、返答をしなかった。使い番は仕方なく駆け戻って、このことを秀吉に報告した。秀吉は、

「さてはその方、下馬せずに名乗れと言ったのであろう。貴人の奉書などを持参するか、または両陣戦闘中かの折りには、神仏の前でも下馬しないのが作法である。そうでなければ下馬して物を言わねばならぬ。まして人に優れた大指物を差し、並に超えた大母衣《ほろ》を掛けた侍に、馬上から物を問うは無礼である。返答の無いのは当然だ」

と言って、他の者に申し付け、下馬して問わせると、二人の侍も下馬して姓名を名乗った。

## ⑼　木村重成〈真田幸村の甥《おい》を打たせず〉

大坂冬の陣の時のことである。十二月十三日、東軍（徳川方）が大坂城の塁に迫り、どっと鬨《とき》の声を挙げた。木村重成が櫓《やぐら》に上がって一見した後、真田幸村に会い、

「ただ今某《それがし》の持ち場に攻め寄せた関東勢の旗の紋は六文銭である。恐らくご一家と存ずる。それにつきお尋ね申すことは、殊のほか若輩なる武者二騎、真っ先に進んで弓・鉄砲を事ともせず、冑《かぶと》を傾け攻め寄せて参る。何人《なんぴと》の子でござろうか、櫓よりご覧給わりたい」

幸村が答えて、

「見るまでもござらぬ、いかにも六文銭の旗の紋は、同姓伊豆守（信幸）の紋でござる。その先に進んで攻め寄せ申す若輩者は、一人は河内守と申して十八歳、今一人は内記と申して十七歳、二人共に某の甥《おい》でござる。ああ、何とぞその者を士分の人に仰せつけられて討ち取らせ給われ。そうすれば、十余歳で木村重成殿の持ち場で討死した、という名が後世に伝わること、

一族の喜び何事かこれに過ぎるものはござらぬ」

重成はこれを聞いて、

「そうではござらぬ。一族が引き分かれての戦さ、相手を討たなかったとしても、どうして後日のおとがめがありましょうか。ご和睦になりましたら、きっと目出たく対面されよ。ご心底お察し申す」

と言って、士卒に命じて、必ず二騎の若武者を弓・鉄砲で打ってはならぬ、よく気をつけよ、と若武者二人をいたわった。

## ⑽　木村重成〈勇士の嗜《たしな》み〉

木村重成は平生物柔らかな人で、人の過《あやま》ちをとがめず、堪忍を第一とした。人々はあざけって、長門《ながと》（重成）は手ぬるくて物の用に立たぬ男だ、とうわさするほどであった。一日大坂城中で、そそっかしい茶道《さどう》坊主と口論になり、茶道坊主が重成の烏帽子《えぼし》を扇子で打った。その時、重成は笑って、

「侍の法としては、お前は討ち捨てるべきものであるが、お前を殺せば拙者もまた死なねばならぬ。拙者は一大事があった時のご用に立ちたいと思うので、代えるべき命が無い。それ故、この場は見捨て置くぞ」

と言った。それを臆病な侍だと非難して謗《そし》る者も多かった。ところが大坂冬の陣で、東軍の佐竹義宣《よしのぶ》と西軍の木村重成が今福《いまふく》（大坂市）で戦い、勝負はつかなかったが、重成の奮戦振りが大坂城中に伝わった。後藤又兵衛は、その戦いを目撃して大いに感嘆して人々に言うには、

「先年、茶道坊主に言った言葉は、誠に今度のことを心懸けたためであろう」と。人々は重成の忍耐と勇気を改めて感賞した。

大坂夏の陣の時のことである。木村重成は、五月初めより食事が進まないので、妻が心配して、

「このたびは落城が近いと言うことですので、それでお食事が進まないのでしょうか」

と尋ねた。重成は、

「全くそうではない。むかし後三年の戦い（源義家が奥羽の清原氏を討った戦い）に、瓜割《うりわり》四郎と言う者がひどく臆病で、朝の食事がのどを通らないまま出陣し、敵陣で首を斬られた時、その傷口から食物が出て諸人に恥を晒《さら》したと言う。我らも敵に首を取られるであろう。死骸《しがい》が見苦しくないように心懸けて食事を慎《つつし》んでいるのだ」

妻はこれを聞くと決然として自室に入り、心情を書き記した後、自害した。時に十八歳であった。

重成は妻の死後、風邪《かぜ》に侵され身だしなみも整えずにいたが、五月五日、風呂に入り髪を洗い、香を薫《た》き込めて、やがて謡曲〝紅花《べにばな》の春の朝〟を静かに謡《うた》い、一心に小鼓を打った。そうして翌六日、徳川方の井伊直孝と戦って討死《うちじに》した。時に二十二歳であった。

家康が重成の首を見ると、髪に薫《た》き込めた香の薫りが辺り一面に漂《ただよ》っている。家康は大いに感じて人々に紹介した。

「時は今皐月《さつき》（五月）の初めであるのに、少しも首に臭気が無い。香を薫き込めたことは勇士

の良い嗜《たしな》みである。皆々寄ってその首を嗅《か》ぐがよい」

一同は首を嗅いで褒《ほ》めたたえた。また、冑《かぶと》の忍びの緒《お》（冑に付けたあご紐《ひも》）の端を切ってあるのを見て、家康が賛美した。

「討死を覚悟した心、天晴れの勇将かな」

その時、ある人が、

「これほどの嗜みに月代《さかやき》が延びているのはどうしてだろう」

と囁《ささや》いたのを、家康が聞いて、

「このように最期を磨いた木村が、月代が延びているのは何か事情があるのであろう。大体、月代の剃《そ》り立ては冑をかぶった時の感じが悪いものだ。もしかすると、そのようなことかも知れぬ。世にも希《まれ》な勇士の討死に、僅かのことを非難してはならぬ」

と、重成を弁護するように言った。家康は重成の人柄に惚《ほ》れ込んでいたのである。

## ⑾　福島正則〈茶道坊主の忠義に感ず〉

福島正則の近習何某《なにがし》という侍が過失を犯したので、広島城の櫓《やぐら》に押し込め、食物を与えずに餓死させようとした。その近習の恩を受けたことのある茶道坊主がこのことを知り、少しの罪でこのような囚《とら》われとなったことを悲しみ、握り飯を焼いて、夜こっそりと持って行った。時にその侍は、

「私は罪を犯したので、このようになったのだ。そなたの行いを殿がお聞きになったら、きっと私より重い罪に付けられるであろう。また、飯を食ったとて命が助かるわけでもない。早

く帰れ」

茶道は、

「私が重い罪に付けられても後悔はしません。私は以前にすでに殺されるべきことがあったのに、あなた様の救いで一度助かったのです。恩を受けて報じないのは人ではありません。私の志を空《むな》しくなさろうとすることこそ残念です」

と、抗議するように言った。その侍はこの言葉を聞いて喜び、「それでは」と握り飯を食べた。そして夜ごとに、このようなことが続いた。

相当の日数が過ぎて、「もう死んだであろう」と、正則が櫓へ行ってみると、その侍の顔色は少しも衰えていない。正則が、

「さては飯を運んだ者がおるであろう」

と、怒るところへ茶道が来て、

「私が運びました」

正則は茶道をハッタとにらみ、

「己《おの》れ、どうしてそのようなことをしたのだ。頭を二つに切り割ってやる」

と、正則がひざを立て直すのに、茶道は少しも騒がず、

「私はむかし罪を受けて、水攻めに会ってすでに殺されるところを、この人が申し開きをしてくれたので、思いがけなく今日まで生き長らえることが出来ました。その恩に報いるため、毎夜忍んで飯を運びました」

と、訳を話した。正則は怒っていた眼から涙を流し、

「その方の志、感じ切れぬほど大きい。恩に報いるは、このようでなければならぬ。彼をも許してやろう」

と言って、そのまま櫓の戸を開けて近習を外に出した。

## ⑫　福島正則〈家臣が宇喜多秀家に酒を贈る〉

福島正則が江戸で暮らしていた時のこと。関東の酒は味が良くない、と言って大坂から酒を取り寄せていた。大坂で役人が酒を調《ととの》えて船に積み、侍一人が運送責任者としてその船に乗り、江戸へ向けて出航した。

ある年のこと、船が途中で難風に会い、八丈島へ漂着した。四、五日の間は風波が荒く、船を出すことが出来ない。その暇に責任者の侍は陸に上がり、ここかしこと歩き回った。その時、年のころ四十くらいに見える、背が高く痩《や》せて色の黒い男が出て来て、責任者の侍に向かい、

「どうしてこの地に来たのか」

と、問うた。侍は、

「我らは福島左衛門大夫（正則）の家来である。主人の飲み料にする酒を、大坂より江戸へ運送する途中、難風に会い、ここに漂着したのだ」

と答えると、その男は、

「ああ、その酒、少し与えて下さらんか。一杯傾け、憂《う》さを晴らし、故郷の恋しさをも忘れたい」

と、酒を所望した。侍は、

「さてはその方は流人《るにん》か、何の罪で来たのか」

その男は、

「今は包み隠しても仕方がない。私は宇喜多中納言秀家の成れの果てである」

宇喜多秀家は関ヶ原の戦いで西軍に属し、敗れて八丈島に流されていたのである。侍は大変驚き、

「そのようなお方とも存ぜず、ご無礼申しましたこと、何とぞお許し頂きたい。酒のことはお易いご用です」

と、言い置いて船に帰った。そして考えるには、

「多くの樽《たる》から少しずつ抜き取ったら、樽数も違わずに済ませることが出来るが、相手はただの人ではなく、宇喜多秀家殿のご所望である。世が世であれば、われらのような者にどうして酒を所望されようか。そうとすれば、主人の怒りを恐れてわずかの酒を贈るのも、誠に心残りのことである」

と思案して、酒一樽に持ち合わせていた干し魚を添え、

「少々では御座いますが、お寂しさを慰められますように」

と、秀家の居所へ贈った。

さて、風が静まって後、江戸に着き、酒を台所役人に渡し、直ぐに目付役のところへ行き、難風に会い八丈島へ漂着した事情と、宇喜多秀家からの酒懇望の始末を、有りのままに語った。目付役の者は、黙って聞き置くことではないと考え、正則に右のことを詳しく報告した。正則はそれを聞くと、

「その者をここへ呼び出せ」

と行った。目付役は、正則は元来気の荒い性格なので、運送責任者はもとより、役人の者もきっと手討ちにされるであろうと思った。かの侍が入って来ると正則は、

「ここへ来い」

と側近く呼び寄せ、

「その方、天晴れ出かしたり。一船の酒残らず失《う》せたとしても、わが身がそれほど痛むわけではない。けれども、わしに指図を受ける方法がないので、自身の判断で一樽贈ったとは、よくも取り計らったものだ。わしに遠慮して酒を与えなかったなら、正則はけちな男だから家来まで情け知らずだ、と、あの男に見下げられること、どれほど無念であるか、これに過ぎたことはない。

また、多くの樽より抜き取ったら、わしが知らずに済むこと。また、難風に会い樽を放り捨てたと言っても済むものを、有りのままに申したこと、その方の律儀神妙の極みである」

と、正則はその侍の取った処置に大いに感じ、満足の体《てい》であった。

【勇士】(13)〜(20)

戦国時代は多くの勇士を生んだ。その活躍の様子は、現代に生きる私たちにも胸の透くような快感を与えてくれる。人は皆、世間のしがらみの中で生きている。勇士はそのしがらみを一刀両断に断ち切る。私たちはそれに一種の憧《あこが》れを持って見るのである。勇士の姿は、人々の心のなかに永遠に生き続けるであろう。

## ⒀　鳥居強右衛門《すね》〈長篠城を救う〉

天正三（一五七五）年四月、甲斐（山梨県）の武田勝頼は、軍勢一万五千を率いて三河（愛知県）に進出し、徳川方の長篠城を包囲した。長篠城を守るは二十一歳の青年武将奥平貞昌《おくだいらさだまさ》であった。貞昌はわずか五百の兵をもって城の守備に当たっていた。三十倍の敵を相手に、城兵はよく城を守った。

だが、五月十四日の夜、貞昌は城兵一同を大広間に集めて言った。

「皆よく戦ってくれているが、食糧があと四日と持たぬ状況になった。このままでは長く城を支えることは出来ない。誰か城を出て、このことを家康公・信長公に伝えてくれる者はいないか」と。

しかし、貞昌の問い掛けに対して、誰も答える者は無かった。そこで貞昌は、一族の奥平勝《かつ》吉《よし》に向かって、

「そちは水練の達者であるが、この役を引き受けてはくれぬか」

と頼んだ。勝吉は、

「某《それがし》がこの城を出た後に、もし落城ということになれば、末代までの恥辱になります」

と言って断った。自分一人が城から脱出して助かるように誤解されることを恐れたのである。

ほかの者もこのことについて、

「敵は幾重《いくえ》にも柵を巡《めぐ》らして城を囲んでおり、とても城を抜け出ることは難しいであろう」

「飢えて死ぬよりは、全員打って出て死のう」

と、貞昌の申し出に応じようとする者はなかった。貞昌は、

「皆を討死《うちじに》させるくらいなら、降伏して某《それがし》一人が腹を切り、諸士を助けたい」

と言って口を閉ざした。しばらく沈黙が続いたが、隅の方で声がして、鳥居強右《すね》衛門という者が進み出て、使者の役目を引き受けようと申し出た。強右衛門は足軽であったが、この辺りの生まれで地理に詳しかった。貞昌は喜んで強右衛門を呼び出し、

「それではその方に申し付けよう。是非とも今夜のうちに城を出て岡崎へ参り、次のように申せ。『城中に矢玉は不足していない。また城郭が不完全というわけでもない。ただ兵糧が今にも尽きようとしている。もしお出張《でば》りが延びるようなら、貞昌一人腹を切り、士卒の命に代わろうと存ずる』と。この旨をよくよく申せ」

と言い含めた。さらに強右衛門へ、

「しっかりやって来てくれ。だが、万一ということもある。言い遺《のこ》すことがあれば聞いておこう」

そこで強右衛門は、

「拙者には妻と一人の伜《せがれ》が居ります。この後もし殿にご運が開けましたなら、二人のことをよろしくお願い申します」

と頼んだ。そして城兵たちに、

「今夜、首尾よく城を抜け出ることが出来たら、雁峰山《がんぽうざん》で狼煙《のろし》を上げる。そして家康公・信長公のご出馬の願いがかなったら、三日目にまた、この山で狼煙を三度上げる。また、もし救援がかなわぬ時は、二度上げることにする」

と、合図を決めた。

その夜遅く、強右衛門は密《ひそ》かに城の下水の流し口から城外に出た。この場所は対岸に居る武田勢から見える位置にあったが、汚水の流し口で、日ごろから城兵も立ち寄ることがなかったので、敵の警戒も緩《ゆる》かった。ちょうど霧雨が降っていて、それにも助けられ、城の西の岩石を伝わって下に降り、寒狭川《かんさ》へ身を沈めた。時に五月十五日午前二時ごろであった。

寒狭川には敵の柵が打ち込まれ、鳴子《なるこ》の網が張り巡らされていた。強右衛門は水泳の上手であった。柵を潜り抜け、脇差しで鳴子の網を切りながら川を下って行った。しばらく下ったところで、鳴子の網に当たって音がしたので、強右衛門は息をひそめた。近くに居た番兵が怪しんだが、別の番兵が、

「この時分は大鱸《すずき》がよく網を切る。改めることもあるまい」

と言ったので、強右衛門は胸を撫《な》で下ろした。こうして強右衛門は、激流の中を鳴子の網と戦いながら四キロほど下り、茂みが川へ突き出ているところを見付けて岸へ上がった。それから数時間かけて雁峰山の西側に登り着いたのは夜明け方であった。そこは長篠城から八キロほど離れた場所であったが、雁峰山の狼煙は城兵にもはっきり認められ、城内は歓喜の声に包まれた。

強右衛門は岡崎への道を急いだ。岡崎へ着いたのは昼過ぎであった。岡崎城内には奥平貞昌の父貞能《さだよし》が居た。強右衛門は貞能に会って、長篠城の窮状と、主君貞昌からの口上を伝えた。貞能の計らいで強右衛門は家康に会い、さらに家康の計らいで信長に会った。信長は家康からの再三にわたる出陣要請を受けて、三万の軍勢を率いて十四日に岡崎城に入っていた。強右衛

門から長篠城の様子を聞き、城将貞昌の覚悟を聞いた信長は、

「貞昌の命に変えてここまで参った志、忠義の至りである。救援に向かうは申すまでもないこと、その方も供を仕《つかまつ》れ」

と、強右衛門に言葉を掛けた。しかし強右衛門は、

「主人が心もとなく思っていることと存じますので、直ぐに城内に立ち帰り、安心致させたいと思います」

と言って岡崎を去った。

十六日の早朝に引き返して来た強右衛門は、かねて長篠城で約束したように、雁峰山で狼煙を上げようと山を登りかけた時、ふと雁峰山の頂上付近に人の気配を感じた。前日の強右衛門が上げた狼煙を武田方にも見た者がいて、その詮索《せんさく》と警戒の者どもであろう。止むを得ず強右衛門は狼煙を上げることをあきらめた。しかし、一時も早く城内へ朗報を届けたいと思う強右衛門には、より安全に行動できる深夜まで待つ心の余裕は無かった。

強右衛門は、竹束を抱えて運んでいる敵の雑兵《ぞうひょう》の中に紛《まぎ》れ込んだ。隙《すき》を見て城へ入ろうと考えたのである。しかし、武田軍の監視は厳しく、物見の侍が怪しんで強右衛門に合言葉を掛けたが、答えがないのでそのまま縄を掛けて捕らえた。その時の武田軍の合言葉は、「ほう」と問われたら、「しょうとう」と答えることになっていたという。もちろん、強右衛門が敵の合言葉を知るはずはなかった。

強右衛門は捕らえられて、武田信綱の前へ引き出された。信綱は敵将勝頼の叔父に当たる。強右衛門は信綱の取り調べに応じて、臆することなく、これまでのことをすべて有りのままに

語った。それを聞いて信綱は、勝頼に報告すると、勝頼は、

「その男神妙である。一命を助けて当家の家臣に加えよ」

と言った。強右衛門は縄を解かれたが、夜になって、再び信綱の前に呼び出された。そして強右衛門に言うには、「知行を与えてやる代わりに、城中の者に、信長からの救援の望みは絶たれたから、早く城を明け渡して命を助けてもらうように叫べ」ということであった。

強右衛門は聞いて心のなかで小躍りした。命が助かるためではない。城内の味方へ自分が持ち帰った朗報を知らせる機会は失《う》せたとあきらめていた矢先、その機会を敵が作ってくれようとしていると思ったからである。だが、表面では敵の依頼に応じるように、

「命をお助け下された上に、知行まで下されるとは、誠にかたじけない次第です。仰せの通りに致します。某《それがし》をはりつけ柱に縛り、お目付の衆と共に城の近くまでお連れ下さい」

と、しおらしく答えた。

やがて寒狭川を隔てた長篠城の対岸に、はりつけ柱に架《か》けられた強右衛門の姿が、かがり火に映し出された。強右衛門が大声で、

「鳥居強右衛門、ただ今帰り着いたり、信長公よりのご返事をお伝え申し上げる」

と叫ぶと、城中から二人の武士が出て来て向こう岸に立った。強右衛門は対岸の人影に向かい、さらに声を大にして、

「信長公は岡崎までご出馬なされた。家康公と共に、二、三日のうちに当地へお着きになるぞ、立派に城を守り給え。今生の名残《なごり》もこれまでなり」

と叫んだ。最期の言葉が終わらぬうちに、側に居た数名の兵士の槍先に差し貫かれて、強右

衛門は息絶えた。目だけカッと大きく見開いた壮絶な最期であった。時に天正三（一五七五）年五月十六日の夜、鳥居強右衛門三十六歳であった。おそらく強右衛門の胸の内は、与えられた任務を立派に果たし終えたという満足感に満ちていたに違いない。

命に代えた強右衛門の報告に、城兵の士気は奮い立った。織田・徳川の連合軍三万八千は、十八日の正午過ぎに長篠城の西方四キロの地点にまで到着した。兵糧は直ぐに城へ運ばれた。長篠城近くの設楽《しだら》ヶ原で行われた合戦は、織田・徳川連合軍の圧勝に終わった。

戦後、強右衛門の遺子信商《のぶあき》は八歳で家督を許され、成長の後、奥平貞昌の四男松平忠明に士分として取り立てられ、千二百石の大身に出世したという。

## ⒀ 大久保兄弟〈長篠で奮戦〉

徳川家康の家臣に大久保忠世《ただよ》・忠佐《ただすけ》という兄弟の侍がいた。長篠の戦いを前にして、弟忠佐が兄忠世に向かって、

「今日の戦いの相手武田勝頼は、本来、我ら徳川の敵と存じます。それを織田の加勢に先に駆けさせるは無念の次第です。私が真っ先駆けて戦いたいと思います」

聞いて忠世は、

「よくも申したものだ」

と言って、二人で家康の前に出て、そのことを話すと、家康は足軽の中から鉄砲の上手な者を選んで兄弟に付けられた。

馬に乗っては駆け引きが自由にならないであろうと、兄弟も手勢も共に下り立って先陣を進

み、その後に徳川の軍勢が続いた。兄弟はまず足軽を出して、敵に向かって鉄砲を一度に放った。武田方の山県昌景《やまがたまさかげ》千五百人、これも同じく馬から下り立って、錣《しころ》（冑《かぶと》から首の回りへ垂らした金具）を傾け前傾姿勢になり、打ち鳴らす太鼓の音と共に、エイヤ声を挙げてまっしぐらに進んで来る。兄弟の兵はさっと引いて鉄砲を打ち散らし、敵が引けば叫び進んで斬って掛かる。

武田方に小菅《こすげ》・三科《みつしな》・広瀬という一人当千《いちにんとうせん》と言われる侍がいた。大久保忠世・忠佐兄弟と互いに名乗り合って、追い掛け引き返し、九度まで戦った。小菅・三科は手傷を負って退いた。敵将山県昌景は鉄砲に当たり、馬から落ちた。織田方でも佐久間信盛《のぶもり》六千人、滝川一益《かずます》三千人が、柵《さく》から外に斬って出たが、武田勢に駆け立てられて退いた。

織田信長は、遙かに大久保兄弟が戦さをする様子を見て、

「徳川勢の戦い方、敵味方どちらも隙《すき》がない。その中に、金の蝶《ちょう》の羽を描いた旗を腰に差した者と、浅黄の黒餅《くろもち》（中が白い黒丸）の旗の二人が、敵かと見れば味方になり、敵味方の境が分からぬ。誰か見て参れ」

直ぐに近習の者が家康の陣に駆け入って、そのことを言うと、家康は、

「あの二人は当家の侍で、蝶の羽は大久保忠世、黒餅はその弟の忠佐ぞ」

信長がこのことを聞いて、

「何とあれは味方か。天晴れ大剛《だいごう》の兵かな。彼ら兄弟に似た者は、信長の部下にはまだ居らぬ」

と言った。

戦さが終わって後、信長は大久保兄弟を召し出し、

「このたびの戦さで利を得たこと、ひとえにその方ら兄弟の抜群の働きによるものである」

と、感慨を込めて褒《ほ》めた。

因《ちな》みに、この忠世・忠佐は共に大久保彦左衛門の兄に当たる。

## ⒂ 花房助兵衛《すけのひょうえ》〈戦国勇士の姿〉

豊臣秀吉が大軍を率いて小田原城を包囲した時のこと。小田原城の守りは堅固で、なかなか落ちそうにない。そこで秀吉は長期戦の構えを取り、城中の兵糧の減少、戦意の喪失を待つことにした。自分も諸将にも半永久的な陣屋を営ませ、国元から妻妾《さいしょう》を呼び寄せさせ、商人に商店街を開かせ、日夜、茶の湯・能楽などを行わせ、長陣に飽きないような仕掛けをした。

ある時、秀吉は本陣で能を催していた。軍勢が秀吉の本陣の前に差し掛かると、皆下馬して冑《かぶと》を脱ぎ、頭を下げて通って行く。ところが、宇喜多秀家の家臣で侍大将の花房助兵衛《すけのひょうえ》は、下馬もせず冑も脱がず、そのまま通り過ぎようとした。番卒が慌《あわ》てて、

「御本営の前でござるぞ、下馬さっしゃい」

と、とがめ立てると、花房は大声で、

「戦場で能をして遊ぶような、たわけた大将に下馬が出来るか」

と言って、馬上のまま通りながら、本営に向かってつばを吐き掛けた。

秀吉はこの報告を受けてカンカンに怒り、宇喜多秀家を呼んでことの次第を話し、助兵衛を縛り首にするように命じた。秀家は惜しい家来と思いながらも、秀吉の激しい怒りに合って恐

縮し、その座を立ち百メートルほど行った時、秀吉は考え直して、秀家を呼び返して言った。

「一時の怒りで縛り首と言ったが、剛直な武士をそうも出来まい。切腹を申しつけよ」

秀家はまた恐縮してその座を立ち、また百メートル余りも行った時、秀吉は再び考え直して秀家を呼び返すと、

「天下広しと言えども、この秀吉に向かってあのような大言《たいげん》をする者は居るまい。天晴れ大剛の侍、殺すのは惜しい。命を助けて加増して使うがよい」

秀吉の心は、平静に戻っていたのである。


花房助兵衛はその五年後、文禄四（一五九五）年、宇喜多家にお家騒動があったのに連座して、公儀（豊臣政権）の命で常陸《ひたち》（茨城県）の佐竹義宣《よしのぶ》のもとに預けられた。

慶長五（一六〇〇）年、関ヶ原合戦の直前、常陸五十四万石の佐竹義宣は石田三成方に付いたが、花房助兵衛は家康の陣に参加した。家康はこの時、上杉景勝に備えて一部の軍勢を残し、大部分の軍勢を率いて西へ引き返し、石田三成と決戦することにしていた。

しかし、諸将の中には佐竹義宣の動向を心配する者が居た。佐竹は三成と仲が良く、上杉景勝と一緒になって、家康の背後から追撃して来るのではないか、と言うのである。家康にして見れば、佐竹がどちらに付いても、それほど心配することはないと思ったが、諸将の不安を鎮《しず》める必要があった。そこで花房助兵衛を召して、諸将の居並ぶ前で問うた。

「そちは久しく常陸に居住していたから、定めて佐竹家の様子を存じているであろう。今度、義宣が石田三成に一味しているとの風聞がしきりであるが、事実はどうか」

助兵衛はそれに答えて、

「いかにも仰せの通り、当主義宣と石田とは懇意な仲でありますが、義宣の父義重《よししげ》が今なお健在であります。それで、あるいは義宣は石田に味方したいと思うかもしれませんが、義重が反対するでありましょうから、この話は煮えますまい」

聞いて家康は喜んだ。

「そうであろう、そうであろう。よく見極めた。それではその方、ただ今のことを誓紙に書くように」

これは家康の方が無理であった。助兵衛は自分の推察を言ったまでで、その推察に責任を持てと言うのは無理である。しかし家康としては、諸将を安心させるためには、助兵衛に誓紙を書いてもらいたかったのである。家康は、助兵衛がその事情を察して行動してくれることを期待したが、直情径行の助兵衛には通じなかった。

「誓紙してまでの請け合いは致し兼ねます」

家康は不機嫌になり、再び助兵衛へ声を掛けなかった。


関ヶ原の戦いが終わって後、家康は近臣に語った。

「ウソでもホントでもよい。ああいう時には誓詞を書くものだ。それで人々の不安が除かれるのだ。助兵衛ほどの者ゆえ、それだけの心得は有るものと思ったのに、案外役に立たぬ男であった」

これを伝え聞いた助兵衛は、

「あゝ、おれも不運な男だ。おれほどの男が、あの時の家康公の心の内を見通すことが出来なかったとは。あの時の一言でおれは大名に成れたのじゃに」

所詮《しょせん》、花房助兵衛は大剛の勇士であり、真っ正直な男であった。世渡りの才覚には暗い侍であった。しかし助兵衛には、戦国に生きた一人の勇士として、人々に好感と強い印象を与えるものがあった。

## ⒃　本多忠勝〈東国無双の勇者〉

豊臣秀吉と徳川家康・織田信雄《のぶかつ》連合軍が長久手《ながくて》（愛知県）で戦った時のことである。秀吉方の武将森長可《ながよし》・池田恒興《つねおき》らが家康と戦って討死したと聞いて、秀吉は大いに怒り、自ら向かって戦さをしようと考え、

「初めから要害を守っていた者以外は、一騎も残らず参陣せよ」

と、各々の陣へ触れ回した。秀吉は直ぐに馬を引き立てさせ、冑《かぶと》を取って着ている間に早貝《はやがい》をふき鳴らさせたので、先陣は急いで打ち立った。秀吉もやがて陣営を立ち、長久手に向かった。

家康方の武将本多平八郎忠勝は、小牧《こまき》（愛知県）の陣営に居たが、秀吉出陣と聞いて、

「今朝からの戦いに、味方の勢は疲れていよう。馳せ加わって先陣を駆けよう」

と考え、手勢を二つに分け、半ばは留まって小牧の陣を守り、後の半分五百人を率いて長久手に向かった。秀吉の軍勢も長久手に向かって進んでいるので、途中で隣り合わせになった。忠勝軍と秀吉軍の間は五百メートルほどもない。忠勝は軍勢に向かって、

「今ここで敵と一戦したなら、一戦する間は秀吉もここに滞留するであろう。その間にわが殿（家康）は陣形を整え、秀吉軍と思いのままに勝敗を決することが出来よう。忠臣の死すべき時はこの場に迫った。潔《いさぎよ》く一戦を遂げて屍《かばね》を戦場に晒《さら》し、名を千載《せんざい》の後に伝えよう」

そうして道々時々、秀吉軍へ向けて鉄砲を放ち、戦いを挑《いど》んだ。けれども秀吉は軍を制して、鉄砲を打たせなかった。途中の竜泉寺《りゅうせんじ》（愛知県）へ十キロばかり手前まで来た時、忠勝は小川の川端へ馬を乗り寄せ、冑に付けた鹿の角の前立てを夕陽に輝かせながら、泰然として乗馬に水を飲ませた振る舞いに、見る人皆、驚き感賞した。秀吉もこの有様を見て、

「あの鹿の角の冑を着たのは大将と見える。誰かあの者を知った者は居らぬか」

と問うた。稲葉貞通が答えて、

「以前、姉川の戦いの時、あの武士が出立《しゅったつ》するのを見知りました。本多平八郎忠勝……」

と言い終わらぬうちに、秀吉は涙をハラハラと流し、

「五百に足らぬ士卒をもって、わが八万の軍勢に駆け合わそうとする。千死に一生も無いであろう。それなのに、我が進軍を手間取らせ、己《おの》が主君の軍勢を勝利させようとの志、勇と言い忠と言い、誠に類《たぐ》いなき本多かな。秀吉運が強ければ戦《いく》さに勝つであろう。あのような惜しい者を討ってはならぬ」

と、弓・鉄砲を止めて放たせなかった。

こうして忠勝が長久手に駆け付けると、戦さは終わって敵味方の姿も見えず。これはどうしたことかと言っていると、味方は勝って小幡《おばた》まで引き揚げたという。忠勝は馬を急がせ、味方に追い着き、家康の馬の側に乗り寄せ、

「今さら言っても仕方ありませんが、小牧に我らを捨てさせられ、このたびの戦さに間に合いませんでした」

と、小言がましく言うと、家康は、

「その方の身はわが身なりと思うて小牧に留めた。後方の心配が無くてこそ、ここでの戦さに勝つことが出来たのだ」

と答えた。

長久手の戦いが終わって両軍講和し、秀吉の妹朝日姫を家康の室として浜松へ迎えることになった。その喜びの使いとして本多忠勝が京に上った。秀吉は忠勝に会うと、

「その方は世に知られた武道に優れた侍である。武田信玄も、本多平八郎は家康に過ぎた侍、と申したと聞く。去年、竜泉寺辺でその方僅《わず》かばかりの人数で、わが数万の人数へ戦いを仕掛けて来たので、打ち殺そうかと思ったけれども、そのうちに家康と和解するよう取り計らい、さらに縁者ともなって内《うち》々の者のようにしようと考え、そのままにして置いた。ここでその方に金銀を沢山与えたなら、家康が心の中で、秀吉ははや我が家来を金銀で引き付けようとしている、と思われては、吉事もかえって凶事となるであろう。殊《こと》に平八郎は優れた武道評判の侍であるから、並の物ではどうかと思うので……」

と言って、藤原定家《ていか》の色紙と粟田口《あわたぐち》（鎌倉時代の刀工一族）の脇差しを給わった。そして秀吉は、

「色紙も天下の名物、脇差しも天下の名物、平八郎も天下の名物である」

と、贈り物にこと寄せて忠勝を称賛した。

天正十八（一五九〇）年二月、豊臣秀吉が小田原征伐に向かう前のことである。秀吉のもとに諸大名が伺候した時、秀吉が家康に、

「今度の上京に本多平八（忠勝）を召し連れて来られたか」

と問うた。家康は、

「ちょうどこれに居ります」

と言って、秀吉の前に召し出した。秀吉は、立花宗茂《たちばなむねしげ》（筑前＝福岡県立花城主）を召して、

「彼こそ東国に隠れもない本多平八と言う者である。宗茂は西国無双の評判があるので、今後二人は心を通わし、宗茂は西国を守護していよいよ忠を尽くし、平八は家康を助けて東国を守護せよ。東西において無双の者なので、わが前で対面を許す」

と言った。前田利家・毛利輝元を始めとして諸大名一同、天晴れの名誉かな、と感を深くした。

一同退出して後、本多忠勝は考えた。

「自分が太閤殿下の御前へ出ることが出来たのは、まったく立花宗茂の功によるものである。宗茂が居なかったら、自分が殿下の御前へ出る機会はなかったであろう」

そう考えると忠勝は、直ぐに宗茂の宿所を訪ねた。そして、

「今度、殿下の御前において、格別の面目を施《ほどこ》されたこと、まことに貴殿の誉《ほま》れによるものである」

と挨拶して喜ぶこと限りない。宗茂もまた大いに喜び、

「貴殿は武勇の誉れ高い老功の人であられるので、若い者の後学になるようなことを語り聞かせ給われ」

と望んだ。忠勝は辞退の仕様もなく、様々の物語を心静かに話した。宗茂は聴《き》いて大変喜び、

「予想していた以上の勇者であった」

と褒《ほ》めて、忠勝に種々供応して歓談した。

以下に述べるのは、ずっと後の話である。

北条氏直の家臣に浜野三河《みかわ》という侍がいた。北条滅亡の後、浜野は本多忠勝の家臣となった。その浜野が、関ヶ原の戦いの時のことを、次のように人々に語ったという。

「本多中務《なかつかさ》（忠勝）の武勇は、今さら語るに適当な言葉もない。配下の諸隊へ指図されるに、『皆々某《それがし》の言葉に従うこと、そうすれば手に合わぬ敵は一人もいない。腰兵糧を使って体に力を付けよ』

と言って、その後、敵との間合いが近くなると、とにかく眼光がすさまじく、顔を合わせることが出来ない。その威厳はただ後ろに鉄の盾を置いたようである。古主君北条氏直の下で戦ったのとは大違いで、この戦いは必ず勝つという雰囲気になって、合戦が仕やすかった」と。

### ⒄　母里太兵衛《もりたへえ》〈名槍《めいそう》を飲み取る〉

母里太兵衛は黒田官兵衛とその子長政に仕え、先手《さきて》の大将を勤めた豪傑である。大変な酒豪

で、福島正則と酒の飲み比べをして勝ち、名槍《めいそう》日本号を正則から取り上げた。〝黒田節〟に「これぞまことの黒田武士」とあるが、そのまことの黒田武士のモデルが母里太兵衛である。

日本号の槍の由来は、次のように伝えられている。天正十三（一五八五）年、豊臣秀吉が関白になった時、正親町《おおぎまち》天皇から、一振りの剣を賜わった。この剣は、平安時代の刀匠で京都三条に住んでいた三条宗近《むねちか》の鍛えた懐剣であった。

秀吉は、天皇のお腰に触れた物を、そのまま身に付けるのは恐れ多いと考え、剣の柄《つか》を取り除き、槍の柄《え》を取り付けて槍に直し、槍先の部分には錦《にしき》の袋をかぶせて身辺に置いていた。後に天皇はこの槍に三位《さんみ》の位を与え、日本号という銘を賜わった。

天正十八年、小田原合戦の時、福島正則が山中城（静岡県三島市）を攻撃している最中に、正則の槍が折れた。秀吉がこれを見て、急ぎ本陣の後ろに立ててあった槍を、家来に言い付けて正則にもたせた。この槍は日本号であったが、戦場では直ぐ使用できるように袋を外《はず》して立ててあった。この時、秀吉は、その槍が日本号であることに気付かなかった。小田原征伐が終わって大坂に帰陣した後、秀吉が家臣に、

「日本号の槍が見えぬが、どうしたのか」

と尋《たず》ねた。

「その槍は先ごろ小田原の陣の時、福島左衛門大夫（正則）にお遣《つか》わし遊ばされました」

家臣が答えると、秀吉は、

「ふーん、それはいかん、すぐ福島を呼べ」

福島正則はちょうど在坂中であったので、さっそく秀吉の前へ伺候した。秀吉は正則が槍を

所持していることを確かめたが、今さら返せとも言えず、

「あの槍はわしが関白昇進の際、天子より賜わった貴重な品である。わしは間違えてそちに遣わしたが、今さら取り返しも出来ぬ。粗末に致すでないぞ」

正則は槍の由来を聞かされて大喜びし、それからは大切に床の間に飾り、来客があれば、その由来を語って自慢していた。

ある時、正則の屋敷へ、黒田の家臣母里太兵衛が、黒田家の使いとしてやって来た。太兵衛は世に知られた豪傑だから、かねて顔見知りの中である。太兵衛が訪ねた時は、ちょうど正則が一杯飲み始めたところであった。二人とも大の酒好きである。正則が誘うと、太兵衛も嫌とは言わない。ほろ酔い加減になったところで、正則が、

「どうだ太兵衛、そちも酒豪と聞いた。わしと飲み比べして見んか、飲み勝ったら望みの品を遣わそう」

その時、正則には飲み勝つ自信があった。しかし、太兵衛は前髪立ちのころ（元服前）からの酒好きである。酒の鍛練は太兵衛の方が上であった。大杯で飲み比べているうちに、正則は太兵衛の底無しの飲み方を見た。

「うーん、見事である。約束の褒美を望め」

と、ついに正則が音を上げた。太兵衛は、

「ただ一品、そこの床の間に在る日本号の槍を頂きとうござる」

正則は驚いた。

「あっ、これはやれぬわい、ほかの物を望め」

「勝負の前に確か、勝てば望みの品を遣わす、と仰せられましたな」

「うん、それは確かにそう申した。しかしこれは特別だ。ほかの物なら望み次第」

「ほかの物なら要《い》りません」

「そう言うな。この槍だけは誰にもやるわけに参らぬのだ」

「左様ですか、では頂かないで帰りましょう」

太兵衛は座を立ちかけて正則を振り返り、

「その代わりご覚悟を願わしう存ずる。私、至って口の軽い方で、どこでどんなことを申すやも知れません。福島左衛門大夫という大名は、拙者との約束を反故《ほご》に致した。大名が二枚舌を使うとは、まことに見下げ果てた者でござると……」

大量の酒が入っているので、口の滑りは上々である。

「うーん、黙れっ」

「アハハハ、私は至って口の軽い……」

「こらっ、いい加減にせい、ほかの物を望め、何でもやる」

「ほかの物は頂きません。私、口の軽い男で……」

正則の負けである。世間に二枚舌の大名などと言い触らされてはたまらない。

「うーん、分かった。残念だが持って行け」

太兵衛は、こうして名槍日本号を手に入れ、悠々と肩に担いで帰ったのである。

ついでに黒田節の歌詞を記しておく。

〝酒は飲め飲め飲むならば　日《ひ》の本《もと》一のこの槍を　飲み取るほどに飲むならば　これぞま

ことの黒田武士〃

## ⒅ 可児才蔵《かにさいぞう》〈武勇談〉

可児才蔵は、戦国時代を生き抜いた侍である。主君運が悪く、生涯に八人も主君を代えた。その多くは主君が途中で死んだためである。一人の主君のもとを去って、次の主君に仕えるまでには月日がかかる。そのため長い浪人生活を経験している。

当時の武士は自己を顕示するために、鎧《よろい》の背に独自の旗指物を立てるのが常であった。才蔵はいつのころからか、笹竹の一種であるマダケを背の高さぐらいに切って、旗の代わりに挿《さ》すようになった。マダケには小枝が沢山付いている。

彼は合戦のたびに敵の首を数多く取るので、首を腰に付けて走れない。そのため、敵の首を取ると、背に負った笹竹の小枝を切り取って、討ち取った者の口へ深く差し込む。それを目印としてその場へ置いたまま、また新しい敵を求めて行く、という調子であった。そして戦さが終わった後、目印を付けた首を拾い集めるのである。それで、才蔵はいつしか人々から〃笹の才蔵〃と呼ばれるようになった。

関ヶ原合戦の少し前のことである。当時才蔵は、福島正則の雇《やと》われ武士として参陣していた。雇われ武士というのは、〃陣借り〃とも呼ばれ、その合戦の時だけ戦いに参加する臨時雇いである。才蔵は、この一戦に手柄を立て、正式に福島家へ仕官しようと考えていた。

徳川勢はすでに岐阜城を落とし、大垣城を囲んだまま小休止している時であった。敵陣から騎馬武者一騎、颯爽《さっそう》と現れたと思うと、福島勢の陣の前百メートルばかりまで来て、これ見よがしに悠々と馬の調練をした。才蔵が人に問うと、石田三成の家臣で湯原源五郎という、勇猛で知られた侍だと言う。

才蔵は湯原の人も無げな振る舞いを見て、頭にカッと血が上った。自分が嘲弄《ちょうろう》されているような気がしたのである。抜け駆けは厳しく禁じられているが、才蔵はじっとしては居られなかった。鎧《よろい》を着て馬に乗り、一散に湯原に近付いた。

「推参者《すいさんもの》（無礼者）、空《むな》しく行き違うな（勝負せよ）」

と、わめきながら組み合い、相手の首を小脇に挟んで締め上げ、そのまま自陣に引きずり込んで組み敷き、首を取った。その後、湯原の馬にまたがり石田の陣の前まで行き、堂々と輪乗り（馬を輪形に乗り回す）をして見せた。石田方はそれを湯原と思い込み、ドッと鬨《とき》の声を挙げると、才蔵はくるりと馬首を回し、自陣へ戻ったので、今度は福島方で歓声が挙がった。

この騒ぎを聞き付けて福島正則が、

「下知《げち》を承《うけたまわ》らず、我がままの働き仕りたる者は何者ぞ」

と、大声で怒鳴りつけた。しまった、と才蔵はあわてて湯原の首を正則の前へ差し出し平伏した。だが、軍規違反の罪は許されず、押し込め（謹慎）を申し渡された。

いよいよ関ヶ原合戦の当日である。東軍の最前列は、この日の先陣を承った福島隊である。才蔵はその先頭に、例の如く背に一本の笹竹を挿《さ》して立った。とその時、福島隊の右後方にいた井伊直政・松平忠吉《ただよし》が、福島隊を通り抜けようとした。

「待たれい、本日の先陣はわが福島隊、何人《なんぴと》たりともわが陣の前へ出ることまかりならん」

才蔵が槍を構え、大声で怒鳴り付けると、井伊直政は、

「物見でござる。初陣の松平忠吉君《ぎみ》（家康四男）に、後学のため先陣の戦いの激しさを見聞させるためでござる」

と言って、忠吉と共に手勢数十騎を引き連れ、東軍の最前線に出ると、いきなり西軍に向かって鉄砲を打ち掛けた。これを見た福島正則が突撃を命じた。才蔵は井伊直政に先を越された悔《くや》しさもあって、怒号と共に敵陣に突っ込んだ。東軍の一番槍である。

激闘四時間、合戦はようやく終わり、家康は首実検を行った。家康が直接実検するのは冑《かぶと》首《くび》である。冑をつけた敵の将の首だけである。東軍諸将は家来の討ち取った冑首を運んで来た。福島正則の番が来て、正則は多くの首を実検に供した後、最後に湯原源五郎の首を置いて言った。

「これは某《それがし》の陣の可児才蔵と申す浪人が討ち取った、三成の家来湯原源五郎の首でござる。敵味方に聞こえた勇猛の湯原を討ち取ったのは天晴れの働きに似ているが、可児は軍規に背《そむ》いて抜け駆け致し、しかも危険な一騎討ちにて湯原を仕留め、とかく功に走り、これ見よがしの振る舞いを致す男でござれば……」

正則は首を見せつつ才蔵を非難した。家康はそれを聞いて、ふと才蔵に興味を覚えた。呼び出させて会ってみると、千軍万馬の古強者《ふるつわもの》特有の凄《すご》みと物寂しさを漂《ただよ》わせているが、どことなく愛嬌《あいきょう》がある。

「この首以外に手柄は無いのか」

家康の問いに、いいえ、と才蔵は首を振った。

「ほかにも有るか」

「ほかに冑首十七」

「ほう、十七？」

家康は思わず問い返した。

「左様、十七ござる。が、稼ぎの邪魔ゆえ、置いて参りました」

「どこへ置いて来た？」

才蔵は指を折り、あそこに二つ、ここに三つ、と言上する。ふむ、と家康は才蔵に細い目を向けた。

「何ぞ証拠が有るか」

一般に、取った首は目撃者に証人になってもらうか、一目に付かぬところに隠して置いて、戦さの後で持ち帰るか、それとも耳や鼻を削《そ》いで持っていて、後で首級と合わせて差し出すかである。

「口に笹の葉を詰めてござる。某《それがし》、耳・鼻を削《そ》ぎ取るは、死者に対して礼を失するものとして好みませぬゆえ」

後で調べて見ると、才蔵が言った通りの首が出て来た。

家康は感じ入り、褒美《ほうび》として才蔵に冑《かぶと》を与えた。家康が才蔵に冑を与えたということは、才蔵が冑を着る権利、すなわち将としての資格を持つことを証明したことになる。関ヶ原合戦の数日後、才蔵は希望通りめでたく福島家に仕官がかない、以後、福島の家臣として生涯を送ることになった。

なお、才蔵が愛用した槍と家康から拝領した冑は、現在もなお、才蔵の菩提寺である広島市の才蔵寺に保存されているという。

### ⒆　可児才蔵〈研ぎ澄まされた槍先〉

福島正則がある日、城を出る時、門外の石垣に槍を立て掛けてあるのを見て、

「あれは誰の槍であるぞ。日当たりに立てて置いては汗をかくものである、置き直せ」

と言ったのを、槍の持ち主の従者がうろたえて、なおさら日の当たるところへ持って行った。正則は腹を立て、自身、槍を持って置き直そうとして、鞘《さや》を抜いて見ると赤く錆《さ》びている。正則は皆まで抜かず、

「侍の一本道具を錆びさす腰抜けめ、誰の槍であるぞ」

と、罵《ののし》って投げ捨てた。その槍は可児才蔵の槍であった。才蔵は憤怒して、

「先を見給え」

正則はまた取って先を見ると、槍先三寸（九センチ）は氷のように研ぎ澄まされている。才蔵は、

「槍は先で突くものでござる」

正則は大いに驚き、そのまま鞘《さや》に納めて押し頂き、自身で立て掛けた。

### ⒇　可児才蔵〈長太刀の技で会釈《えしゃく》〉

可児才蔵は若い時、長太刀の技で名を知られていた。年老い力衰えて後は腰に差すことを嫌い、外出の時は従者に持たせて歩いた。福島正則の一族に何某《なにがし》加兵衛という者がいた。ある日、

物語の時、才蔵に向かって、

「貴殿は若い時は格別だが、今は年老いられ、長太刀を帯びられることもならず、従者に持たせて歩かれる。お手並みを一目見たいものです」

と言った。才蔵は加兵衛の言葉に、年老いた自分への侮辱《ぶじょく》を感じた。

「仰せ誠に恥じ入ります。若い時にこの刀でよく試合を致しました。今もって昔にこだわり、出歩く時も身に添えて持たせております。但し武芸に限っては、よそ目の批判は当たらぬものです。この刀お目に掛けご会釈申そう」

と言って、腰を押さえて立ち上がり、側に置いてあった刀を取り、

「長太刀の技これなり」

と言ってサッと抜く。加兵衛は案に相違して立ち上がろうとするところを、才蔵は刀を払って加兵衛の細首を打ち落とした。

**【臆病者】** ㉑

勇士は戦場の華である。しかし、多くの侍の中には臆病者も居た。そして、臆病な侍にも使い道があった。

## ㉑ 武田信玄〈臆病者の使い道〉

武田信玄の家臣に岩間大蔵《おおくら》左衛門という者が居た。生まれ付き大の臆病者で、合戦になるといつも癪《しゃく》（腹部の激痛）を起こし、目を回し、ついに血なまぐさい場所に出ることは無かった。

信玄の家臣一同が、

「今は戦国の時で、一人でも武功の者を望む中に、あの大蔵左衛門は臆病の極み、禄を与えて抱え置くような者ではありません。早く暇《いとま》を給われかし」

と言う。信玄が聞いて、「やりようがある」と言って、そのままにして置いた。

戸石城《といしじょう》（長野県）の戦いの時、特に優れた馬を選び、その馬の鞍《くら》に大蔵左衛門をくくり付け、血気の若者が大勢寄って馬の尻《しり》をたたき立て、敵の中へ追い込んだ。しかし、馬は乗る人の心を知るものなので、その馬が大蔵左衛門の臆病心を感知して、途中から味方の陣へ引き返した。

このようにしても、大蔵左衛門の臆病は直らないので、信玄は思案して、大蔵左衛門に隠れ目付けを申し付けた。そして、

「すべての悪事を内偵したら、遠慮なく報告せよ。もし隠して置いて露見したら、死罪を申し付ける」

と命じた。大蔵左衛門は元来、臆病者なので、罪に付けられることを恐れて、何事も明白に聞き出して信玄の耳に入れたので、信玄が今まで知らなかったことも分かり、大いに役立ったという。

武田氏が滅びて後、武田の家臣であった今井九兵衛は徳川家康の家来になった。家康が北条と戦った時、武田から徳川へ移った侍の中で、七人の者が敵と戦うことを避けた。家康は怒って、

「臆病者だ、改易（召し放し）する」

と言った。今井九兵衛がこれを聞いて、

「臆病致すこともっともです。信玄の時、あの者どもは一度も敵と戦ったことがありません」

家康が聞いて、

「それほどの者ならば、なおさら役に立たぬであろう」

と言うと、九兵衛は、

「けれども信玄は殊《こと》の外《ほか》、その者たちの面倒を見ました。その事情は、臆病な者は方々への使いに行かせました。良い侍は使いに行かされた後で合戦があると、使いに行ったために合戦に出られなかった、と不満に思います。臆病な者は合戦を逃れたことを喜びます。次に、行く先々の関所、あるいは舟渡しなどで、もめ事などがあると、例《たと》え頭を打たれるほどの仕打ちを受けても堪忍し、使いの役目を一段と首尾よく致しますので、それを考えてよく世話をして居りました」

家康は聞いて手を打って合点し、以後そのような役に召し使ったという。

**【最期を迎える】** ⑵⑶

人は最期の時を迎えて、何を考えどう行動するか。ここでは二人の場合について、その有様を見る。

## ⑵ 松永久秀〈百会《ひやくえ》の灸《きゆう》〉

一人の老人が、「年を取ったので今さら養生することもない」と言ったのを、ある人が諫《いさ》め

て、

「一夜の宿も雨露が漏るのはよくない。昔、松永久秀が織田信長に負けて自害することになった時、百会《ひやくえ》の灸《きゆう》（頭のてっぺん脳天へ据《す》える灸）を据えて言うには、『これを見る人は、いつのための養生かと、きっとおかしく思うであろうが、わしは常に中風《ちゆう》風《ふう》になることを心配し、恐れている。死に臨んでもし突然、中風が起こって体が思うようにならず、腹を切る刀を持つ手が動かなくなったら、人に臆病風に吹かれたと笑われるであろう。そうなったら、わしの今までの武勇はすべて無駄になってしまう。百会の灸は中風の神灸《しんきゆう》であるから、しばらくその病を防いで、快《こころよ》く自害するためである』と言って、灸を据えて後、腹を切ったと言う。名を惜しむ勇士は、このようにありたいものだ」

と、その人は言った。

## ㉓　明智光春〈最後の始末〉

明智光春は、主君光秀が豊臣秀吉に討たれた後、坂本の城（滋賀県）に入り最期を迎える準備に取り掛かった。光秀の妻子を天守へ上げ、来国行《らいくにゆき》・来国俊《くにとし》（共に鎌倉時代の刀工）作の刀、粟田口藤四郎《あわたぐち》（鎌倉時代の刀工）の小脇差し、奈良柴《しば》の肩衝《かたつき》・乙御前《おとごぜ》の釜（共に茶道具）などの名品を上着に包み、秀吉方の軍勢に向かって、

「光春自害するに、天下の名器を共に失うこと残念なり。故に目録を添えて進呈致す」

と言って、天守より綱で釣り下ろした。また、冑《かぶと》に羽織と黄金百両を添えて、百か日の弔い

を頼む、と、坂本の西教寺《さいきょうじ》へ送ることを依頼した。それが済むと大音《だいおん》を挙げて、

「城中まだ見苦しい物など在り、心静かに夜中をかけて取り片付け、明朝切腹致したい。今日の城攻め猶予を願い奉る」

　と呼ばわると、寄せ手も少し引き退いた。

　夜になって大手門に案内を申し入れた者があった。入江長兵衛という者で、光春に対面したいと言う。光春は旧友であったので、櫓の上から入江に会い、暇請《いとまご》いをした後、入江に言うには、

「わが身が死ぬこと、今を限りである。最期の一言を貴殿に残したい」

　と語り掛けた。入江は、

「何ごとであろうか」

　光春は、

「自分は若い時から戦場に臨むたびに、先駆けや殿《しんがり》で手柄を立てることを心懸け、武名を揚げようと励んだが、結局これはわが身を殺し、子孫の栄えを思うためであった。けれども天から与えられた寿命が縮《ちぢ》まると、今日の自分のようになる。生前どれほどか危険を侵し、難儀と苦労を重ねたが、ついに望みは成し遂げられることなく、このような結果になった。貴殿もおそらくこのようになるであろう。同じことなら、むしろ人に仕えることを止め、身を安全なところに置き、危ないことはしないが良い。私から貴殿に黄金を贈ろう。これを資産にして今後の生き方を考えられよ」

　と、三百両を入れた皮袋を投げ与えた。入江は光春の言葉に感じ、戦さが終わって後、主君

に仕えることを止め、京都に引きこもって資産を殖やし、富裕を楽しんで生涯を終えたという。光春の最後の願望を、友人入江が代わって成し遂げたと考えることも出来ようか。

【殉死】(24)〜(27)
殉死はその当時の社会的慣習を反映したものであるが、また、それぞれに個性があり、独自性を持っている。

## (24)　稲葉一鉄〈命を助けた下人《げにん》〉

稲葉一鉄の下人が罪を犯したので、死罪にしようとした。その時、下人が声を上げて泣いた。一鉄が、

「命が惜しいか」

と問うと、下人は、

「いやいや、命を惜しんで泣くのではない。命があれば一太刀恨みを晴らすのに、このまま果てるのが口惜しくて泣くのだ」

人々が聞いて、

「憎い奴かな、早々斬り捨てよ」

と騒ぐのを一鉄が、

「それを助けよ」

と、縄を解かせ、

「どうでもして、わしに一太刀打てよ」

と言って追放した。下人は、かたじけない、と何回も礼を言って立ち去った。

そののち年を経て、一鉄の病気が重くなって床に伏せた時、かの下人が来て世話をしたが、一太刀恨みを晴らす願いが叶《かな》えられない、と言ってまた泣いた。やがて一鉄が死んで葬った後、かの下人は墓に参り、

「自分が今まで生き長らえたのは、君に一太刀恨みを晴らし申すと言ったためである。君が亡くなられたのに自分が生きていては、死罪にされようとした時泣いたのは、命が惜しくて泣いたのだ、と人に言われること、誠に恥ずかしいことだ」

と、墓の前で腹かき切って死んだ。下人の死は、命を助けてくれた旧主への殉死と見ることが出来よう。

## ㉕　前田利長〈切腹仕損じ者を抱える〉

富田蔵人高定《くらんどたかさだ》は、元関白豊臣秀次の家臣であった。豊臣秀吉の命で秀次が切腹した時、高定は秀次に殉死しようとした。高定が北野（京都市）の千本松原で、大げさに殉死の支度をしていると聞き伝えて、人々が見物しようと四方から群集した。すでに高定は切腹の出で立ちをして、その場へ進み座に着いた。

そうしたところへ、高定の一族や知人が見舞いに尋ねて来て、一人一人杯を取り交わし、暇《いとま》請いのあいさつなどしているうちに、高定は大酔いして、ついに切腹の場で前後不覚になり、大いびきをかいて寝込んでしまった。その様子を見て見物の人々は、手を打って笑い罵《ののし》った。

そのようなところへ秀吉から早馬の使いが来て、

「今度、秀次のために殉死するとのこと、もっての外である。もし強いて殉死したなら、一族兄弟までも罪が及ぶことになる。早々に殉死を止めよ」

と伝えた。高定はこれを聞いて、謹んでお受け申し、たちまちその場を去って、どこかへ逐電した。見物の人々は皆、

「人騒がせな臆病者よ」

と、あざ笑って帰って行った。

その後、高定は、京都の西山に閉じこもって居たのを、前田利長が一万石の禄で招いたが、高定は、

「お志は有難く存じますが、私ことは殉死を仕損じ、人々の物笑いになった者です。その上、考えることも有りますのでお許し下さい」

と言って断った。けれども利長は再三使者を立て、一万石で不足ならば望みに任せよう。と言ってやったが、それでも納得しなかった。それで利長自身が出向いて様々に諭《さと》したので、高定もようやく心が打ち解けて、利長に仕えることになった。

家臣たちは利長を諌《いさ》めて、

「殉死を仕損じたような者に、知行を与えて召し抱えられることは、世間体もよろしくありません。却《かえ》って世の誹《そし》りを受けることになりましょう。是非共ご無用になされませ」

と言上したが、利長は、

「彼には見所がある。また槍の達人でもある。必ずわが眼鏡に違《たが》うことは無いであろう」

と言って、家臣の反対を退けた。果たして慶長五（一六〇〇）年、大聖寺《だいしょうじ》（石川県）の城攻めの時、高定は表門から本丸の入口まで斬り込んで、敵を数度追い退け、比類ない働きをして、その身も数か所手傷を負い、ついに自分で首をかき切って華々しい討死を遂げた。利長の家臣らは、あの臆病者と思っていた高定の、今日の働きを見て目を驚かし、始めて利長の人を見る目が確かなことを感じた。

## ㉖ 池田利隆《としたか》〈殉死を止める〉

姫路城主池田輝政が死去した時のことである。伴玄札《ばんげんさつ》は輝政の寵臣《ちょうしん》であったので、必ず殉死するであろう、と人の言っているのを、輝政の後継者利隆が聞き、近習の者に、

「玄札をよく気を付けよ」

と命じた。

輝政の死体が棺に納められた日、玄札が次の間の襖《ふすま》を開けて入り、直ぐ閉めたので、利隆の近習が怪しんで行って見ると、はや脇差しを腹に突き立てていた。近習数人が玄札を抱き起こし、皆で押し留めて置いて利隆に報告した。利隆は急いでその場へ来て、

「玄札いかが致した」

と声を掛けた。玄札は、

「御恩を深く被《こうむ》りましたので、お供を仕る志でありましたのに、見付けられたのは口惜しいことでございます。お許しを得て快《こころよ》く死出の道に赴きたいと存じます」

と言うのを利隆が聞いて、

「そうするのが本当であろう。けれども、予《よ》が侍の主《しゅ》には成り難いと見捨てて、先代の供をしたならば、人々が思うには、『玄札は先の殿の志をも知り、寵愛にも会うたので、よくよく今の世継ぎは劣り果てたゆえ、あきらめて先代の供をしたのであろう』と言うようになれば、今までの侍は、一人も予に心服する者は居ないであろう。

予は人々に見放された独夫《どくふ》と成ること目前である。予を独夫にして、それを忠とも義とも思うのであれば、早く死んでお供申せ。強《し》いて押し留めることはしない。予はその方が死することによって、侍の主に成ることは出来ぬであろう。ただ急ぎ死ねよ」

と、利隆は心情を込めて言った。玄札は聞いて涙を流し、

「存じも寄らぬ仰せを承《うけたまわ》り、誠に進退窮まりました」

と、困惑の表情である。

「早く死んで予を独夫にして、先代への奉公とせよ」

と、利隆は再三言うので、玄札は言葉も無く、しばらく考えて、

「仰せの趣《おもむき》承りました。侍と言われるほどの者が、刀を腹に突き立てながら、今さら中止すべきではありませんが、ただ今のお言葉によって、恥を忍んで、人に後ろ指を差されましても、生き長らえまする」

聞いて利隆は大いに喜び、

「さては予は侍の主に成ることが出来た。その方の忠義、他に比べるものが無い。よくいたわるように」

と言って、利隆は奥へ入った。

利隆は殉死の禁令は出さず、もっぱら情理に訴えて殉死を止めさせた。まことに機知に富んだ見事な方法である。このような説得の仕方もあったのである。

### ⑵⑺ 殉死の辞世〈ある下人の歌〉

徳川家康の家臣本多平八郎忠勝が死んだ時、忠勝の家来大谷三平が殉死した。三平の下人がまた三平のために殉死した。次の歌は、その下人の詠《よ》んだものである。

死にともな　ああ死にともな　さりとては　君の情けの　今は恨めし

「死にともな」は、死にたくないの意、「さりとては」は、それにしてもの意である。その時代の慣習と、主君への報恩から、殉死しなければならなかったのであろう。殉死した者すべてがこの歌のような心情を持っていたわけではないが、中にはこの歌のような心を抱いて、止むを得ず死んでいった者もあったのである。これほど殉死者の心を素直に表現した歌も珍しい。

# 三　上に立つ者（主君・将）

**【部下を大事にする】**　(1)〜(8)

人の上に立つ者が第一に考えなければならないことは、部下を大事にすることであろう。戦国の武将たちは、どのように部下を扱ったかを見る。

## (1)　甘利晴吉《あまりはるよし》〈馬糞水《ばふんすい》で部下を救う〉

武田信玄が武蔵《むさし》松山城（埼玉県）を攻めた時のことである。武田の部将甘利晴吉の組下《くみした》に、米倉《よねくら》丹後とその子彦次郎がいた。戦場で彦次郎は、鉄砲玉で腹から背中へ打ち抜かれて倒れた。彦次郎の従者が肩にかけて味方の陣地まで退いたが、彦次郎は死ななかった。胴の内部に血が溜《た》まって、腹は大きく膨《ふく》れ上がり、今にも息が絶えそうである。

側に居た者が、「葦毛《あしげ》の馬の糞を水に溶かして飲めば、腹に溜まった血を体外に排出できる」と言った。彦次郎の従者がこれを調合して、彦次郎に勧めると、彦次郎は大剛の侍なので、目を開いて言うには、

「わしは胸元を前から後ろへ打ち抜かれている、どうして命が助かろうか。どうせ死ぬものを、彦次郎こそ命を助かろうとして畜生の糞を飲んだなどと、死後まで人に笑われることは無念の至りである。武士の戦場で死ぬるは、これこそ望むところである」

と、頭を振って飲もうとしない。組頭《くみがしら》の甘利晴吉が、この様子を見て彦次郎に近付き、

「彦次郎が普段の心懸けとも思えぬことを申すものかな。もっとも深手であるから、命が持つかどうかは分からぬ。けれども、もし血が抜け出て傷が治ったなら、主君への忠節、父母への孝行、何ごとかこれに過ぎるものがあろうか。ばかげた世間の誹《そし》りを気にして、忠孝の重いことを忘れるのは、武勇の侍のすることではない」

と言いながら、その馬糞水を柄杓《ひしゃく》に受けて自ら二口飲み、舌打ちして、

「味は良いぞ」

と、手ずから彦次郎に飲まそうとした。彦次郎は涙をハラハラと流し、

「これは誤っておりました。お志のかたじけなさ、例《たと》え命を失うとも忘れるものではありません」

と言って柄杓を押し頂き、一滴も残さず飲み干した。すると間もなく、腹に溜まっていた血を一桶《おけ》ばかり吐き出し、その後、傷も次第に治った。

信玄は後にことの次第を聞いて、晴吉の部下を思う心懸けを深く感賞したという。

### ⑵ 徳川家康〈家康の宝〉

豊臣秀吉の前に諸大名が集まったある日のこと。その席上、話がたまたま宝自慢になった。

秀吉は、自分の持っている秘蔵の品を一つ一つ言い並べた後、

「それで、おことらはどのような宝を持っておられるか」

と、諸大名に尋ねた。秀吉に促《うなが》されて大名たちは、それぞれ自慢の宝を数え上げて見せたが、家康だけは黙って口を開かない。

「三河殿（家康）はどうじゃ」

秀吉が尋ねると、

「三河育ちの田舎者ゆえ、家に伝わる宝などもなく、また、珍しい書画・調度《ちょうど》（器具）などを蓄《たくわ》えたこともござらぬ。しかしながら、某《それがし》のためには命を惜しまぬ家来が五百騎ばかりござる。これこそ家康にとって何物にも代え難い宝と思うてござる」

聞いて秀吉は、

「はてさて、三河殿は果報者よ。そのような宝、わしも持ちたいものじゃ」

と、感慨を込めて言った。

## (3) 加藤嘉明《よしあき》〈浪々の家臣に禄〉

加藤嘉明の家臣に河村権七《ごんしち》という者がいた。関ヶ原の戦いでは主君嘉明に従って、東軍（徳川方）に属し手柄を立てた。その後、気に障《さわ》ることがあって、一通の封書を残して出奔した。その書中には、「立ち退《の》いても二君に仕えず、当家に一大事のことがあれば、どこに居ても駆け付け、ご用に立ちます」と書いてあった。

権七はそれから諸国を浪々し、後には路銀が無くなって、出羽《でわ》の国（山形県）で修験者《しゅげんじゃ》（山

伏）となり、日々を送っていた。大坂冬の陣が始まると、加藤嘉明・福島正則ら豊臣家と縁の深い大名は、幕府の命で江戸に留め置かれ、大坂の陣が過ぎたらそれらの大名は領地を没収されるであろう、などという風説が、出羽の河村権七にも聞こえて来た。

権七はこれを聞くと、出羽より江戸へ夜を日に継いで駆け上り、夜中に嘉明の屋敷に着き、親友である青木佐右衛門《すけ》を呼んで罪を詫《わ》び、嘉明に謁見することを願った。嘉明は聞いて大いに喜び、

「急いで呼び入れよ」

と言って寝所に召し出したが、一目《ひとめ》見るなり涙を流したので、権七も胸に込み上げ、むせび泣いた。君臣共にしばらく言葉が無かったが、権七が、

「思いもよらず殿のご前に出ること、今生《こんじょう》の思い出でございます」

と言うと嘉明は、

「その方の志、言いようも無い」

と喜び、元のように八百石を給わった。

その翌日のこと、勘定奉行から、俸禄を受け取られよ、と言って来たので登城すると、おびただしい金銀を並べ、

「年々の禄高として取り除《の》けてあった分、十四年分一万一千二百石の代金を受け取られよ」

権七は大いに驚き、

「十四年の間は浪々して出勤せず、どうして俸禄を受けられましょうか」

と固辞するのを、嘉明が聞いて、

「通常の心であれば、そのように思うであろう。しかし権七は、立ち退く時に一書を留め置き、二君に仕えず、当家に一大事があれば、どこに居ても駆け付け用に立ちます、とあり、その言葉のように他に仕えず艱難《かんなん》をしのぎ、このたび遠国より駆け付けて来た。その忠誠比類ないことである。そうすれば、十四年の禄を主人が横領すべきではない。すべて与えるのは当然である」

権七は感涙を流して代金を拝受した。

## ⑷ 池田輝政《てるまさ》〈家臣をかばう〉

姫路（兵庫県）城主池田輝政の家臣に、土肥周防《どひすおう》という世に知られた武功の者が居た。周防がある時、播磨印南野《はりまいんなみの》を夜になって通ったことがあった。馬の轡《くつわ》を馬上から掛け直していた時、従者が遠く離れているのをうかがっていたように、何者とも知れず茂り合った松の陰から走り出て来て、周防の左の太ももを斬って逃げた者があった。馬は驚いて跳ね上がった。周防は太ももの傷で鐙《あぶみ》を踏む力がなく落馬した。従者が駆け付け、斬った者を追ったが、先は暗くて方角も分からず見失った。周防は足が立たないので追うことも出来ず、駕籠《かご》に乗って姫路へ帰った。

家中の者がこのことを知って周防を誹《そし》った。それを輝政が聞いて、夜話のついでに近臣の者へ、

「今度の周防のことを家中では、どのように言うておるぞ」

と尋ねた。皆は答え兼ねた。輝政は、

「善悪共に隠してはならぬ。わしが問うことに、お前たちは誠のことを答えぬか」

と、怒ったように言うので、皆が、

「ことの始終がよろしくない、と皆そしっています」

と答えた。輝政は、

「さぞやそうであろう。わしが問うのはそれを心配するためである。周防は太ももを斬られたことによって、その武勇いよいよ表れ、わしが彼を重んじること、始めの倍になった。その故は、斬ろうとするほどの者は、あらかじめ準備してのことであろう。けれども並の手段では成り難いことを知って、暗夜、人の居ないのを幸いに、一刀は斬ったけれども、二刀と斬ることが出来ず、斬り殺そうとの志も果たすことが出来ず逃げ去ったのは、深く周防の威を恐れたがためである。


周防が並々の侍ならば、誰がこのように恐れようか。太ももに傷付き、馬が跳ね上がれば落ちるのは当然である。卑怯《ひきょう》と言うべきことであろうか、決してそうではない。逃げ足の速い者には、白昼に追っても及ばない。まして夜道のことである。斬り留めなかったのを臆した故と言うべきであろうか、決してそうは言えまい。


そのような誤った考え方をするのは、みな武道の道理を学ばぬ者の言うことである。もとより聞き咎《とが》めるほどのことではない。その方らもわしの侍である。世間のうわさに惑うて道理を誤ることのないようにせよ」

と、筋道を立てて話したので、家中の誹《そし》りは直ぐに止んだ。周防はこのことを聞いて、骨髄に徹するほどの感動を覚えたという。

## ⑸　加藤清正〈下僕の心懸けを賞す〉

加藤清正が熊本城に居た時のこと、ある夜、便所へ行くのに、小姓ども二、三人が付き添って行き、手洗い場に控えていた。清正は便所へ行くのに、いつも歯の高い足駄《あしだ》（高下駄）を履《は》いたが、今夜はしきりに足駄の音をトントンと踏み鳴らすので、小姓どもは何事であろうと怪しんでいるところへ、清正が、

「忘れていたことがあった。今思い出した。早く床林隼人《しょうばやしはやと》を呼びに遣《つか》わせ」

と言った。それで直ぐに床林へ使いをやったが、もはや夜半過ぎのことでもあり、床林は風邪気味でもあったのですでに寝ていた。しかし、直ぐ起きて使いと共に連れ立って、乱髪のまま登城した。清正は元来痔《じ》が悪く、便所にも時間がかかった。それで清正がまだ便所にいるうちに床林が来て、

「床林参上しました」

と言った。清正は便所の中から、

「その方を呼んだのは別のことではない。そちの家来に年ごろ二十歳《はたち》ばかりの、いつも茜《あかね》染めの袖無しのひとえ羽織を着た者が居る。彼の名は何と申すか」

と尋ねた。床林は、

「彼は出来助と申して、機敏な者ですので、草履取りに召し使っております。よく働く者です」

と言う。清正は、

「思った通りだ、そのことよ。いつぞや川じりで芝居能があった時、その方も連れて見物に行ったが、その時わしは出来助が小便するのを見ると、肌に鎖《くさり》かたびらを着て、脚絆《きゃはん》の代わりにすね当てを付けていた。今、天下ようやく治まり、人は皆平服になり、武具の用意も程々《ほどほど》にするところに、下僕には珍しい心懸けの者と思った。

その方に話そうと思ううちに諸事に紛《まぎ》れて延びていたが、今夜ここで能の足踏みをして見たところ、あの川じりのことを思い出した。なかなか少しの間も延ばして置くべきでない、彼に褒美《ほうび》をしてこそ戦《いく》さ備えの道も達することが出来ると考えた。

つらつら思うに、人の生死、世の中の治乱、身の盛衰、天地の変、みな計り難いものである。こうしている中にも、自分が死ぬか、その方が死ぬかしたら、一人欠けてもこのことが無になり、残念であるとふと思ったので、夜更《ふ》けではあるが、その方を呼び寄せたのだ。今夜は大儀であった。急いで帰って出来助にこのことを申し聞かせ、相応に取り立てて遣わせ。しかし朋《ほう》輩《ばい》の妬《ねた》みもあるので、高禄は無用にせよ。また、その方の家内の者、何事であろうと気遣いして待っているであろうから、急ぎ酒を熱くし、飲んで帰れ」

と、懇《ねんご》ろに言って、麦の醤《ひしお》(副食用みそ)をさかなに酒を給わった。

床林はただ主君の恩に感じ、思わず涙を流し、

「殿にもまずお休み下され」

と申し上げたので、清正も寝床に入った。床林は近習に向かって、

「殿には便所が長いので、風邪にかからせ給わぬように気を付けられよ」

と言い残して家に帰った。直ぐ出来助を呼び出し、清正の賛辞について詳しく話し、そのう

え六十石を与えて近習に取り立てたので、出来助は有難さ骨身に徹して、いよいよ勤めに励んだという。

## ⑹　徳川家康〈家来の相続人を命ず〉

徳川家康の老後のことである。ある雨の日、家康が浅野長政を呼んで賭《か》け碁をすることになった。長政が言うには、

「私が勝ちましたら、今お次の間に詰めて居ります船越《ふなこし》五郎右衛門の子息を、上意をもって召し寄せて頂きとうございます」

家康は聞いて、

「これは珍しい賭けじゃ、何かわけがおありか」

と問うた。

船越五郎右衛門は徳川譜代の家来ではないので、家康も船越の過去のことについては詳しく知らなかった。長政は、

「この五郎右衛門は戦場での振る舞いは、天晴れの武者、勇者なり、と侍どもが感賞することひと通りではなかったのですが、世が治まった今では、誠に言いがいもない臆病者と批判されている、と聞いて居ります。この者は以前にお咎《とが》めを受け遠流《おんる》させられたことがあり、七、八年を経て帰参を許されましたが、未《いま》だに跡を相続する者が決まっておりません。もともと本妻に子が無かったところ、遠流中にその地で一人の男子を設けましたが、本妻の憤りを恐れて、披露できずにおります」

と詳《くわ》しく説明した。家康は始終を聞いて、

「これは格別のことである。賭ける必要はない」

と、次の間の五郎右衛門を呼び、

「その方、配所で生まれた子を早々呼び寄せ、跡目相続人とするようにせよ」

と命じ、子を呼び寄せるための往復の道中のことや、荷物を運ぶ馬の用意まで打ち合わせた。

それが終わってから、二人は碁を打ち始めた。

### (7) 黒田長政〈忠義の小者を罰せず〉

黒田長政の家臣小河《おがわ》藤左衛門という者が、不正を働いた罪で座敷牢《ろう》に入れられ、刀剣を遠ざけられていた。藤左衛門が心安く使っていた十八歳になる小者が、時々来て世話をしていたが、ある時、藤左衛門がその小者に向かって、

「わしの罪は重いので、刑に処せられる前に自害したなら、少しは面目が立つと思う。その方、何とかして刀を持って来てくれぬか」

と頼んだ。小者が帰って人に知られぬように刀を持って来て、藤左衛門に差し出すと、藤左衛門は大変喜んで、たちまち自害した。

このことを知った奉行らが、小者を厳しく問いただすと、小者は、

「主が難儀している時の世話なので、罪になって成敗を受けることは元より覚悟しています」

と答えた。奉行の喜多村勝丘《かつおか》がこのことを長政に報告して、

「どのような罪科に処したらよいでしょうか」

と、伺いを立てた。長政は聞いて機嫌を悪くして、

「そちがそのように道理に暗いとは思いもよらなかったぞ。さてさてわしは目利きを仕損じた。わが身の罪を顧《かえり》みず、主人に忠節を尽くした奇特な者を罪人と思うは、そちの過《あやま》ちである。その者は先々、用に立つはずの者である」

と言って、その小者を元服させて、藤左衛門の一族、小河政良《まさよし》の組へ入れて用いることにした。

## ⑻ 前田利長〈家臣の暇請《いとまご》いを許す〉

前田利家の跡を継いだ前田利長の近臣に、拝郷次太夫《はいごうじだゆう》という者がいた。父は小松城（石川県）の丹羽長重《にわながしげ》に仕えていた。次太夫は十六歳のころより金沢に行き、利長に仕えてかわいがられた。ところが、前田利長と丹羽長重が戦う事態が起こった。この時、次太夫はつくづく考えた。

「丹羽長重は元の主君である。しかも父は今も長重に仕えている。そうすれば、現在の父母の主君と父とに向かって弓を引くことになる。武士の定めとは言いながら、人の道に外《はず》れた行いである」と。

そうして利長へ、

「今度、私ことも戦いのご人数に加わり、お供申すのが本意ではございますが、小松に年寄りました父が居りますので、これに付き添い手を引いて、共に戦場に赴きたいと存じます。けれども、大将が常に士卒を愛し養い給うは、このような時のご用に備えてのことです。そ

れなのに、眼前に敵を受けるに当たり、その時期を逃れる道理はまったくありませんが、御敵長重は小身ですが、殿はすでに両国を領せられるご大身でございますれば、人数にこと欠かせ給うことも無いと存じます。それでこの次太夫は、もっぱら父の行き先を見届け、旧主人のために討死仕《うちじにつかまつ》りたいと存じます。どうか私にお暇《いとま》を下さいませ」

と願った。これを聞いて利長は大いに感じ、

「今度の合戦が済んで凱旋《がいせん》したなら、必ず必ず帰参致せよ」

と、情を込めて暇を許した。次太夫は大いに喜び感謝して、仲間たちに暇請いをして、小松の城へ帰って行った。

さて、前田利長と丹羽長重との戦いは、小松城に近い浅井畷《なわて》で行われた。この戦いに次太夫は一番に駆け出し、利長方の松平久兵衛に出会った。二人は日ごろ入魂《じっこん》であったので、久兵衛は次太夫を見て冑《かぶと》の内からニッコと笑って次太夫を通した。次に水越縫殿介《みなこしぬいのすけ》と渡り合ったが、縫殿介も久兵衛と同じように通した。

それから岩田伝左衛門と槍を合わせて戦ったが、ついに岩田に討たれた。岩田はその首を実検に備えると、利長が見て、

「さても健気《けなげ》に討死したものかな。よく忠孝を全《まっと》うしてその志を遂げた。もし存命ならば帰参致させ、よく取り立てようと思ったが、討死したとは無残である」

と言って涙を流した。そして、

「松平久兵衛・水越縫殿介らが日ごろの親交を思い、よく情けある振る舞いをしたものだ」

と、戦場で次太夫に友情を示した二人を感賞した。

## 【部下を激励する】 (9)〜(15)

事に当たって部下を励ますのは、部下の意欲を高め、能力を最大限に発揮させることによって、事を成功に導こうとするものである。これはいつの時代も同じである。

### (9) 武田信玄〈部下を激励する工夫〉

信濃（長野県）の諏訪《すわ》頼茂・小笠原長時《ながとき》らが、甲斐（山梨県）の韮崎《にらざき》へ攻めて来た時のことである。武田信玄は、すでに自分の家臣になっている諏訪・小笠原とゆかりのある侍、原昌俊《まさとし》を始めとして、多くの信濃衆を甲府に残して韮崎へ出陣した。原昌俊が残された信濃衆に向かって言った。

「今日の合戦に、各々たちは功名を遂げなければならぬのに、留め置かれたのは二心《ふたごころ》が有ると疑われてのことである。今日敵に向かわなければ、長く弓矢を取る身の恥となると思うが、どうか」

と、皆に問うた。一同は、

「二心が無いのに疑いを受けるよりは、敵と戦って討死することが勇士の志である」

と言って、われ先にと韮崎へ駆け付けた。

この時、信玄は敵と戦うこと三度、戦い疲れていたところへ、敵の諏訪頼茂・小笠原長時の勢が一手になって進んで来て、すでに危ないところであったが、原昌俊らの援軍が来たので力を得た。信玄は昌俊を呼んでその志を褒《ほ》め、今まで先陣していて疲れた将士を後ろに控えさせ、昌俊らを前戦に立てて敵を打ち破った。この戦いの始終は信玄の予想していたもので、わざと昌俊らを甲府に残して士気を高めるという、信玄の激励策であった。

武田信玄が信濃へ攻め入った時のことである。板垣信形ら約五千の兵で海尻城《うみじり》に攻め込み城を奪った。そして城の本丸に小山田昌辰《まさとき》、二、三の丸に日向大和《ひなたやまと》・長坂頼弘《よりひろ》を、降参した信濃衆と共に入れて城を守らせた。しかし、間もなく敵は城を取り返そうと攻め寄せて来た。味方になっていた信濃衆の中に、敵に内応する者があり、城内に放火して敵を引き入れた。日向大和・長坂頼弘は、不意を打たれて城を守ることが出来ず、散り散りに落ちて行った。

信玄は敵が城を取り返しに来たと聞いて直ちに出陣し、敵の後ろ攻めに向かった。日向大和は城を落ちて行く途中で、思いがけなく信玄が城へ向かうのに行き合った。大和は信玄を見かけると馬から飛んで下り、道の傍《かたわ》らに平伏した。信玄は大和を見付け、

「それに居るは大和か」

大和は面目なく、

「このような体《てい》でお目見え仕りますこと、恥じ入る限りです」

信玄は、

「このような時は、誰でもこう有るはずである。けれども、よくぞ此所《ここ》まで無事に逃れて来た。予も満足した。さぞや無念であったろう。疲れていようが、これから引き返して今日の先陣を頼み入る。そのうえ大馬印《おおうまじるし》（大将の旗）をその方に預けるので、一手柄《ひと》あるように」

大和は聞いて涙を流し、

「身に過ぎたる名誉のお計《はか》らい、かたじけなく畏《かしこ》まりました」

と言い終わらぬうちに、馬に打ち乗り大声を挙げ、

「南無《なむ》弓矢八幡、小山田（本丸を守っている小山田昌辰《まさとき》）が存命のうちに馳せ着かせ給え」

と、馬を乗り出し、勇気凛然《りんぜん》、その気勢は日ごろの十倍もあるほどである。信玄はまた近臣を使いとして、

「大和の勇気と威勢は、普段から励んでいることで知れる。勝利すること疑いない」

と言い遣わした。大和は君命のかたじけなさに感激し、直ちに海尻城に馬を乗り付け、大功を立てた。信玄の言葉は、日向大和に決死の覚悟と勇気を起こさせたのである。海尻城は敵の手から守ることが出来た。

## ⑽　蒲生氏郷《がもううじさと》〈自身先陣で戦う〉

蒲生氏郷は豊臣秀吉の武将であった。氏郷は常に諸隊の将に言った。

「主将として大勢の人を戦場で使うには、ただ掛かれ、掛かれと口で指揮しては掛かるものではない。掛かれと思うところには、主将自らまずその場に行って、此所《ここ》に来いと言えば、主将を見捨てる者はいない。自身は後ろに居て、ただ人々にのみ掛からせようとしても、掛かることはないものである」

氏郷は初陣の時から銀のなまずの尾を形どった冑《かぶと》を着て、常に先陣を進んだ。新たに仕える者があると、氏郷はその者に言うのに、

「わが旗本に銀のなまず尾の冑を着て先陣に進む者がいる。この者に劣らず働くようにせよ」

新参の侍がそれは誰であろうと思いながら、出陣の合図を待ち、戦場に臨んでよく見ると、その侍は主君氏郷であった。氏郷は身をもって部下を励ましたのである。

### ⑾ 加藤清正〈飯田覚兵衛《いいだかくべえ》の述懐〉

加藤清正の家臣に飯田覚兵衛という侍大将がいた。清正は築城の名手と言われているが、その功は家臣の飯田覚兵衛と森本儀太夫の助力に負うところが大きかったという。覚兵衛は清正と幼少のころからの友達で、清正に仕えてからは各地の戦いに勇名を馳せた。彼は老後に、次のように述懐したという。

「自分は主人主計頭《かずえのかみ》（清正）に一生だまされた。初めて戦場に出て手柄を立てた時、仲間が多く鉄砲に当たって死んだので、危ないことだ、こんな危ない真似《まね》をする武士などはもう懲《こ》り懲《ご》りだ、と思って帰陣すると、清正は自分の顔を見るなり、今日の働き神妙である、と褒《ほ》めて刀をくれた。

それからも戦いに出る度に、武士になったことを後悔した。しかし清正は時を移さず、陣羽織や感状をくれて皆の前で褒める。それを見て人々が自分を羨《うらや》んで褒めちぎるものだから、ついそれに惑わされて、いつの間にか侍大将に出世してしまった。要するに、いつも清正にだまされて、武士をやめることが出来なかったのだ」と。

### ⑿ 立花道雪《どうせつ》〈家臣全員を勇士にする〉

立花道雪は大友宗麟《そうりん》の家臣であった。大友氏は九州北部に勢力を張っていたが、島津氏に圧迫されて次第に衰えた。しかし道雪は、最後まで島津に屈することはなかった。

道雪が若いころ、ある夏の日に大樹の下で涼んでいると、不意に雷が足に落ちかかった。道雪はそれ以後、歩行不自由になり、戦場に出るにも常に駕籠《かご》に乗って出るようになった。道雪が戦いに臨む時は、二尺七寸（八十二センチ）の刀と種子島の鉄砲を駕籠に入れ、三尺（九十センチ）の棒に紐《ひも》を付けて手に持って乗り、長い刀を差した若い侍百余人を駕籠の左右に引き連れて出陣した。戦さが始まると駕籠をこの侍に担《かつ》がせ、棒で駕籠をたたき、「えいとう」と声を上げて、

「この駕籠を敵の真ん中に舁《か》き入れよ」

と言って、「えいとう、えいとう」と拍子を取る。遅い時は駕籠の前後を棒でたたく。そうすると、駕籠を舁いている者は、遅くなるのは敵から逃げるよりも恥であると心得て、わき目も振らずまっしぐらに敵の中へ舁き入れる。駕籠の左右の侍は長い刀を抜き連れて、一文字に切って掛かる。先陣の者どもは、

「それ音頭ぞ」

と言い終わらぬうちに、われ先にと競い掛かり、どのような強敵・堅陣でも切り崩す。もし先陣が追い立てられた時は、道雪は大声を上げて、

「我を敵の中へ舁き入れよ。命が惜しければその後で逃げよ」

と、目をむき出して下知《げち》するので、負けそうになっていた戦さも盛り返して、勝たずということがない。こんな風であるから、道雪の侍には、一日に何度も敵と戦ったという者が多かった。道雪は常に、

「侍に弱い者はいない。もし弱い者があればその者が悪いのではなく、その大将が励まさない罪である。わが家では侍は言うまでもなく、下僕に至るまで、たびたび功名しない者はいない。他の家で気後《おく》れする侍があったら、わが家へ来て仕えよ。取り替えて逸材にしよう」

と言っていた。また、たまたま武功の無い侍があれば、

「運不運があるのは武功のことよ。弱兵でないことはわしが確《しか》と見定めた。明日にも戦さに出たら、人にそそのかされ、抜け駆けして討死し給うな。それは不忠である。身を全うして道雪を見守って給われ、各々を打ち連れて居ればこそ、このように年老いた身で敵の真ん中に在って、怯《ひる》んだ気色を見せないのだぞ」

と、甚《はなは》だ懇《ねんご》ろに親しく言って、酒を酌み交わし、そのころ流行している武具を取り出して与えるので、これに励まされて次の戦さの時は、必ず人に後れないようにと勇んだ。少しでも武者振りが良く見えたら、その者を呼び出して、

「皆々ご覧の通り、この道雪が見定めたところに間違いはない」

と言って、優れた剛の者を呼んで、

「この者を頼み申す、良く引き回してよ」

と言い、また、

「人々がよく心を合わせること、この道雪は天のご加護を受けることよ」

と、自ら勇み立つ。

もしまた、人々の集まった席上で、若い侍が心得違いなどをした時は、客の前などに呼び出して笑みを浮かべ、

「道雪の侍ふつつかではござるが、戦さに臨んでは火花を散らし申す。槍はこの人々こそ良く致す」

と言いながら、槍で突く真似をして褒《ほ》めるので、家臣どもは感じて涙を流し、この人のためにこそと励んだ。

## ⒀　豊臣秀吉〈人を褒美で使う〉

明智光秀の家臣に宮部加兵衛という者が居た。宮部は以前、豊臣秀吉に仕えたことがあった。ある時、光秀が宮部に向かって、

「その方は前に秀吉に奉公していたと聞く。秀吉の人を使う様子はどうか」

と尋ねた。宮部は、

「これといって変わったことはありません。けれども、誰でも少しよく出来た時には、思いのほかの褒美をくれるのは驚くほどです」

と答えた。光秀はこれを聞いて、驚き、かつ恐れを感じたという。

## ⒁　黒田官兵衛〈昼盗人を奨励する〉

黒田官兵衛の家臣に伊藤次郎兵衛という者が居た。身分は低いが誠心誠意奉公に努めたので、官兵衛は彼に二百石を与えた。次郎兵衛はますます精励して怠ることが無い。ある日、官兵衛が見て、

「そちは気分でも悪いのか」

と聞いたが、

「いいえ、そのようなことはありません」

近臣の者たちも次郎兵衛は無病だと言う。そこで官兵衛が、

「そちはやせて見苦しく見える。飯米が不足してやせたのであろう。飯米を与えよう」

と、自筆で手形を書いて、

「これで飯を炊かせ、食いたいだけ食うがよかろう」

と、手形を投げ与えた。次郎兵衛は頂いて次の間へ下がってこれを見ると、五十石加増の手形であった。次郎兵衛は大変驚き、感激の涙を流した。

さて、しばらく経ってから、奉公を怠ける者があったので、官兵衛はその頭《かしら》を呼び出し、

「ばかめが、昼盗みの仕方を知らぬぞ、これ以後は心懸け昼盗みをせよ、と意見致せ」

と申し付けた。頭は、

「律儀に奉公せよと仰せられるべきであるのに、昼盗みせよとは意見致し兼ねます。あまりに不思議なことを仰せられます」

と言う。官兵衛は、

「合点が行かぬか、昼盗みの仕様にわけがある。よく考えて見よ、次郎兵衛は五か年も召し使い、八十三石与えていたが、不足にも思わず日夜精励した。それで二百石与えたが、ますます精励して少しも怠らない。それゆえ褒美を与えようと思ったが、適当な機会もないので、飯米にこと寄せて五十石を遣《つか》わした。彼はこれといった才能も無いので、我らにとって特別な益はないけれども、一心不乱、一日中、心を尽くして奉公したいと思っている。その志に感じて与

えたのであるが、さらに与えたいという思いがあって、少しも惜しい気がしない。考えて見ればこの官兵衛は、ずいぶん自分には抜かりが無いと自慢していながら、昼盗みに会ったと同じことよ、と我ながらおかしく思う。誰でもこのような盗みをしないのは、その者の心得違いである。次郎兵衛に限らず、わしのところには昼盗人は何人もいる。よく気を付けて見よ」

と言って笑った。

官兵衛は、夜こっそり盗む本物の盗人に対して、昼間勤めに励んで褒美を受ける者を、昼盗人と表現して奨励したのである。

## ⒂　堀尾吉晴《よしはる》〈家来を褒め損なう〉

豊臣秀吉が明智光秀を討った山崎の合戦で、秀吉方の武将堀尾吉晴の侍則武《のりたけ》三大夫が、敵の首を取って吉晴の前へ来た。吉晴が、

「思ったよりもでかしたぞ」

と声を掛けると、則武は、「思ったよりも」の言葉が頭に来たと見えて、怒って首を提《さ》げて進み寄り、

「このような時には、大将も目が暗くなるものでござる。則武三大夫が取った首、よくご覧なされ」

と、罵《ののし》った。吉晴も、

「憎い奴かな」

と言いながら、刀をぬいて斬り付けたが、則武の冑《かぶと》の星（冑の頭に打った鋲《びょう》）を削っただけであった。則武は真一文字に敵の中へ駆け入り、また首を取って帰った。吉晴は則武を叱ったので、則武は必ず討死するだろうと悔《くや》んでいるところへ、帰って来たので大いに喜び、

「その方を先に褒めた言葉、賞するあまりに〝思ったよりも〟と言ったこと、剛の者に言うべき言葉ではなかった。わしの過《あやま》ちであった。その方が二度の先駆け、大きに優れたことよ」

と、前の言葉の誤りを謝し、改めて則武を褒め直した。

**【進言・諫言《かんげん》を聞く】** ⒃〜⒇

ここで取り上げるのは主君が部下の進言・諫言を望んで聞く場合である。進言・諫言を喜んで聞くのも上に立つ者の資質の一つであろう。（部下が止むに止まれず諫言する例は四で述べる）

## ⒃ 徳川家康〈家臣の進言を喜ぶ〉

徳川家康が浜松（静岡県）に居た時、本多正信と、最近徳川家に仕えた侍三人を呼び出した。その中の一人が鼻紙袋を開けて、一通の書き付けを取り出し、封を切って差し出した。家康が、「それは何ぞ」と尋ねると、

「某《それがし》、内々考えましたことなど書き付けて置きましたので、恐れ多いことながら、お心構えのお役にも立つかと存じ、上覧に入れ奉ります」

と言う、家康は、

「さてさて、それは奇特な心懸けである」

と大いに感じ、本多正信に向かい、

「差し支えない、そこで読み聞かせよ」

正信は畏《かしこ》まりましたと言って、読み出した。一か条読み終わるごとに家康は、

「もっともである、もっともである」

と挨拶《あいさつ》し、全部読み終わると、

「これに限らず、これから後も思ったことは遠慮なく申されよ」

その侍は、

「お聞き届け下さいまして、甚《はなは》だ有難うございます」

と、礼を述べて退出した。家康は正信に、

「今読み聞かせたことをどう思うぞ」

と尋ねた。正信は、

「一か条もご用に役立つようなことは無いように存じますが」

すると家康は手を振って、

「いやいや、これは彼が考えたこと精一ぱいを書き付けたものであるから、疎略には出来ぬ。もっとも我ら心構えの役には立たぬが、思い付いたことを内々書き付け、懐《ふところ》に入れて、折りを見てわしに見せようと思う志は、何にも例《たと》えることは出来ない。そのことが用に立つと思えば取り上げ、用に立たぬと思えば捨てるまでのことである。


大体において我とわが身の過《あやま》ちは気が付かぬものである。けれども小身の者は、友達同士で磨き合う機会があるので、自分の過ちを知り易い。これは小身の者の利である。大身の者はそ

れと違い、友達と交わって磨き合うという機会も無いので、自分の過ちを知らずに過ごす。朝夕に物を言うのは臣下だけなので、何事についてもごもっともとしか言わない。それ故、少しの過ちは過ちとも思わず、思わなければ改めることもなく過ぎてしまう。これは結局、大身の者の損ということである。およそ人の上に立って諫《いさ》めを聞かぬ者は、国を失い家を損《そこ》なうこと、古今にその例は多いのである」と。

特に大身の者には家臣の進言・諫言《かんげん》が必要であると、家康は考えていたのである。

## ⒄ 徳川家康〈主人を諫《いさ》める難しさ〉

徳川家康はある時、次のような話をした。

「主人の悪事を見て諫言する家老は、戦場で一番槍を突くよりも遙かに優れた心懸けの持ち主である。その理由は、敵に向かって戦うのも身命を惜しんではならぬことであるが、勝負はその時の運次第であるから、人を討ち、また人にも討たれるものである。例え討死しても名誉は子孫に残り、主人にも惜しまれるのは、死んでも本望というものである。

もし仕合わせよく敵を討った時は、もちろん子孫まで繁盛する基《もと》になる。それであるから、戦場での働きは、生きても死んでも損のない道理である。

さてまた、主人の悪事を強く諫言すると言うことは、十のうち九つまでは危ない勝負である。その訳は、その主人に物事の善悪を判断する能力が無く、悪事を好んでするからには、〝金言《きんげん》耳に逆《さか》らう〟のが世の常で、その家老を次第に遠ざけるようになる。そうなると、主人の機嫌を取り追従《ついしょう》を言う者が現れる。その中の特に悪賢い者どもが申し合わせて、右の家老を悪《あ》し様に言い触らし、折りを構えては主人に讒言《ざんげん》する。主人はそれを誠と思い、心が遠ざかり、目見えもしなくなる。

そうなると誰でも不平不満を生じ、主人を見限り疎《うと》む心が出来て、身構えの心に変わり、意見を申すことを止め、仮病《けびょう》を装って家に引きこもり、ついには隠居を願い出るようになる。このことは十人中八、九人までが同じような経過をたどるものである。

けれども、主人の機嫌の悪いのも構わず、家老としての道を守り、主人の悪事を止めなければ、その責めは自分一人が負わなければならぬと心に決め、身の上を忘れて幾度も主人を諫め争う家老は、ついに手討ちに会うか押し込めの刑にされるかして、身代をも失い、妻子までも迷惑するに至るのは、必然のことである。これをもって考えると、戦場での一番槍はかえって致し易い道理である」

と、主人を諫めることの難しさを説いた。

## ⑱　徳川家康〈本多正重《まさしげ》の直言〉

本多正信の弟三弥《さんや》左衛門正重は、徳川家康に仕えて、もってのほかの直言を言い出す男であった。後に正重が秀忠に仕えた時、家康が秀忠に、

「三弥（正重）はよく拗《す》ねる男である」

と言って、正重のことを紹介した。正重はその後、秀忠より一万石を拝領したので、家康は正重を召して、

「一万石を与えられたのは、その方が了見を改め、身を慎んでいるからであろう」

と問うた。正重は承《うけたまわ》り、

「将軍様は殊の外、ご奉公申し上げ易いお方でございます。あのような主君に拗《す》ね申すは気違いでございます」

聞いて家康は、

「三弥の持病がまた起こったわ」

と言って笑った。

またある時、幸若《こうわか》八九郎が源義経の最期の場面を演じたのを見て、家康が、

「武蔵坊弁慶は世に優れた男である。今の世には少ないであろう」

と言ったのを聞いて、正重が、

「今の世に判官《ほうがん》（義経）殿のような主君は見付け兼ねまする」

と、応酬した。

## ⑲ 黒田長政〈家臣の諫言《かんげん》を聞く〉

黒田長政は関ヶ原戦の功により筑前の国（福岡県）の領主となった。長政は家臣に対しては、いかにも優しく物を言ったが、家臣どもは長政に向かって率直に諫言したり、意見を言うことを好んだ。

長政がある年、江戸から帰国して、家老・中老そのほか重立った者を呼び出し、江戸表の勤めも滞《とどこお》りなく仕舞い、帰国した祝いにと、料理を振る舞った。さて、料理が済んで長政が言うには、

「江戸に居るうちに観世宗雪《かんぜそうせつ》に謡《うたい》を習ったが、宗雪も我らの謡が上手だと殊のほか褒《ほ》めるので、謡《うた》うて聞かせよう」

と、曲《くせ》（能楽で一曲の中心的な部分）を一番謡った。その場に居合わせた者は皆、これを褒めた。その中で毛利但馬《たじま》は一人涙を浮かべ、脇を向いて何も言わない。長政がいぶかしく思い、

「但馬はどうしてそのようにしているのか」

と尋ねた。但馬は、

「やがて乞食《こじき》か鉢たたき（鉦《かね》をたたき念仏を唱えて物乞《ものご》いをする者）の類《たぐ》いになるのが悲しさに、このような有様でございます」

長政は驚いて、

「それはまた、どうしてそのようなことに成ると思うのか」

と、不審の様子である。但馬は答えて、

「君は愚かで臣はご機嫌を取っておりますれば、当家のご滅亡は程遠くありません。そうなりますれば、我々なども浪々致し、ついには乞食か鉢たたきの身に成るかと思うと涙も出て来ます。

よくよくお考え下さい。観世宗雪が上手と言って褒められたのを、誠とお思いなされるのは、甚《はなは》だ愚かなお心でございます。殿は大名ですから、諂《へつら》ってお心にかない、物を多くもらって徳をしようとして申すことを、真実と思し召されるのはお心が暗い故でございます。

このようなことをこの一座に居ります者どもが、ご存じないはずはありません。そうとすれば、苦々しいことと考えご意見申すべき者どもが、かえって追従《ついしょう》して、面白いことである、

承りたい、などと言って殿をたぶらかしますのを、お弁《わきま》えも無くお喜びのご様子。このことから殿のお心が暗いこと、臣らが諂《へつら》っていること、をご理解なされませ。

つくづく考えますのに、この座に居ります者どもは、職隆《もとたか》様（長政祖父）・孝高《よしたか》様（長政父）より殿の御代までの間、一角《ひとかど》の働きを致し、身命を投げ捨ててご用に立った者どもでございますので、これまでのことに心残りは無いと思います。

しかし今、天下泰平で、各々も殿のご恩によって暮らし向きも良くなりましたので、それを壊《こわ》すまいと身構えるようになったのか、そうでなければ殿が軽薄を良しと思し召すご心中を知って、とにもかくにもお心にかない、己《おの》が一生を安楽に送りたいという欲が起こって本心を失い、軽薄に振る舞うと見えます。このようなことで、どうしてお家長久致しましょうや」

と、思うままに申し上げた。

長政は黙って聞いていたが、つと立って奥へ入った。一座の者も皆、興を冷ました。栗山利《とし》安《やす》・井上周防《すおう》らが但馬に向かい、

「その方の諫めは一理あるけれども、今日に限って申し上げなければならぬということでもない。今日はお祝いということで、皆の者を呼び出して祝われる席で、忠義とは申せ一座の興を冷ますは甚だ野暮《やぼ》である」

と、内々で但馬へ意見した。

しばらくして長政が奥から刀を提《さ》げて出て来て、但馬の前へ歩み寄った。各々はこれを見て、長政は日ごろはずいぶん慎《つつし》んで物柔らかなようであるが、元来は勇猛の人なので、怒って手討ちにするのではないかと、皆手に汗を握って長政に目を凝らした。

しかし、長政は但馬の向こうに座って、ハラハラと涙を流し、「その方の意見、もっとも至極である。その方の意見とは思わず、如水《じょすい》（長政の父孝高《よしたか》）がご再生なされ仰せられたと思えば、いっそう喜びは大きい。その方どもがそのままにして置かず、我らに過ちを言い聞かせてくれればこそ、政治の仕方にも落ち度少なく、国（筑前の国）も安泰で長く続くのである。これを遣わし申す故、今一つ酒を給われ」と言って、側に置いた刀を但馬に与えた。

## ⒇　黒田長政〈異見会《いけんかい》を開く〉

黒田長政は毎月一回、福岡城内で異見会を開いた。城の本丸釈迦《しゃか》の間に、中国の詩僧禅月《ぜんげつ》大師の画いた釈迦の像を掛けて、夜話《よばなし》の会をするのである。この会に集まる者は、家老そのほかしっかりした考えを持ち、話し合いの相手によい者、主君のためを特に思う者など、五人から七人位であった。その会の仕方は、その場から他の者を退け、まず長政が発言して、「今夜はどんなことを言っても、決して言った人に恨みを残さないこと。また後で他人に話さないこと。むろん、その場で腹を立てないこと。思い付いたことを決して書き留めないこと」と、誓いの言葉を述べ、一座の者も一同に同じように誓いの言葉を言う。その後、長政の行いの悪いこと、家臣への接し方や国中の治め方の中で道理に合わないことについて、皆が心の奥で思っていることを残さず申し述べる。また、過ちを犯して謹慎している者や、主君に見放され扶持《ふち》を失った者のわび言、そのほか何でも普段言い難いことを言う。

また、家老同士の間で心に懸かっていること、例えば、そのことを口に出した場合、もし相手の受け取り方が悪いと遺恨になって残るのではないかと心配して、言うことを控えていること、などまで、思うことを互いに残さず言い合い、心の底に滞《とどこお》ることのないようにして、誠に親切な議論が行われた。

もし長政に少しでも怒る気配が見えると、

「これはどういう御事でございましょうか、お怒りになったように見えますが」

と申し上げると、長政も、

「いやいや、心中には少しも怒ることは無い」

と、顔色を和《やわ》らげた。上下共に悪いことは繰り返し幾度も合点の行くよう、互いに心底を残さず言い尽くしたので、大変有益な会であった。何日の夜という決まりもなく、長政が思い付いた時、

「今夜は例の腹立たずの会をするぞ、会の者を呼び集めよ」

と、俄《にわか》に会を催したという。

長政は、この会を甚《はなは》だ有効なものと思ったのであろう。死去する前、跡継ぎである忠之《ただゆき》への遺書の中に、我らが致して来たように、異見会のこと、毎月一回釈迦の間で催されるように、と書き残したという。

**【敵を心服させる】** (21)〜(23)

敵対した相手を心から服させることが出来たら、将として成功であろう。以下の三項はその例である。

## ㉑　豊臣秀吉〈新納《にいろ》忠元を服させる〉

豊臣秀吉が九州の島津を降伏させた時のことである。島津の家臣に新納《にいろ》忠元という勇将が居た。

新納が初めて秀吉に謁見した時、秀吉が、

「また戦さがしたいか」

と問うと、新納は、

「主人に敵対致されるなら、幾度も戦さを致します」

と答えた。

秀吉は、さすが勇士である、と褒めて、着ていた陣羽織を脱いで与えた。新納は拝受して次の間に退くと、まだ遣わす物がある、と言って呼び出し、秀吉が側に立て掛けてあった白刃の薙刀《なぎなた》のけら首（刃を柄に取り付けた部分）を持って、石突きの方を新納の手に授けた。まるでこの薙刀でいつでも切り掛かって来いと言わぬばかりである。新納は戦々恐々として身を震わしながら、秀吉の近くに進んで薙刀を受け取った。

新納が帰宅すると少年の壮士どもが、

「今日はいかがでしたか」

と問うので、新納は、

「我らの手向かい出来る人ではない。今日はこのわしも腰が抜けた」

と、答えたという。

## ㉒　加藤清正〈敵《かたき》を家来にする〉

加藤清正が肥後の国（熊本県）北半分の領主として入国したころのことである。一日鷹狩りに出たところ、木陰から名も知れぬ大の男が走り出て来て、刀を抜いて清正の乗った駕籠《かご》の真ん中を突き通した。清正はその時、酒に酔っていて、駕籠の中で後ろに寄り掛かって居眠りをしていたので、刀に当たらず無事であった。駕籠の側に居た者がその男を取り押さえた。清正は駕籠から出て、

「何者ぞ、狼藉《ろうぜき》なり」

と言うと、その男は、

「某《それがし》は所もなく名字もなく、親も子もなく、国右衛門と申す者でござる」

と答えた。子細を厳《きび》しく問いただすと、

「元々捨て子で育ったので、親兄弟のことも知らず、一族が加藤清正のために滅ぼされたと言い伝えるばかりである。それならば一度清正を討って仇《あだ》を報じようと、長年ねらい回ったが、ご威勢に押されて空《むな》しく月日を送った。この度を幸いに一太刀と思い込んだけれども、ご運に負けて本意を遂げず、無念千万、言語道断である。早く首を刎《は》ねられたい」

清正は聞いて、

「天晴れ肝に毛の生えた曲者《くせもの》かな。お前の命を助けよう。一念を翻《ひるがえ》して清正の家来になれ」

国右衛門は、

「かたじけない仰せながら、お受け出来ません。その故は一旦《いったん》ご恩を承知してご奉公致しても、

長年思い込んだ一念で、必ず逆心を起こすでありましょう。それゆえ早く死を給わりたい」

その時、清正は大声を上げ、両眼に角を立て、

「おのれ今までは大剛の者と思ったに、卑怯《ひきょう》千万の臆病者なり」

と叱った。国右衛門は歯がみして、

「臆病者とは無茶なお言葉……」

と言って立ち上がった。清正は、

「お前は最前、一命を捨てたのではないのか。誠に一命を捨てたなら、古い思いは残すべからず、捨て切れぬところを臆病と言うのだ」

その時、国右衛門は涙を流し、

「有難いご一言に、たちまち一念は晴れました。直ちにご家来になり、ご恩を報じたいと思います」

清正は喜んで、

「これより歩いて行くことにする。国右衛門、刀を持て」

と、腰の物を渡し、終日、鷹狩りをした。

その後、国右衛門はいよいよ側を離れず奉公し、清正もだんだん禄を与えて懇《ねんご》ろに召し使った。後に国右衛門は朝鮮の役に従軍し、蔚山《ウルサン》城で戦死を遂げたという。

## ㉓　徳川家康〈武田の旧臣を抱える〉

織田信長は、天目山《てんもくざん》（山梨県）で自刃して果てた武田勝頼の首を見て、

「お前の父信玄は、どれほど義理に背《そむ》き人道に背いたことか、そのため天の責めを受け、今このような姿になったのだ。信玄は一度、京に上ることを志したと聞いている。お前の首を京へ送り、女・童《わらべ》に見知ってもらえ」

と罵《ののし》って、首を家康の陣に送った。

家康は床机《しょうぎ》に腰を掛けていたが、勝頼の首が送られて来たと聞いて床机を下り、

「ともかく首台の上に据えよ」

と命じ、首に向かって丁寧に、

「ただただ御若気の故に、このようなお姿になられたのでございましょう」

と、礼儀正しく言った。このことを伝え聞いた甲斐（山梨県）・信濃（長野県）の武田の旧臣たちは、家康に好意を寄せるようになった。

信長は武田氏を滅ぼした後、その残党をすべて退治しようとした。家康はこれを不憫《ふびん》に思って、信長に隠して武田の旧臣を遠江《とおとうみ》（静岡県）に入れ、扶持《ふち》を与えて、次第に家臣の内に加えた。

家康が武田衆を召し抱えて言うには、

「勝頼は信玄の子に生まれたけれども、勝頼の母は信玄が滅ぼした諏訪頼重《すわよりしげ》の娘である。言わば勝頼は信玄にとって敵の子である。我は他人ではあるけれども、信玄の軍法（戦術）を信じ、それを徳川の軍法とした。それであるから、我は信玄の子と同じである。各々方は我を信玄の子と思い奉公致されよ。我もまた各々を大切にして召し使うであろう」と。

その後も武田衆に会うと、いつも信玄を尊敬する言葉を掛けたという。

**【将の個性】** (24)〜(30)

将にはそれぞれ個性がある。その個性の中に、将としての資質・自覚・努力を見ることが出来る。

## (24) 武田信玄〈信長の日常を聞く〉

織田信長がまだ清洲城《きよす》（愛知県）に住んでいた若い時のことである。信長の領内に天沢《てんたく》という天台宗の僧が居た。仏教のすべての経典を、二度繰り返し読んだという僧である。ある時、天沢が関東へ旅をすることになり、その途中の甲斐の国（山梨県）で、土地の役人から、

「武田信玄公に挨拶《あいさつ》して行くがよい」

と言われ、信玄を訪れた。以下は信玄の居室で行われた、信玄と天沢の一問一答である。

「どこの国の生まれか」

「尾張の国でございます」

「住んでいるところは」

「信長様の居城清洲より五十町（約五・五キロ）東、春日原《かすが》の外《はず》れ、味鏡《あじま》という村の天永寺と申す寺に居住して居ります」

「信長公の日ごろの様子を有りのまま、残らず話されよ」

「信長公は毎朝、馬に乗られます。鉄砲のけいこをなさいますが、鉄砲の師匠は橋本一巴《いっぱ》でございます。また市川大介をお召しになり、弓のけいこもなさいます。ふだん平田三位《ひらたさんみ》という者

を側近く置いておられますが、これは兵法《ひょうほう》（刀や槍のけいこ）でございます。そのほか、たびたびお鷹狩りにお出ましです」

「それ以外、信長公に何か趣味はあるか」

「舞と小唄《こうた》が趣味でございます」

「幸若舞《こうわか》の師匠が教えに来ているのか」

「清洲の町人で友閑《ゆうかん》と申す者を再々お召しになり、舞のけいこをなさっています。けれども、舞うのは敦盛《あつもり》（幸若舞の一つ）だけでございます。〝人間五十年、下天《げてん》の内を比ぶれば、夢幻《ゆめまぼろし》の如くなり。一度生《ひとたびせい》を受け滅《めっ》せぬものの有るべきか〟（解釈　人の一生はせいぜい五十年。それも、仏教の教えの中にある下天《げてん》というところでは、五十年が一昼夜のうちに過ぎ去るという。まことに夢か幻のようにはかない一生である。一度この世に生まれて滅びないものがあろうか、すべてが滅び去って行くのである）。これを慣れた調子で歌いながら舞われます。また、小唄を好んでお歌いになります」

「妙なものがお好きじゃな。それはどのような歌であるぞ」

「〝死のうは一定《いちじょう》、忍び草には何をしよぞ、一定語り起こすよの〟（解釈　人が死ぬことは定めである。死後に人が私を忍ぶ話の種となるものには何を用意しておこうか。人はその種できっと私の思い出を語ってくれるでしょうよ）。これでございます」

「ちょっとその真似《まね》をして下され」

「出家の身ですから、歌ったこともございませんので、出来かねます」

「是非々々お聞かせ願いたい」

ここで天沢は、止む無く小唄をまねて歌った。天沢は続けて、

「鷹狩りの時は、二十人を鳥見《とりみ》の衆として用意し、二里、三里（八キロ、十二キロ）先へ鳥見の衆が二人一組になって行き、あそこの村には雁《がん》が、ここの村には鶴《つる》が居ると、一人は鳥の見張りに付き、他の一人は信長公のもとへ知らせに走るということでございます。また、六人衆という者をお定めになって居ります。弓を持つ者三人、槍を持つ者三人で、この者たちはいつも信長公のお側に付いていています。これは不測の事態に備えてのことと思われます。

いよいよ一羽の鳥にねらいを定めると、馬に乗った者一人が、生きた虻《あぶ》（ハエより少し大きな昆虫）を数匹、わらの先にくくり付け、鳥のえさのように見せかけ、遠くから鳥の周りをゆっくりゆっくり乗り回しながら、だんだん鳥に近付いて行きます。その馬の陰で信長公は、腕に鷹を据えられ、鳥に見付からぬように、馬の陰にぴったりと付いて、鳥に近寄った時、走り出て鷹を放します。

また、あらかじめ向こうで待つ者を定め、この者には鋤《すき》を持たせ、百姓の姿をして畑を耕《たがや》す真似《まね》をさせ、鷹が鳥に飛び付き、組み合っているところを、向こうにいた者がその鳥を押さえるのです。信長公は身のこなしが素早いので、度々《たびたび》ご自身で鳥を押さえると聞いております」

信玄はここまで聞いて、

「信長が家臣を良く知って巧みに使うことは、誠に道理のあることよ」

と言って、天沢に向かって両手を合わせ、伏し拝むようにしたので、天沢が別れの挨拶をすると、信玄は、

「関東の旅を終えての帰りには、必ずここに立ち寄られよ」

天沢は信玄のもとを退出した。

戦国時代の武将は、他国の情報を収集することに心懸けた。武将はそれぞれ独自の諜報《ちょうほう》員（スパイ）を持ち、情報を集めたが、信玄が天沢に信長のことを、根掘り葉掘り聞きただしたように、機会を捕らえて出来るだけ良質の情報を手に入れることも、戦国武将にとって重要なことであった。

なお、会話の中に出て来る〝死のうは一定……〟の小唄は、室町時代から民衆の間に歌い継がれた唄といわれている。

## ㉕ 武田信玄〈軍勝率で士気を警戒〉

武田信玄が常に言うには、

「およそ戦さに勝つは、五分をもって上とし、七分を中とし、十分をもって下とする」

と。人がその訳を尋ねると、

「五分の勝ちは士卒に励みの心を生み、七分は怠ける心を生み、十分は増長する心を生む」

と、説明した。

実際の戦いで信玄が目標としたのは、六分程度の勝ちであったようである。特に大合戦の場合はこの目標を重視した。八分以上勝つと将士に怠け心が生じ、さらに慢心増長し、やがて次の戦いで大敗を喫するであろうと考えた。

信玄が最も恐れたのは、士気の緩みであった。

## ㉖ 柴田勝家〈大将の威権〉

織田信長がある戦陣の前、柴田勝家に先鋒《せんぽう》の大将を命じた。勝家はそれを固辞したが許されず、再三に及ぶ問答の末、勝家は命令を受けて退出した。

勝家が帰り道の安土の城下で、信長の旗本の侍に行き会ったが、すれ違いざまに体が当たったので、勝家はその無礼を責めて斬り捨てた。このことを信長が聞いて大いに怒った。勝家は畏《かしこ》まって言った。

「それ故にこそ先陣を固く辞退致したのでござる。理由なくして辞退申しましょうか。先陣の大将たる者に、威力と権力が備わっていなければ、指図や命令は行われません。いかがでござろう」

信長は聞いて言葉もなくうなずいた。

## ㉗ 豊臣秀吉〈降将を逃がす〉

木下藤吉郎（豊臣秀吉）が宇留馬《うるま》（岐阜県）の城を攻めた時、謀《はかりごと》をもって城主大沢次郎左衛門を信長に降参させた。藤吉郎は大沢を同道して信長の居る清洲城へ行き、大沢を信長に謁見させた。信長は、その後で密かに藤吉郎を呼んで、

「大沢は武勇の将であるが、心の変わり易い者である。味方にするのはどうかと思われるので、今夜その方の計らいで腹を切らせよ」

と言った。藤吉郎は、

「御意《ぎょい》ごもっともではありますが、降参の者に腹を切らせては、再び降参する者はありません。ただお許し下さる方が良いと思います」

と、意見を述べたが、信長は聞き入れなかった。藤吉郎はわが家に帰ってつくづく思うには、君命を守れば再び味方へ降参する者はいないだろう。また、大沢を帰したら信長の怒りに会うだろう、と思案し、密かに大沢を招いて、

「貴殿、これまでは我らがお世話申したけれども、ここに久しく居られたなら、きっと難儀に会われるであろう。早々どこへなりとも出て行かれよ。もしまた道の途中で討たれるかとお思いなら、拙者を連れて退かれよ」

と、刀・脇差しを外《はず》して無刀になり、打ち解けて申し聞かせた。大沢は、

「これまでのお心遣い、かたじけない」

と、丁寧に謝して清洲から脱走した。

藤吉郎のこの処置を伝え聞いた敵国の武将たちも、藤吉郎に好感を持ったという。

## ㉘ 豊臣秀吉〈源頼朝と天下友達〉

豊臣秀吉は小田原の北条を平定した後、鎌倉を巡見した。白旗《しらはた》の宮へ行き、源頼朝の木像を見て、木像に向かって、

「微少な力から身を起こして天下を討ち平らげ、四海を手の内に握ったのは、御身と私の二人である。けれども御身は多田満仲《ただのまんじゅう》（源満仲《みつなか》）の子孫で、皇統に近い血筋である。殊に源頼義・義家は東国の守護で、諸人のなじみが深い。

また、為義・義朝は関東に根拠を持っていたので、御身が流人となられても、諸人は慕い尊んだ。だから兵を挙げると、直ぐに関東勢は皆御身に従い、天下統一に手間を取らなかった。ところが、私はもともと卑賤の出で、氏も系図も無い身でありながら、このように天下を取ったことは、御身より私の功が優れていることになる。けれども御身と私は天下友達だ」と言って、木像の背中を親しそうにたたいた。

（参考　清和天皇―○―○―満仲―○―頼義―義家―○―為義―義朝―頼朝）

## ㉙　豊臣秀吉〈行き過ぎを戒める〉

豊臣秀吉が高野山（和歌山県）へ登った時、食事に割りがゆ（米を臼《うす》でひき割って炊いたかゆ）を出せと言い付けた。しばらくして、料理人がそれを作って差し上げると、秀吉は喜んで、「高野は臼の無いところと聞いている。わしがかゆを食うことを知って臼を持って来たこと、料理人の才覚立派である」

と褒《ほ》めた。実は臼は持って来ず、にわかに多人数でまな板の上で米を割って、わりがゆを作ったのである。後で談話の時、右の事情を申し上げると、秀吉は怒って言った。「無ければ無いと言って、普通のかゆを出して何の差し支えがあろうか。わが権力では一粒ずつ割って食うことも心のままであるが、そのような奢《おご》った振る舞いはせぬものだ」と。

尾張中村（名古屋市）は秀吉が生まれ育った古里であるというので、年貢や諸税を一切免除した。そして年頭の祝儀として、中村より大根・牛蒡《ごぼう》を献上するように命じた。

秀吉が朝鮮の役三年目に大坂へ帰城したので、中村から、今度朝鮮を切り取られた祝儀として、越前綿《えちぜんわた》（越前＝福井県で作られた良質の綿）を大きな台に積んで献上した。秀吉はこれを聞いて、

「日本は言うに及ばず、朝鮮までも切り取って、何でも事欠くことは無い。中村の百姓どもには永代《えいたい》作り取り（無年貢）に申し付けたので、はや奢《おご》りが出て越前綿をくれるとは、ひどくばかなことをしたものだ。大根・牛蒡は郷里の名物で懐かしく思い、内心心待ちにしていたのに、申し付けたことに背き、不届きのことである。当年より年貢を上納させよ」

と、厳しく申し渡した。

## ㉚ 豊臣秀吉〈織田信長を批評する〉

豊臣秀吉がある時、次のように言った。

「織田信長公は勇将であるが、良将ではない。剛が柔に勝つことを知り給いて、柔が剛を制することを知られなかった。一度敵対した者への激怒はついに解けずに、すべてその根を断ち、その葉を枯らそうとされた。それ故に降参した者も殺し、服従した者も害したので、敵の絶えることがなかった。これは器量が狭小であったためである。人に恐れられたけれども、人に愛されることはなかった。例えて言えば、虎や狼《おおかみ》のようなものである。咬《か》み殺されることを恐れ、これを殺してその害を免《まぬか》れようとする。明智光秀が信長を討ったのは、このようなところに原因がある」

秀吉はその弊害を改め、敵対する者は討ち滅ぼしたが、降参すれば譜代の家臣と同様に懇《ねんご》ろ

にし、心置きなく接したので、昨日まで敵対した者も、身命を捨て忠節を尽くそうと思うようになり、謀反する者も無く、早く天下を統一することが出来たのである。

## ⑶1 土屋検校《けんぎょう》〈秀吉と信玄・謙信との違い〉

土屋検校はある時、次のように言った。

「甲州（山梨県）の者が言うには、武田信玄が長生きしたなら、きっと天下を取られたであろう、と。その時は我らもそのように思ったが、今思うとそうではない。その訳は、佐野了伯《りょうはく》の言い分を聞いたからである。

佐野了伯は下野《しもつけ》（栃木県）の人で、剣術・槍術に優れ、一時髪を剃《そ》って天徳寺了伯と号し、諸国を回って修業した後、秀吉に仕えた。

了伯が語ったところによると、武田信玄と上杉謙信に目見えした時、両人共に威厳のある挨《あい》拶《さつ》であった。天徳寺は顔を上げて対面しようとしたが、その威厳に押されて、ついに顔を上げることが出来なかった。その後、豊臣秀吉に目見えした時、取次ぎの者が秀吉に紹介すると、直ぐに、

『天徳寺、参られたか』

と、声を掛けて傍《かたわ》らへ寄り、

『さても久しく会わなかったが、ようこそ参られた』

と言いながら膝《ひざ》をたたき、殊のほか親密なもてなしであった。それ故、しみじみ秀吉を大切に思うようになった、というのである。

このことから考えると、秀吉は人を容れる大きな心を持っていたからこそ人も協力し、天下も自然に支配するようになったのであろう。そこが、信玄・謙信には無いところである」

と、土屋検校は語ったという。

## (32) 黒田官兵衛〈家臣の心を子長政に移す〉

黒田官兵衛が病に臥して死ぬ前三十日ばかりの間は、家臣たちに悪口を浴びせ、家臣たちを侮辱《ぶじょく》すること甚《はなは》だしかった。病気が重くなり、乱心の体《てい》に見えた。別に諫める者もいないので、家臣たちはこのことを子の長政に告げた。そこで長政は官兵衛に、

「家臣どもが恐れて居りますので、少し寛大にして給われ」

と言うと、官兵衛は長政に、

「耳を寄せよ」

長政が側近く寄ると、

「これはお前のためだ、乱心ではない」

と、小声で言った。官兵衛の行為は、家臣たちが自分に飽《あ》きて、早く長政の代になることを望むように、仕向けていたのである。

## (33) 徳川家康〈あかぎれだらけの足〉

加賀（石川県）藩主前田利家の四男利常は、慶長十（一六〇五）年、十三歳で藩主を継いだ。利常が挨拶のために江戸城に伺候した時、たまたま家康が廊下を通るのに出会った。利常は廊

下の片側に平伏して、何気なく前を通る家康の足を見て驚いた。素足であかぎれだらけ、血が吹き出ているところもあった。当時、家康は天下の将軍である。家康は真冬でも足袋《たび》を履《は》くことは少なく、その足袋も継ぎはぎだらけだったという。

**【悪を裁く】** ⑶⑷〜⑶⑺

悪はいつの時代にも存在する。悪にどのように対処して来たか。また、悪を裁く任に当たった者は、どのような心構えでその任務を遂行しようとしたのか。その基本は現代にも通じると思われる。

### ⑶⑷　黒田官兵衛〈盗人の処理〉

黒田官兵衛の下僕《げぼく》（雑用をする男）の中に、盗みをした男があった。頭《かしら》どもが召し捕らえて、

「かくかくしかじかの罪を犯したので、ご成敗を仰せ付け下さい」

と言う。官兵衛は、

「首を刎《は》ねる必要はない。早々に追い出せ」

と命じたが、頭どもは、

「この者の盗みはたびたびのことですから、是非とも首を刎ねて頂きたい」

官兵衛は、

「たびたび盗みをするというのは、盗人に生まれ付いた者であろう。急いで追い出せ。先々でも盗みをしたら、次の主人に斬らせればよい。第一その方らは、たびたび盗みをするのを知り

ながら、どうして今まで放って置いたのか。一度でも盗みをしたら分かったはずだ」

と、頭たちを叱った。


官兵衛は作事《さくじ》（建築担当）奉行に、残った木切れなどは丁寧に集めて風呂屋に渡せと申し付けた。すると作事奉行は、

「長屋の者どもが盗み取るので、少しもありません」

と言う。官兵衛は腹を立て、

「その木切れ盗人を捕らえよ、首を斬る」

と、厳しく申し付けた。

やがて作事奉行は木切れ盗人を捕らえ、そのことを手柄顔に官兵衛に報告した。官兵衛は、内心ではばかげた仕方とは思ったが、

「よくやった、やがて首を斬るべし」

それで誰もが斬首は今日か今日かと気を揉《も》んだが、何の沙汰もなく日が過ぎた。官兵衛は、きっと詫《わび》を入れて来るであろう、その時は厳しく叱った上で許してやろう、と思っていた。そこへ留守居の者が作事奉行と同様に、何の考えもなく官兵衛の前へ出て、

「今朝にも首を斬りましょうか。長い間縛って置きますれば、日夜番人も付け、人手も要《い》りますので」

と、催促した。官兵衛は、

「何というばかなことを言うのだ。よくよく聞け、その盗んだ者の首を斬り、盗んだ木切れに

彼の着物を着せて使って見よ。人間の役はしないであろうが。人を殺すというのは容易なことではないのだ。そちたちには思慮というものが無いと見える。急いで許してやれ」

と申し付け、

「さて、また盗んだら縛り、首を斬るぞと存分に恐れさせて、盗まぬようにすることこそ、奉行の役目と言うもの。それを何ということか、黙って盗ませて置きながら捕らえて置いて、首を斬るなどと申して……」

と、厳しく叱った。

## ㉟ 板倉勝重〈検死法を説明〉

板倉勝重は徳川家康に仕え、若い時よりたびたび検死に遣わされた。ある時、首をくくった者の検死に行き、これは自分で首をくくったものではない、と言ってよく調べて見ると、宿主が寝首を締めて殺したことが分かった。

またある時、死んだ者に多くの切り傷があるのを、人々が様々に言っているのを見て、勝重は、これは生きている時の傷ではない、と言った。人々がそれらの判断の訳を尋ねると、勝重は、

「死んだ人の首をくくると、縄目に血が寄らない。生きた人の場合は血が寄るのである。また、死んだ後で付けた切り傷は、皮が内へまくり入り、生きた時の切り傷は皮が外へ開くものである」

と、説明した。

またある時、家に火が付き家主が焼け死んだ、と言うので、死人を検査して、

「これは焼け死んだのではない。死んでから焼かれたのである。死んだ者を火に入れたなら、鼻の中へ灰が入らない。生きた者が焼け死ぬと、鼻やのどの中へ灰が入るものだ」

と言った。人々は道理に合った説明に、成る程と納得した。

## ⑶⑹ 板倉勝重〈盗賊を見付ける〉

板倉勝重のところへ訴えて来た者があった。それは、地蔵堂の前へ木綿《もめん》の売り荷を下ろして便所へ言った間に、荷物を全部盗まれた、というのである。勝重は直ぐにその近辺の町人を呼んで尋ねたが、もとより放置しておいた荷物なので、証拠とするような物もなく、一同、まったく知らないと答えた。勝重は、

「そうであろう、この上は地蔵が怪しい。その方ら地蔵をよく見張れ、町役の者はよく命令せよ」

と言い付けて町人を帰した。町人らは、今は年の暮れに近く、皆忙しい時節に、このように安閑として地蔵を見張ることがいつまでとも知れず、詰まるところは紛失した木綿を弁済しようということになり、その旨を勝重のもとへ願い出た。勝重は、成る程よかろう、と言って失せた数量分を持参し、各自の名札を付けて差し出すように命じた。

指図に従って木綿が差し出された時、盗難に遭《あ》った木綿売りを呼び出し、心覚えの印のある木綿を選ばせると、その中から一反見付け出した。やがて、その差し出し人を呼んで取り調べると、果たしてその者が犯人であった。

## (37) 板倉勝重〈町奉行と京都所司代〉

徳川家康が浜松城から駿府《すんぷ》城（静岡市）へ移った時のことである。家康は多くの家臣の中から板倉勝重を選んで、駿府の町奉行を命じた。勝重はその任務の重さに堪えられないと言って固辞した。けれども家康は、固辞を許そうとしない。勝重は、

「それでは宿所に帰り、妻と相談してご返事申し上げたい」

と言った。家康は笑って、

「そうであろう、帰ってよく相談致せ」

と許した。

妻は勝重の帰りを迎えて、

「喜ぶことが有ると、知らせてくれる人がありました。どのような仕合わせでございましょう」

と言ったが、勝重は物も言わず、少し意味有りげな態度で衣装を脱ぎ捨て、座に直って妻に向かい、

「さて、今日ご前に召されたのは外のことではない。このたび駿府へご座所を移されることによって、その町の奉行をやれと仰せられた。とても出来ることではない、と申して辞退したが、お許しがない。それで、わが家に帰り妻に相談したいと申し上げて帰ってきた。さて、そなたはどう思うか」

妻は大変驚いて、

「つまらぬ私ごとなどならば、夫婦で相談するということもありましょうが、公のことでどうしてそのように申されるのでしょう。ましてこれは仰せ下されることです。殊にその職に堪えるか堪えないかは、あなた様のお心にこそあるのですから、私がどうして知りましょうか」

妻は、勝重の考えていることが分からないと思っている風である。勝重は、

「いやいや、わしがこの職に堪えるか堪えないかは、わが心一つだけではない。そなたの心によることぞ。まず心を静めてよく聞けよ。昔より今に至るまで外国にも日本にも、奉行や頭《かしら》立つ者で、その身を失い、その家を滅ぼさない者は少ない。そのもとは、あるいは縁によって訴えを断ずるのに公平を欠き、あるいは賄賂《わいろ》によって道理を曲げることにある。これらの禍《わざわい》は多く婦人より起こるのである。

わしがもしこの職に就《つ》いたなら、親しい人の依頼であっても、訴訟の取り持ちはしないか、少しの贈り物を持って来ても受けないか、それらのことを始めとして、勝重の身の上にどんな不思議なことがあっても、差し出口は言わないと固く誓いをしない限り、わしはこの職を受けることは出来ぬ。それ故にこそ、そなたと相談すると申したのだ」

妻はつくづくと聞いて、

「誠におっしゃることは道理でございます。私はどんな誓いでも致します。早く参ってお受けなされませ」

勝重は大いに喜んで、妻に神仏に懸けて堅い誓いを立てさせて、この上は思い置くことはない、それでは参ろう、と衣装を整えて出るところに、はかまの後ろの腰の部分をねじっている。妻は勝重の後ろを見て、

「はかまの後ろの着付けがよくありません」

と言って立ち寄り、直そうとした。勝重は妻の言葉を聞き終わらぬうちに、

「それだからこそ、わが妻に相談しようとしたことは間違ってはいなかった。勝重の身の上にどのような不思議なことがあっても、差し出口はしないと誓ったのはたった今のことぞ。はや忘れたのか。このようなことでは、勝重、奉行の職を承ることはとうてい出来ぬ」

と言って、また衣装を脱ぎ捨てようとした。妻は大いに驚き後悔して、様々に過《あやま》ちを詫《わ》びた。

それで勝重も、

「それならば、その言葉いつまでも忘れるな」

と言って家を出た。家康は、

「どうであったか、その方の妻は何と言ったぞ」

と問うので、勝重は、

「妻も謹んで承るよう申しました」

と申し上げると、家康は、

「そうであろう」

と言って大いに笑った。家康には勝重夫婦の真剣な言葉のやり取りは想像できなかったが、家康の人を目利きする力、人を見る目は確かであった。

　家康が京都所司代の後任を探していた時、家康の重臣本多正信が板倉勝重を推薦した。当時勝重は京都町奉行で、禄は僅かに五百石であった。正信は家康に、

「願わくば勝重に二万石を与え給え」

と言った。家康は、

「それは分に過ぎる」

と言う。正信は、

「所司代の任務は、俸禄を厚くしなければ、都を鎮めることは出来ませぬ」

と主張した。京都所司代というのは、幕府内で老中に次ぐ要職であった。家康はついに正信の言に従って、勝重を二万石の大名に取り立て、京都所司代に任じた。

家康が彦坂光政《みつまさ》という者に、駿府の町奉行を命じた。しかし光政は、役目のことを知らないので、と言って固辞した。家康は、

「板倉勝重が近日、駿府へ来るので相談せよ」

と指示を与えた。やがて勝重が来たので光政は勝重に会い、事細かに相談した。勝重が言うには、

「役人としての要件は、ただ賄賂《わいろ》を受けないということである。貴殿が奉行となって民が無実の罪を受けることのないように望まれるなら、まず私欲を断ち切られよ。いやしくも無欲であれば、民の誠と偽りの区別は、火を見るよりも明白である。甚《はなは》だしいかな、財貨が人の心を打ち破ることは。

かつて百金を贈る者があった。私は受けなかったけれども、なおその者の過ちを隠そうとする気が起きたものである。もしその時、百金を受けていれば、きっとその者を勝たせたであろ

う。奉行職は結局、町人の賄賂を受けないということである。このところさえ堅固なら、理非は明白に知れるものである。これが私よりの第一の伝授である」

と語った。光政は勝重の言葉を尊重して奉行を勤めたので、多くの実績を挙げたという。

勝重が京都所司代を勤めていた時のことである。五条の角の屋敷で境界争いがあった。その屋敷の者は、日ごろから勝重を見知っていたようで、四月の始めごろに見事な瓜《うり》を贈って来た。その時の返事に、近いうちに境界を見に行くと言ったので、瓜を贈った者は境界争いの判決に期待を寄せていた。

やがてその日になり、その場所へ行って見分し、町中の人が出て畏《かしこ》まっているところで勝重が、この間は珍しい瓜を贈ってくれてかたじけない旨を述べた上で、

「さて、この地は隣の家のものであるから返すように致せ」

と、言い渡して帰った。瓜を贈った効果はまったく無かったのである。

# 四　下で支える者（家来）

**【主を思う】**　(1)〜(8)

侍の心の中には常に主が居た。ここでは戦国の侍たちが、主をどう思い、どう行動したかを見る。

## (1)　小森沢何某《なにがし》〈謙信の身を守る〉

上杉謙信に仕えて行政事務に当たっていた小森沢何某という者が、出奔《しゅっぽん》して行方を暗ました。それを知って人々は、謙信の眼鏡違《めがねちが》いだったと言った。謙信は、小森沢の出奔は不思議なことだと言った。

それから三年が経った。謙信は上野《こうずけ》の国（群馬県）の新田《にった》に軍勢を出した。謙信は、いつも二、三騎を従えて、軍勢よりも十キロも二十キロも先に斥候に出かけた。敵がこのことを知って、よい隠れ場所を見付け、鉄砲三挺《ちょう》を構えて謙信の来るのを待っていた。その時、小森沢が七百メートルほど走って来て、このことを謙信に知らせて言うには、

「殿は日ごろ軽々しく行動されるので、このような大事もあるかと思い、新田へ参って奉公していたところ、『謙信をお前は見知っているか』と言われて、この近くまで遣わされました」と申し上げた。

謙信は聞いて、その忠義の志に感じて涙を流し、小森沢に恩賞を与えた。このことがあって、小森沢の出奔を謙信の眼鏡《めがね》違いと言っていた人々も、謙信の人を見る目が確かであることに感服したという。

一般の武将は家来を斥候に出すが、謙信は自身で斥候に出ることが多かった。ある時も、「今日はよい斥候が出ている」と、人々がうわさしているので、後で聞いてみると、それは謙信自身であったという。小森沢も謙信の身近に仕えていたので、そのことをよく知っており、また、将来新田への出陣を予想して、（あるいは謙信がふと漏らした言葉から）右のような行動を取ったのである。

## (2)　木下藤吉郎〈信長の草履取り〉

豊臣秀吉が木下藤吉郎と名乗っていた十八歳のころ、織田信長が鷹狩りに出た途中を待ち受けて、熱心に頼んで信長の草履取りになった。そのころ信長は年が若かったので、夜ごと忍んで女性のところへ通っていた。内々のことなので、草履取りばかりでそのほかの者は召し連れなかった。藤吉郎も供に出たが、その後で草履取り頭《がしら》に、

「某《それがし》こと諸事見習い致したいと存じますので、毎夜お供に出して頂きとうございます」

と望んだ。頭ももっとものことと思い、藤吉郎をいつも供に出した。それを信長が不審に思

い、草履取り頭を呼んで、

「藤吉郎を毎夜供に出すのは、古参の者どもの横着であろう」

と叱った。頭は、

「藤吉郎こと、強《し》いて願い申しますので、毎夜出しております」

と申す。それで信長も了承して、いつも供に召し連れた。

ある雪の降った夜、信長が女性のところから帰ろうと下駄《げた》を履くと、暖かかったので、

「お前が腰を掛けたこと不届きである」

と言って杖《つえ》で打った。藤吉郎は、

「腰は掛け申しません」

と言う、信長はいよいよ腹を立て、

「偽《いつわ》りを申すな、成敗《せいばい》致す」

と言っているところへ、女性方の侍女が出て来て詫びを言った。

「とかく腰は掛け申しません」

「暖かであったことこそ証拠である」

「寒い夜ですので、お足が冷たいと存じ、背中に入れて暖かくなるように致して居りました」

「その証拠は」

藤吉郎は着物を脱いで見せた。その背中には鼻緒《はなお》の跡が明らかに付いていた。

このことがあって、信長も藤吉郎の忠義の心に感じて、藤吉郎を草履取り頭にした。頭になっても藤吉郎はいつも供に出た。供待ちをするのに、外の頭は上へ上がり、草履取りを外に出

して置くのが一般であるが、藤吉郎は反対に、草履取りを家の中に置いて、自分は外に出ている。信長がこれを見て不審に思っていると、藤吉郎は、

「このような時には戦場と違いお心も緩《ゆる》みます。今は乱世の時でありますので、万一敵方より忍び入って、お命を狙《ねら》い申す者が無いとは限りません。それで私は出ております」

信長は、いっそう藤吉郎の忠義の心を感じた。

## (3) 明智光春〈本能寺の変前後のこと〉

天正十（一五八二）年六月一日の夜のことである。明智光秀は亀山城（京都府亀岡市）に、明智光春・明智光忠・藤田邦宗《くにむね》・斎藤利三《としみつ》・溝尾貞重《さだしげ》の五人を呼び、

「各々の一命をもらい受けたいことがある。もしそれが叶《かな》えられなければ、わが首を切れ」

と言う。五人の者は目と目を見合わせ、息を詰めていたが、光春が口を切って、

「どのようなことでも、ご意向のままに」

と言った。そこで光秀は思い立ったことを語り、

「今夜、京都へ押し寄せて、信長公御父子を討つつもりである」

聞いて斎藤利三が、

「今は時期が悪い、お留まりなされよ」

と諫《いさ》めたが、光春は直ぐに、

「〝駟《し》ハ舌《ぜつ》ニ及バズ〟（口外した言葉は四頭立ての馬車で追い駆けても追い付かないほど早く世間に知れ渡る）と言うことがござる。五人は他言《たごん》しないであろうが、〝天知る地知る人知る〟習わ

し、ことは、必ず露顕するであろう。今急に京都へ押し掛け給えば、この大事は成し遂げられましょう」

一同はこの光春の意見に同意した。

光秀は軍を率い、将兵には、信長公に軍勢出立の様子を披露するため、と称して京都に向かい、翌二日早朝、本能寺を囲んで信長を自殺させた。

光春は本能寺で信長の死骸《しがい》を捜していると、並河《なみかわ》金右衛門という者が、信長の首と、信長が夜着に使用していた白綾絹《しらあやぎぬ》の着物の焼け残りを持参した。光春はそれを受け取ると密かに隠させた。金右衛門はこれを見て、自分の功を無にされた、と怒った。光春は金右衛門を諭《さと》して、

「信長公がかつて甲斐の武田氏を討った時、武田勝頼の首に向かって、信玄・勝頼父子の行いを口汚《ぎたな》くののしり、そのことで今に人々の非難を受けている。今、主君光秀が信長の首を見たならば、恨みのあまり必ず信長の首に向かって侮辱を与えるであろう。そうすれば、後代の人々の誹《そし》りを受けることは間違いない。運命の巡り合わせは恐ろしいものである。昨日は人を侮辱し、今日は人に侮辱される。そなたの功労は、自分が必ず後に証人となろう」

と、涙を流して要請した。金右衛門もその志に感じて、光春に一切をゆだねた。光春は直ぐに従軍の僧に命じて、信長の首を地中に埋葬させた。

光秀は信長の死骸が挙がって来ないので、斎藤利三を光春のところに遣わし、

「そなたが先陣して、まだ信長公生死の明らかな証拠が挙がって来ない。もし逃げ去るようなことがあっては一大事である」

と言わせた。そこで光春は利三に本当のことを告げ知らせた。利三も光春の処置に感じ、焼

け残った信長の夜着の一部を持って光秀に示し、信長が死んだことの証拠とした。

### ⑷ 堀直政〈主君の供をする時の覚悟〉

豊臣秀吉が九州の島津征伐に出陣した時、堀直政は主君堀秀政に従って九州に渡った。ある時、秀政の近臣である山下甚五兵衛が急に乱心して、主君である秀政に斬り掛かった。秀政が刀を抜き合わせたところへ、遥か後ろに居た直政が一番に来て甚五兵衛を斬り倒し、秀政の左右に供をしていた侍たちと共に討ち止めた。

後日、秀政の供の侍どもが直政に会って、その日のことを言い出し、

「あの時は日暮れでもあり、不意のことでもあり、我らは心ならずも少し遅れたが、お身は遥か後ろに居られたのに、どういうわけで一番に手を合わせることが出来たのか、不審なことに存じます」

直政は聞いて、

「いやいや、各々も武術が某《それがし》に劣られるわけではない。某はかねて一つの覚悟があってのことです。各々にはこの覚悟が無いので、某に先んじられたのです。この後も各々は殿のお供を勤められることなので、お心得なされるがよい。今まで人に申したことはないが、伝授致しましょう。大体、君のご前に仕えお供をする時は、決して脇へ目をやらず、始終主君に目を放さずに居るのを肝要とします。そうすれば、君の動静を針ほどのことも見逃すことはない。それ故、不意の出来事にも、無意識のうちに速やかに対処することが出来ます。このことをお忘れないように」

と、直政は供をする時の心懸けを述べた。

## (5) 老臣鳥居忠吉《ただよし》〈家康への忠誠〉

徳川家康が幼少のころ、今川義元の人質として駿府(静岡市)に居た時のことである。徳川譜代の臣に鳥居忠吉という老人がいた。ある時、忠吉が家康の手を引いて自分の蔵へ連れて行き、蔵に蓄《たくわ》えてある米と銭を見せて、

「私がこのように資材を蓄えているのは、殿が明日にも戦場へ出られる時に、ご用に役立てるためです。ご軍資に事欠かせられることはありません。どうぞご安心下さい」

家康は聞いて大変喜んだ。その時、忠吉が銭の積み方が世間と変わり、銭に太糸を通して束にしたものを縦に積んであるのを指差して、

「銭をこのように積みますと、銭が割れることがありません。横に積みますと、銭は割れるものです」

と教えた。このことを家康は後々まで忘れられず、老後に至るまで、

「銭は縦に積むこと、幼年の時、伊賀守(忠吉)が教えてくれた」

と、たびたび言ったという。

鳥居忠吉は今川義元の命を受けて、駿府から岡崎(愛知県)に帰り、総奉行を勤めることになった。忠吉は総奉行を勤める間、義元に隠して岡崎に多くの土蔵を造って、米やその他の穀物を蓄えた。桶狭間の戦いで今川義元が討死して、家康が岡崎へ帰って来た時、忠吉は供をし

て土蔵を見せ、

「私が老後の役に、義元に隠してこのように致し置きましたのは、侍を多く抱えられ、お手を広げられる時のご用意にと存じてでございます。私も年を取りましたが、存命のうちに殿がこの城へお帰りなされることを、朝夕思い暮らしておりました。今この城で拝謁出来ますことは、生前の望みとして、何事かこれに勝るものはありません」

　と言って、老眼から涙を流した。家康も涙を浮かべ、忠吉の深い志に感じて老人を慰めたので、忠吉もいっそう感激した。

## ⑹　本多作左衛門〈家康の疔《ちょう》を治す〉

　徳川家康が浜松に居た時、背中に疔《ちょう》という悪性の腫《は》れ物が出来た。日につれて悪化し、様々の手を尽くしたが、良くなる兆《きざ》しは見えず、次第に高熱と痛みが激しくなり、やがて明日をも知れぬ病状になった。さすがの家康も覚悟を決めたようで、重立った家臣を召し集めて、後のことなど申し付けた。

　それを聞いて本多作左衛門が家康の枕元に近付いて、泣く泣く申すには、

「殿も定めし覚えて居られましょう。私が昔この病を患った時、立ち所に効き目が現れた良医が居ります。彼の医者を召して見せられませ」

　と言うと、家康は、

「諸将はすでに見切りを付けた。わしもまた覚悟を決めた。このうえ医療の仕様もない。命を惜しむような見苦しいことはしたくない」

と言って相手にしない。その時、作左衛門は大いに怒って、

「これほど大事な腫《は》れ物を軽々しく思し召し侮《あなど》って、事ここに及び、医者も手の施《ほどこ》しようが無くなった。それで良医に依頼して治し参らせようとするのも用いられず失せ給うこと、ご性格とは申しながら、誠にもったいないお命でござる。年老いた重次《しげつぐ》（作左衛門）がお後よりお供することは出来ぬ。それではお先にお供仕ろう」

と、その席を立って、直ぐにも腹を切ろうとする気色である。家康は大いに驚き、

「あれを留めよ」

と言ったので、近くに居た人々が走り出て引き留め、

「仰せられることが有るとのことです」

作左衛門は大声で怒って、

「最期の暇請《いとまご》いをして退出する者を、人々の見苦しい留めようや」

と、罵《ののし》って出ようとする。人々に、

「けれども留めよとの仰せである。大人気《おとなげ》もござらぬぞ、本多殿」

と言われ、

「まことに左様であった」

と、座に戻った。家康は作左衛門を見て、

「そちは物に狂うてそのように思うか、わしはまだ死んではおらぬ。例えわしの命が終わるとも、その方らが世に在ることを頼みにして死ぬのだ。その方らいかにもして一日も世に残って、若者どもに指図して、わが家の絶えぬように取り計らおうとはせず、無益な死の供をしようと

するは何事か」

と、怒って言った。作左衛門は、

「いやいや、それは人によってのことでござる。重次、今少し年が若かったなら、仰せまでもなく、犬死にする人のお供など、無益なことは致さぬ。重次が若年の昔からここかしこの戦さに従って、目を射られ、指を切り落とされ、足を切られ、傷という傷を身一つに受けて、殿亡き世に在ることは出来ぬことでござる。殿が失《う》せられたならば、行く末長く仕えようと頼みにしていた若者たちは、主君に分かれ気後《おく》れして、矢の一筋も射出すことが出来ぬであろう。

重次がそれまで生き長らえていたなら、あの年老いた武骨者は、徳川家の譜代で何某《なにがし》と言われた家人だが、いかに命が惜しいとは言え、あのように世間に恥をさらすのか、と後ろ指を差されることは、老いの恥これに過ぎることはござらぬ。最近まで武功のある人々が、当家に召されて屈服するのを見て、哀れに思ったが、今は自分の身の上になったと存ずる故、殿に後れることが悲しいだけではなく、わが身の終わりも浅ましく存じ、お先に死ぬのでござる」

と申す。家康は聞いて、

「そちが申すところの道理、誠にもっともである。それでは医療のことはその方の心に任せよう。その上で天命すでに至って、家康が死んでしまっても、その方はまた家康の心に任せて、いかなる恥を見るとも、一日も生き残って後のことを計るつもりがあるか、それはどうじゃ」

と、作左衛門を詰めた。

「殿が重次の心にお任せ下さる上は、重次がどうして仰せを背き奉ることがありましょうか」

家康はこれを聞いて、

「それでは医師を呼べ」

と言った。やがて医師の診断により、灸を据えることになった。作左衛門がもぐさを取って据えるのに、家康は痛みを感ぜず、もぐさを多く加えて、ようやく少し痛みを感じるようになった。灸の跡には膏薬《こうやく》を付け、入浴もした。

するとその日の夜中に、腫れ物が潰《つぶ》れて血に混じった膿《うみ》が大量に流れ出た。そして疔の重苦しい気分が急に軽くなった。作左衛門は嬉し泣きに声を上げて泣いた。左右に控えた人々も共に感涙を流した。疔はその後、快方に向かい、間もなく完治したのである。

## (7) 大崎長行《ながゆき》に奉公した女

福島正則の家来に大崎長行という侍がいた。正則が清洲《きよす》（愛知県）の城主であった時、初めて三千石で仕えた。その時の持ち物は、槍一本に鎧《よろい》冑《かぶと》一領だけで、着替えの衣類も無く、ただ着のみ着のままで大酒を飲んでいた。銭が有れば有るに任せて人へも貸し、無ければ無いで空寝《そらね》をしていた。

そのような時に、木曽（長野県）の山奥から清洲へ出て来て奉公を望む女があった。だが、その姿が卑《いや》しいため、清洲中に召し抱える者が無かった。女が仕方なく清洲城外を流浪している、と聞いた大崎長行は、家来に、

「その女を連れて来い」

と言った。家来どもは無用と言ったが、長行は聞かず、女を屋敷へ連れて来たのを見ると、まずもって女とは言われず、また男でもない、と見えるくらいである。長行が、

「その方は力があるか」

と問うと、物も言わず台所にある大石臼《うす》を差し上げて軽々と持ち回る。また、下男どもに申し付け、相撲を取らせると、十四人まで投げた。長行はこれを見て、召し抱えることにした。表《おもて》（公的）・奥（私的）の隔てなく召し使うところに、二十一年の間、奉公怠慢なく、潔白で正直な勤め方であった。

慶長五（一六〇〇）年、関ヶ原の戦いの功により、主君福島正則が広島に栄転し、長行も二万石の身上となった。しかし、元和五（一六一九）年、福島正則が失脚して広島を召し上げられ、従って長行も禄を離れることになった。長行の家来どもは、長行の家財道具をほとんど乱暴同様に持ち去ったが、かの女は一向《いっこう》に構わず、長行はもとより頓着《とんちゃく》しない人である。段々と立ち去り、長行と家来三人、右の女と主従五人になった。長行はこれを見て、

「二万石の身上も、これだけになったわ」

と言った時、かの女が庭に出て、築山の自然石のような石を取り除くと、その下には蔵のような穴があって、それを開けると、金子《きんす》五千両、板銀《ばんぎん》（銀を打ち延ばした物）二千五百枚が、それぞれ袋に入れてあった。女はそれを取り出して長行の前へ置いた。長行が見て、

「それはいつの間に溜《た》め置いたのか」

と問うと、女は、

「当国へお移りの時より、だんだん蓄《たくわ》えおきました。殿様にそのお心懸けがありませんので、何事かある時は、とかく金銀が無くてはかなわずと存じ、殿様に代わって蓄えました」

と言う。長行は大いに驚いて、

「金子・板銀のうち、どちらでもその方が取れ」

と女に言った。しかし、女は辞退して取らず。長行も、

「それならばわしも取らぬ」

と言ったが、そう言い合っていても仕方がないと思い、金子・板銀の両方を混ぜ合わせて、女の方へ一つかみ、手前へ一つかみ、そのようにして段々取り分けた。そして女は長行を見送って後、小舟に乗っていずこともなく立ち去ったという。

## ⑻ 可児《かに》才蔵〈鶉《うずら》を拝領した時〉

可児才蔵が広島城の鉄門《くろがねもん》を預かって、一日一夜詰め切りで番を勤めた時のことである。才蔵はすでに年老いていたので、休息の間、寝転んでいた。そこへ正則の側に召し使われている小坊主が、鷹狩りで取った鶉《うずら》を持参し、

「これは殿様の好物の鳥なので、遣わされるとの御意《ぎょい》です」

と言った。才蔵は聞いて起き上がり、傍《かたわ》らに脱いであった袴《はかま》を着け、本丸の方へ向かってこれを頂き、

「お礼のことはただ今、城に上がって申し上げる。さて己《おのれ》め、いかに小せがれとは言え、大変間抜けた奴だ。殿の御意ならばまず、殿の御意であるぞ、と申し、身共《みども》がその用意をした上で御意を達すべきである。それをそうせずに、身共が寝たままで殿の御意をよくも聞かせたものだ。己が小せがれでなければやり様もあるが、小僧のことゆえ許しておく」

と、大いに叱った。小坊主は肝をつぶして急いで帰り、小姓どもに右の一部始終を語った。

正則がそのことを聞いて、その小坊主を呼び出して尋ねると、才蔵のしたこと、言ったことを残らず話した。正則は、

「それはお前に心遣いが無いからだ。才蔵が怒るのも当然だ。安芸・備後（共に広島県で正則の領地）両国の侍どもが、残らず才蔵の心のようになって欲しいものだ。そうなれば、何事も思うように成るのに」

と言った。

**【主君を諫《いさ》める】** (9)〜(13)

諫言のことは三でも取り上げたが、三では主君が家来の諫言を望んだ例を述べた。ここでは、家来の立場から止むに止まれず主君を諫めた例を取り上げる。

## (9) 浅野長政〈秀吉の朝鮮政策に苦言〉

朝鮮の陣の時、豊臣秀吉は名護屋城（佐賀県）に居た。秀吉は朝鮮での戦さがはかばかしくないのを怒って、諸将を集め、

「朝鮮の戦さが、今のようではいつ決着するか分からぬ。今はもう秀吉自ら押し渡るつもりである。三十万の軍勢を三手に分け、前田利家・蒲生氏郷《がもううじさと》に先陣させ、三道より向かって朝鮮を打ち破り、真っ直ぐに明へ攻め入る積もりだ。日本のことは徳川殿が居られるので、心に懸かることは無い。このことを皆はどう思うか」

と言った。徳川家康が聞いて表情を変え、利家・氏郷に向かい、

「日本に大名の多い中から、方々《かた》が選び出されて一方の大将となること、弓矢取っての面目、何事かこれに過ぎるものがあろうか。そもそもこの家康、仮にも弓矢の家に生まれて、戦いの中に年老いても、この大事に当たってどうして人々の後に留まって、いたずらにわが国を守っておられようか。小勢ではござるが、家康も軍勢を率いて、必ず一方の先陣を承るつもりである。ご推挙を仰ぎたい」

と言った。その時、浅野長政が進み出て、

「ちょっとお待ち下され徳川殿、太閤殿下この年月の御振る舞い、昔のお心とは様子が違って、古ぎつねが入り替わっておりますので、何事を仰せられますやら……」

と、言い終わらぬうちに、秀吉は腰の刀に手を掛け、

「やあ、秀吉の心にきつねが入り替わった由来、しっかと申せ。申し損じたなら、首打ち落としてくれよう」

と、責めかけて言うのに、長政は少しも騒《は》がず、

「長政のような者を何百人首を刎ねられても、どうして事が治まりましょうか。そもそもこの年ごろ理由の無い戦いを起こして、朝鮮八道は申すまでもなく、日本六十余州に、父を討たせ、兄弟を失い、夫に離れ、妻に離れ、子に先立たれ、嘆き悲しむ者天下に満ちあふれて居ります。それに兵糧の運送、軍勢の徴集がさらに加わり、六十余州残らず荒野となり果てました。今朝鮮へご発向なされたら、日本全国に窃盗《せっとう》蜂起し、安住の地はありますまい。

徳川殿がどのように思われても、どうして殿下の去られたお跡を守ることが出来ましょうか。徳川殿もこれらのことを思われてこそ、先陣を望まれたのでありましょう。殿下が昔のお心で

あったなら、これほどのことをお気付きなされぬ道理はありません。このようにお心の変われたこと、これはただ事ならず、確かに古ぎつねが入り替わったのです。田舎の人のことわざに、〝人を取ろうとするスッポンは必ず人に取られる〟とあるのは、このことでございます」

と、何の遠慮もなく言い放った。秀吉は聞いて、

「スッポンにもせよ、きつねにもせよ、己の主に向かって、このように雑言を吐くこと不届き至極である」

と言いながら、すでに飛び掛かろうとするところを、前田利家と蒲生氏郷の二人が中に入り、秀吉と長政を押し隔て、居合わせた者が秀吉の前に集まった。人々が、

「長政の首を刎《は》ねられるのに、ご自身、お手を掛けられるまでもございません。弾正《だんじょう》（長政）！　そこを退出されよ」

と、長政を叱った。長政は素知らぬ振りをして、人々に会釈して静かに座を立ち、自分の陣に帰った。使いを待って腹を切るつもりをしていたが、重ねての沙汰は無かった。

## ⑽　鈴木久三郎〈家康を必死で諌める〉

徳川家康が岡崎城に居た時のこと。勅使や上使などが来た時の接待用に、長さ三尺（九十センチ）ほどの大きな鯉《こい》を三匹、生け簀《す》に飼っておいた。家康の家臣鈴木久三郎という者が、ある日その一匹を捕り上げ、台所で料理させ、そのうえ織田信長から家康に進上された、南部諸《もろ》白《はく》という極上の酒一樽《たる》の封を切らせて、大いに飲み食い、人にも振る舞った。

程《ほど》経て後、家康が生け簀を見ると、三匹の鯉のうち一匹がいない。生け簀を預かる坊主を呼

んで尋ねると、鈴木久三郎が捕り上げて料理をさせ、自分も食し、人々にも振る舞っていた、と言う。

家康はもってのほかに腹を立て、台所方にも尋ねるのに、いよいよ相違ないので、ますます機嫌を損じ、家康自身手討ちにする、と言って、薙刀《なぎなた》の鞘《さや》を払って広縁に立ち、久三郎を呼んだ。久三郎は覚悟の前である。少しもひるむ気色なく、

「かしこまりました」

と、路地口より出て来た。その間三十メートルほどもあるのに、家康が、

「鈴木、不届き者め、成敗するぞ」

と、声を掛けると、久三郎は自分の刀・脇差しを、十メートルも後ろへ投げ捨て、大の目に角を立てて言うには、

「そもそも魚や鳥に人間を代えるということがござろうや。そのお心では、天下の望みは成し遂げられますまい。我らのことはよいように成されよ」

と、上半身裸になり側へ近寄る。その時、家康は薙刀を捨て奥へ入り、よくよく彼の心中を考えると、先のころ家来のうち一人は、狩猟禁止の場所で鳥を捕り、一人は堀で網を打った。それでこの両人を押し込めて置いたが、それを言うためにわざと鯉を捕って料理したに違いない、と思い当たった。家康は直ぐに、押し込めて置いた二人を許すように手配し、久三郎を呼び、

「その方の志、満足致した」

と言った。久三郎は涙を流して、

「さてさて有難い上意、太平の世であれば、密かに申し上げることでありますが、今乱世なので、このような仕方で申し上げました。乱世には私のような下々の侍も、少しでも勇気あるが御ためになるかと心得ましたので、右のように申し上げました。決して私の威を振るうためにしたことではございません」

と言上した。

## ⑾　本多作左衛門〈殿様の瓜畑を荒らす〉

本多作左衛門がある時、徳川領内の見回りに出た。岡崎と池鯉鮒《ちりう》（共に愛知県）の間に瓜畑が広がっているのを見て、

「この瓜はよく作っている。百姓の名は何と言うぞ」

と尋ねると、瓜番の者が出て、

「これは殿様のお瓜で、お中間《ちゅうげん》どもが番を致しております」

と言う。作左衛門が聞いて、

「さてもさても興冷めたことかな。三か国を領する殿様が瓜作りに成られたか。お前たちよく聞け、侍という者は知行を取り、これで必要な物を調《ととの》える。百姓の致すことを武士がするべきものではない。退《の》け退け」

と言うと、馬を瓜畑へ乗り入れ、四方八方駆け回ったので、瓜は残らず踏みつぶされ、蔓《つる》は皆切れた。番をしていた中間が驚いて岡崎へ行き、詳しくそのことを申し上げた。聞いた家康は笑って、

「作左衛門がそのように致したか、仕様もないものよ」

と言っただけであった。

## ⑿　本多作左衛門〈人を煮る釜を砕く〉

徳川家康が駿府（静岡市）から浜松へ帰陣する途中、安倍《あべ》川の川原に人を煮る釜が有るのを見て、その地の奉行に、これを浜松へ持参するように命じた。作左衛門が後から来て、これを見て事情を聞き、人夫にその釜を粉々に打ち砕かせて捨てさせた。青くなって見ていた奉行に、作左衛門は、

「浜松へ参上したらこう申し上げよ。天下を望む志を持っているようなお方が、人を釜で煮殺さねばならぬような罪を犯させる仕置き（政治）をするようではどうなさる。作左衛門がそう申して釜を打ち砕いた、と詳しく申し上げよ。一言も言い残してはならぬ」

奉行は家康に有りのままを申し上げた。家康は聞いて深く恥じ入り、作左衛門を呼び出して、その諫言に深く謝した。

## ⒀　本多作左衛門〈秀吉の前で悪態をつく〉

豊臣秀吉が北条征伐に東海道を東へ下った時のことである。途中で秀吉は家康の岡崎城に入った。当時、岡崎城を預かっていたのは本多作左衛門であったが、作左衛門は秀吉を迎えに出ることもなく、見参しようともしなかった。秀吉が作左衛門のところへ使いをやって、三度まで召したが、作左衛門は、

「関白に見参しても申すべきよう無し」

と言って、ついに応じなかった。おれは家康の家来で、関白の家来ではない、と思っているのであろう。

岡崎からさらに東へ進んだ秀吉は、同じく家康の領分である駿府城に入った。家康は城の大広間で秀吉と対面した。その時、作左衛門が入って来た。秀吉の直臣が大勢居並んでいるところで、作左衛門は家康の後ろに立ちはだかり、声も荒らかに主君に怒鳴り散らした。

「殿、殿はまあ何と不思議なお振る舞いをなさることでござるか。国持ちともあろうお方が、わが住む城を明け渡して。片時と言えども人に貸すという法があろうか。そんな調子では人が貸せと言えば、きっと奥方までお貸しになることでござろうよの」

作左衛門は、さんざん悪態をついて帰って行った。家康は周《まわ》りの人たちに静かに言った。

「各々方もあの老人の言葉、お聞き及びでござろう。あれは本多作左衛門と申して譜代の家人で、家康が幼少の時から仕えている者でござる。弓矢・打ち物（刀・槍）を取っては人に知られた者でござるが、ご覧の通りすっかり年寄りになってしまい、この家康も気の毒に思っているところでござる。何しろ天性の我がままで、人を虫けらとも思わず、人前でも主人にこんな風に恥をかかせて、平気でいる性でござる。人前でもこうなのだから、主従二人だけの時をご想像頂きたい。普段はともかく、今日は本当に恥じ入った次第でござる」

周りの人たちはかえって、音に聞く本多殿とはあの人か、あのようなご家人をお持ちとはうらやましい限りである、と好意を表明した。

恥じ入ったと言っている家康の心の内はどうか。実は得々として、この強情無礼な家臣を自慢しているようにも見える。自分が言えないことを、主に代わってズケズケと代弁してくれるこの一徹者の老臣を、頼もしくかわいくて仕様がないと思っている風にも見える。この老臣を咎《とが》め立てするようなことがあったら、この家康そのままには差し置きませぬぞ、と言っているようにも見えたのである。

## 【自己を主張する】⒁⒂

家来の立場を自覚しながら、それぞれの場で自己を主張した例である。

### ⒁ 西村左馬之允《さまのすけ》〈蒲生《がもう》氏郷と相撲〉

豊臣秀吉が島津征伐に九州へ渡った時、蒲生氏郷は岩石城《がんじやく》（福岡県）を攻めた。氏郷の家臣西村左馬之允は、抜け駆けして手柄を立てたけれども、氏郷は左馬之允が軍令を犯したことを責めて勘当した。その後、左馬之允は、細川忠興を頼って氏郷に帰参を願い出たので、氏郷も罪を許して元の禄を与えた。

その翌日のこと。氏郷は左馬之允に、相撲を取ろう、と言い出した。左馬之允が思うには、相手は主君であり、殊に帰参した翌日である。わしを試そうとしているのであろう。わしが勝ったら気色を損ずるであろう。負けたなら軽薄者と言われるであろう。どうしたら良かろうか、一生の浮沈ここに窮《きわ》まった。と思ったが、

「人は名こそ惜しまねばならぬ。軽薄者と言われて奉公するよりは、いっそ気色を損ずる方がましだ」

と、覚悟を決めて相撲を取ったが、ついに勝った。氏郷は、

「無念のことである。今一番」

と、四股《しこ》を踏んで立ち向かう。近習の者どもは左馬之允に、気遣いせよと目くばせして息をのみ、手に汗を握って見守っている。左馬之允は、

「今度負けたら追従者《ついしょうもの》と言われよう。例え怒りに触れるなら触れよ」

と、心を決め、少しも容捨せず、また氏郷に勝った。氏郷は笑って、

「その方の力はわしの倍ある」

と言い、翌日、左馬之允の禄高を加増した。

## ⒂　加藤清正家臣〈手柄を競う〉

朝鮮の役でのことである。加藤清正の部将吉村又市は、釜山で多くの敵と戦い、すでに日暮れが近くなったが、まだ戦っている。清正は、人数を引き揚げなければ危ないと考え、誰を使者に遣わそうかと、その辺りを見回した。清正は、床林隼人《しょうばやしはやと》が遥か向こうに居るのを呼び、これに命じて人数を引き揚げさせた。床林は承り、采配を取って両陣の間に馬を乗り入れ、難なく引き揚げて帰った。


清正が床林を呼んだ時、森本儀太夫《ぎだゆう》は清正の傍《かたわ》らに居たが、涙を流して怒った表情をしていた。清正がその様子を見て、怪しんで問うと、森本は、

「殿は私を床林に劣ると見ておられる。これは武士の恥辱です。床林と私は共に殿に従って、白刃を踏んで戦って来たが、私が床林に劣らぬことは、殿が眼前にご覧なされたところです。

床林が殿の傍らに在って私が居なかったら恨み申すことはないが、私が殿の近くに在りながらお言葉もかけられず、遥か向こうの床林を召して命ぜられたこと、今までこのように優劣を付けられていたことを知らず、まったく愚かでありました」

と言った。清正は笑って、

「その方らは等しくわしが頼みとする腹心である。使うところはその器に従うだけである。今その方を遣わしたなら、必ず敵に駆け向かって力戦する勇敢の気がある。そうすれば、きっと人数を損なうだろう。床林ならば今に見よ、難なく引き揚げて帰るであろう。もし強敵堅陣ならば、そちに命じてこれに当たらせよう。倍々の兵であっても恐れるに足らず、大敵を打ち破ることは他の者の及ぶところでない。これがその方の優れたところである」

と、両人の長所とその使い道を話したので、森本も表情を直し、

「殿がそのように思われるなら、私の面目も立つようです」

と言って、清正の処置を了承した。

# 五　横の結び付き（交際）

**【相互関係】**（1）〜（9）

人には上下関係を離れて、個人対個人の結び付きがある。戦国武士の間にはどのような結び付きがあったか。

## （1）上杉謙信と向井《むかい》与左衛門〈返り感状〉

上杉謙信が武田信玄と休戦を結ぼうとした時、長遠寺《ちょうえんじ》（滋賀県）の僧を使いに立てた。この僧は全国を遊説して回っていたので、諸国の事情に通じていた。謙信がこの僧に、

「甲斐（山梨県）の侍に向井与左衛門という者が居るか」

と問うと、

「居ります」

と言う。

「傷の跡があるか」

「顔に刀傷の跡があります」

「川中島の戦いに名乗りかけて、わしを後ろから突き通そうとしたところを、振り返って一太刀切り付けたが、まさか助かるまいと思っていたのに、よく生き長らえたものだ」

と、謙信は言って、萌葱《もえぎ》色の袖無し羽織に槍の跡のあるのを取り出し、書状を添えて向井与左衛門に贈った。書中には川中島の戦さのことが書かれていた。世にこれを〃返り感状〃と呼んでいる。

### (2) 佐々成政《さつさなりまさ》・前田利家・柴田勝家〈功名譲り〉

織田信長が斎藤竜興《たつおき》を攻めた時、美濃軽海《かるみ》（岐阜県）で竜興の家臣稲葉又右衛門という豪傑の侍を、佐々成政と前田利家の二人が相討ちに討ち取った。成政は利家に、

「その方が敵を突き倒されたのだから、首を取られよ」

と言う。利家は、

「我らは敵を倒したというまでのこと。槍を合わせたのはそなたが先であるから、首はそなたが取られよ」

と、互いに譲り合っているところへ、柴田勝家が来合わせ、

「そのように両人が辞退する首ならば、中で我らが申し受けよう」

と言って、首を取り、

「我ら功名の証拠のため、両人も来られよ」

と、三人同道して信長の前に出て、勝家が言うには、

「この両人で敵を突き倒し、首を取れ、取らぬと申し、互いに譲り合っているところへ某《それがし》が来合わせたので、首を取って参りました」

と、有りのままに申す。信長はこれを聞いて、三人を共に褒めたたえた。

## (3) 鳥居元忠《もとただ》と徳川家康〈娘捜し〉

武田勝頼が滅びた後、徳川家康は武田の家老馬場信房の娘があるところに隠れていると聞いて、家臣の鳥居元忠に命じて捜索させた。元忠は、捜したが見付からなかった、と家康に報告して、このことは一応落着した。その後、以前家康に信房の娘のことを話した者がご前へ出た時、家康が再度この娘のことを尋ねた。その者はそっと家康の膝《ひざ》近くへ這《は》い寄り、

「誠はその娘、元忠の家に住み着いて、今は本妻のようにして居ります」

と告げた。家康は、

「あの彦右衛門（元忠）という男は、若い時から何事も抜からぬ奴だ」

と言って、声を立てて笑った。

## (4) 本多忠勝と牧《まき》宗治郎〈槍合わせ〉

今川義元の家臣に城所《きどころ》助之允《すけのじょう》・牧《まき》孫左衛門という、戦場往来の勇士が居た。孫左衛門には宗治郎という子がいたが、宗治郎が二、三歳の時、父の孫左衛門が戦死したので、母と共に駿河（静岡県）の村里に引きこもって暮らしていた。そのうちに今川義元は討死し、義元の子氏真《うじざね》の代になり、宗治郎も十八、九歳になった。

宗治郎は父孫左衛門が〝鉄の孫左衛門〟と異名を取っていたことを聞き、また、徳川の鹿の角、今川の桔梗笠《ききょうがさ》と、世間に知られていることを聞いた。徳川の鹿の角は本多平八郎忠勝、今川の桔梗笠は城所助之允である。宗治郎はこれらの話を聞いて発奮し、助之允を尋ねて自身の一部始終を話し、何とぞ一度武功を立てたいと懇《ねんご》ろに頼んだ。助之允は聞いて大いに感じ、涙を流して、我ら一命を賭けて取り立てよう、と言う。宗治郎は大変喜び、

「そのようにお思い下さるならば、桔梗笠をお貸し給わりたい。近々徳川と合戦があるとのことなので、本多平八郎と槍を合わせ申したい」

と言うので、助之允も止むを得ず笠を用立てた。宗治郎はやがて桔梗笠をかぶり、戦場に出て本多忠勝を目掛けて槍を合わせた。忠勝は桔梗笠を突き伏せ、首を取ろうとして、笠を脱いで見ると、助之允ではなく、前髪立ちの若者なので、

「その方は助之允ではない、どのような者ぞ」

と尋ねた。

「牧宗治郎と申す者なり、平八郎殿と槍を合わせ、一生の名誉に致したいと存じ、助之允に桔梗笠を無理に所望し、出陣致した次第」

と、宗治郎は事の次第を話した。忠勝は聞いて大いに感じ、

「それならば互いに退《ひ》こう、もしその方の武運が強ければ、我らが頼みに参り、我らに利運があれば、必ず某《それがし》を尋ねて来られよ。少しも気遣いすることはない」

と、約束して引き分かれた。その後、今川家は滅びたので、宗治郎は本多忠勝を尋ねて行き、忠勝の家来として仕えた。

## ⑸ 永井直勝《なおかつ》と井伊直政〈直政増地不満〉

関ヶ原の戦いが終わって、徳川家康は手柄のあった人々に賞を与えた。井伊直政と本多忠勝は、拝領の増地が少ないのを不満に思い、増地の折り紙（所領目録）を家康に差し戻した。そして、家康のご前を下がって不平不満を述懐した。永井直勝がこれを聞いて直政に、

「井伊殿に意見を申したい。徳川家で一、二と言われるお身が、そのように禄をむさぼり給うこと、誠に心得難い。ご加増の折り紙を拝領されることが適当と存ずる」

と言った。直政は聞き終わらぬうちに、

「その方などの知ったことではない。それほどの功労も無く、一通り味方した大名共に、大国・大領地を給わり、我々は三河（徳川の本拠地）以来、粉骨砕身した甲斐《かい》もない。無益な奉公をしたことを恨まずに居られるか」

直勝は重ねて、

「井伊殿の仰せとも思えぬものかな、貴殿や我らのような徳川家譜代の仲間は、どのように召し使われようと、何もお恨み申し上げることはない。他の主君の禄を受けて一家を立てていた人々の加勢がなかったら、この度の合戦はお旗本の人数だけでは、例え鬼神のような働きをしても、勝利することは覚束なかったであろう。

国々の大名は、貴殿や我らのような内輪の者とは大いに違う。殊にその大名が、多くの人数を徳川に預けられたからは、ご恩が浅いとは言えないであろう。貴殿がいかに剛勇であっても、人数が無ければ何ほどの働きが出来ようか。一個人の働きは、将の働きとは言えないであろ

う」

直政は聞いていよいよ腹を立て、

「永井などが類《たぐ》いの兵員では……」

などと見下した言葉を吐いたので、直勝も、

「我らにも貴殿ほどの人数を預かったなら、どうして劣ることがあろうか、小身である故に、働きも思うようにならぬのである。貴殿がそれほど理に暗いとは存じなかった。以後は絶交致す」

と、言い残して立ち去った。

その後、直政は、つくづくと直勝の言った道理を考え、直勝の言葉に感服して、たちまちわが非を悔い、功に誇るは義を重んずる者のすることではない、主君より給わる所領を捨てて取らないのは恐れ多いことである、と考え直し、本多忠勝にもそのことを話し、両人で家康の前に出て、

「最前、不足を申し上げたところの所領を拝領仕りたい」

と申し上げると、家康は、

「当然である、良い了見である」

と言って、叱ることもなく折り紙を渡された。

直政はまた永井に対し、あの時の過言は面目ないことなので降参しようと思い、直ぐに直勝の館に向かった。文淋《ぶんりん》という茶入れを供の者に持たせ、直勝に挨拶した後、

「この茶入れは貴殿もご存じのように、わが家第一の秘蔵と存ずる物ながら、今度の厚情謝す

る言葉も無い。せめての心持ちに」

と言って差し出した。直勝もその志に感じ、

「以後も相変わらずご親交をとこそ存ずれども、この茶入れについては、天下の重器であるので、たやすくお受け出来る物ではない」

と固く辞退したが、

「ほんの少し心底を見せ申すまで」

と、直政がひたすらに言うので、直勝もついに受け取った。その後、二人は一層むつまじく交際を続けたという。

## ⑹　伊達政宗と今川求馬《もとめ》〈質流れ品〉

伊達政宗が日ごろから目を掛けている町人に、若狭《わかさ》（福井県）の佐渡屋某という者がいた。ある時、佐渡屋から政宗へ、茶道坊主陸阿弥《りくあみ》の取り次ぎで、藤原家隆《いえたか》（平安時代の歌人）の真筆、名歌百首の巻物を献じた。政宗はこれを甚《はなは》だ貴重な宝として、諸大名にも披露した。そして陸阿弥に、

「このように優れた品はどこにでも有るという物ではない。佐渡屋へは過分の謝礼をするつもりだ」

と話した、陸阿弥は、

「誠に優れたお品でございます。佐渡屋は質屋を兼ねて居りますので、そのほかにも色々良い質物《しちもつ》を所持しておると承っております」

政宗は聞いて大いに驚き、

「質物とは今までまったく知らぬことであった。代金をもって買い取ったか、または家に持ち伝えていた物をくれたのかと思ったが、質に取った物ということであれば、少し気懸かりである。その方より書状をもって、右の巻物を所持していた者の名が分かっているか、佐渡屋へ尋ねてくれ」

とのことである。陸阿弥が直ちに佐渡屋へ問い合わせると、若狭の浪人今川求馬《もとめ》という者が、近年生活困窮になり、質物に入れたのを、年限がたって手に入ったので、直ぐに進上したとのことであった。

政宗はさっそく飛脚をもって巻物に金五両を添えて、今川求馬に差し戻した。佐渡屋はどうしたことであろうかと心配して、陸阿弥まで密かに尋ねた。陸阿弥から、

「少しも心配されることはない。その方の志は受け入れられた。伊達家の品になって後、求馬に返されたのである」

と、言ってよこした。

このようなことがあって後、諸大名の中に、右の名歌百首のことが話題になると、政宗は、

「最初、これこれの事情で手に入れましたが、質物として取った物と聞き気に懸かり、右の品を困窮して質に入れた者は、さぞかし手放しては困る義理もあるであろうと、こちらから聞き合わせると、今川求馬と申す浪人所持の珍品とのことなので、不憫《ふびん》に思い、金子を少し添えて返しました」

と話したので、一座の人々はその扱いに大いに感じた。

その後、今川求馬は、政宗へ礼謝のために、若狭から政宗のもとへ参上して、丁寧に挨拶した。

この今川は、南蛮流の外科医術の心得があり、そのうえ学力もあって役に立つ者と考え、伊達家に仕える気があるかどうかを確かめさせると、もとより政宗の恩義に感じている者なので、大変喜んで仕えることになった。求馬はその後よく励んだので、足軽大将にまで昇進したという。

## (7) 伊達政宗と鈴木石見《いわみ》〈奥州と水戸〉

伊達政宗が江戸城大広間の溜《た》まりの間に居た時、徳川頼房（水戸初代藩主）の家臣で鈴木石見と言う者が、頼房の刀を持ってその座に居た。石見は目を放さず政宗を見据えているので、政宗が不審に思い石見に向かって、

「その方は我らに目を放さず見られているが、どういうわけでそれほど見られるのか。その方は何者ぞ」

と、問うた。石見は、

「我らのことは聞いても居られましょう。水戸殿の内に鈴木石見とて広く知られている者です。あなた様のことは評判には聞きましたが、見ることは今が初めてです。そもそも水戸は奥州のお先手《さきて》で、奥州で謀反《むほん》が起これば水戸が先陣を承る立場にあります。ところで奥州で謀反を起こすとすれば、あなた様よりほかにありません。それであなた様の顔をよく見覚えて置き、もし謀反したらあなた様のお首を取るべきために、このように見ているのです。水戸の内であな

たのお首を取るべき者は、拙者以外にはいません」

と、答えた。政宗は聞いて大いに感じ、

「我以外に奥州で謀反を起こす者はいないと見られたのは、いかにも良い目利きである」

と言って、言葉を次いで、

「さて、いつ何日に我ら方へ参られよ」

と、頼房にも断りを言って、石見を政宗の私邸へ招き、自身で給仕をして殊のほか馳走し、終日、石見に顔を見せたという。

## ⑻　伊達政宗の景品〈瓢箪《ひょうたん》から駒《こま》〉

大坂冬の陣が両軍和睦になり、諸将は皆暇になった。それで、陣中での慰みに景品を出し合って香《こう》合わせをする楽しみが流行した。香合わせというのは、数種類の香をたいて、その匂《にお》いをかいで香の銘柄を当てる遊びである。ちょうど香合わせの場へ伊達政宗が行きかかったので、皆が政宗を誘って仲間に入れた。

人々が出している景品は、馬の鞍《くら》や弓矢の類である。ところが、政宗が出したのは腰に付けていた瓢箪であった。皆々「おかしな景品」と言って取る者がいない。主催者の家来がこれを取ってことが収まった。さて、政宗が帰る時、乗って来た馬に馬具を付けたままで、

「瓢箪から駒が出たぞ」

と言って、先に瓢箪を取った者へその馬を与えた。初め「奥州の大名の景品」と言って瓢箪を笑っていた者は、この時になって瓢箪を羨《うらや》んだという。

## ⑼　徳川家康と伊達政宗〈狩場盗み〉

徳川家康が晩年に近いころのこと。大御所（家康）の鷹場近くで伊達政宗も鷹場を給わっていた。

ある時、政宗が大御所の鷹場へ密かに入って、野鳥を三つ四つと鶴を取ったところへ、家康が入れ違いに、多くの者を召し連れ、鷹を使いながらやって来た。政宗は大いにうろたえ、鷹も鳥も隠してようよう逃げ去り、竹藪《やぶ》の陰に潜んでいる間に、家康は馬を急がせて過ぎて行った。

その後、政宗が家康の駿府城（静岡市）に登城した時、家康が、

「先日はそなたの鷹場へ鳥を盗みに入り込んだところを、その方に見付けられ、あわてて逃げようとしたが、その方が竹藪の陰にうずくまっていたので、わざと見ぬ振りをしているものと思い、息が続く限り逃げた」

と言った。政宗は聞いて、

「左様でございましたか、某《それがし》もその日は御鷹場へ盗み狩りに参りましたところ、お成りの御様子を見て、息をこらして隠れておりました」

と、白状した。家康は聞いて大いに笑い、

「その時、互いにこのことを知ったら、逃げながらも少しは息を休めることが出来たものを。双方が咎人《とがにん》なので殊の外あわてた」

と、家康も政宗も声を挙げて笑ったので、登城していた人々も共に大笑いしたという。

【人をかばう】⑽〜⑿

罪に付けられようとしている者に対して、同情心や義侠《ぎきょう》心がどのように発揮されたか。そのことは以後の協調関係にも影響することになる。

## ⑽　前田利家〈浅野長政父子を救う〉

豊臣秀吉は養子である関白秀次を、謀反の容疑をもって高野山で切腹させた。そして、秀次と関係の深かった者をも処罰した。浅野長政・幸長《よしなが》父子も秀次の一党であるとして、磯貝《いそがい》という者が偽判をしたので、父子共に死罪になることに決まった。

前田利家の屋敷は、浅野父子の屋敷の向かい合わせに在ったので、利家は密かに浅野父子を呼んで事情を聞いた。その結果、まったく石田三成・増田長盛《ましたながもり》らの中傷によることが明らかになった。利家は、

「我らに任せられよ、無理にはご成敗致させ申さぬ。第一、ご成敗は上様（秀吉）の御ためにもならず」

と言って、秀吉の居る伏見城へ上がった。伏見城の城門外には、抜き身の槍などわざと仰山に見えるようにして、浅野方から反抗の素振りをさせるように、奉行どもが仕向けていた。利家は乗り物を降りて、

「お前らは何という態度を取るぞ、今は日本は言うに及ばず、外国人までも伏見に居るに、弾正《だんじょう》（長政）父子ほどの者が、仮に不届きのことに決まり、ご成敗になったとしても、ご門際

に抜き身を出すなどはもっての外《ほか》である。我ら一人に仰せ付けられたなら、人知れず腹を切らせ申すところであるのに。さても奉行の奴らは武士の道を知らぬと見える。算用のことと人の悪口を言うことは知っているが……」

と言って、大声で、

「その槍ども鞘《さや》にはめぬか！」

と怒った。その威を恐れて櫓《やぐら》から奉行の衆が小声で、

「鞘にはめよ、はめよ」

と言ったので、皆急いで鞘にはめた。利家の供の者どもは、このように愉快なことはなかった、と言い合った。利家は浅野父子の無実の次第を段々に申し開きしたので、いよいよ偽判に決まり、長政・幸長父子は無実の罪を晴らすことが出来た。

## ⑾　徳川家康〈伊達政宗をかばう〉

関白秀次が豊臣秀吉に謀反を起こすと評判された時、伊達政宗も秀次に組しているというわさがあった。秀吉は怒って政宗の領地を、東北から伊予（愛媛県）へ移した。政宗は家臣二人を使いとして徳川家康に、

「領地についてこのように仰せ付けられ、伊達家の盛衰この時に窮《きわ》まりました。徳川殿の賢明なご配慮を仰ぎ奉るよりほかに方法はありません」

と告げて、家康に助けを求めた。家康は何も言わず、二人の使者に茶・飯などを出して持て成した。しばらくして使者が暇《いとま》を告げ、

「主君政宗は、さぞ待ち兼ねていると存じます。早く帰ってご返事を申し聞かせたいと存じます」

と、使者は家康に返事を催促するように言った。家康は大声で、

「各々の主の越前（政宗）と言う男は、人当たりは強いように見えるが、腰の抜けた男で、後ろ盾（家来）が弱いゆえに、そのようにうろたえることになる。四国へ行って魚の餌《えさ》になるがましか、ここで死んだ方がましか、よく考えよ、と言え」

と言って、秀吉から重ねて催促があった時の返事の仕様や、家来の心構えなど、細々《こまごま》と教えて使者を帰した。追っ付け家康は、秀吉のところへ行った。また秀吉から政宗へ使いが来て、

「昨日の領地替えのことは承諾したか、早々に伊予へ下るようにせよ」

と、伝えて来た。秀吉の使いが政宗の宿所へ来て見ると、宿所の門前に、弓・鉄砲・槍・薙《なぎ》刀《なた》を持った者が隙間もなく立ち並んで、ただただ打って出ようとする気配である。

お使いが来たと聞いて、政宗は刀を持たずに出迎え、座敷へ案内して使いの趣旨を聞き、涙をハラハラと流して言うには、

「上様の御威勢ほど世に有難いことはございません。また、人間の不幸の中に、上様の御勘気を被《こうむ》るほどの不幸はありません。今日こそそのことがよく分かりました。某《それがし》には例えお疑いを被って首を刎《は》ねられましても、異議を申し上げるものではありません。まして国郡《こくぐん》を賜わって場所を替えるとのこと、何の差し支えがありましょう。

けれども、譜代の家来どもが皆訴えて申しますには、『どうして数十代のご領地を離れて他国へ流浪《るろう》することがありましょうか。速やかにここで腹を切られませ。我々も一人も生きてこ

の地を去り、また他人に渡す考えはありません』と言い切って、強く自害を勧めますので、いろいろと道理を尽くして申し聞かせましたが、家臣らは一向《いっこう》に同意致しません。各々方もご覧の通り、狼藉《ろうぜき》の限りの有様です。それも私が今はただ御勘当の身になりましたので、ここに引き連れました家来さえ下知《げち》に従わず、疎略に仕りますことも致し方ございません」

と、つくづくと言った。

使いが帰って秀吉にこのことを話すと、側に在った家康が、

「いかにもそのように聞いております。政宗一人の身については、上意に背いて旧領に居据わり返上致さぬ時は、某に仰せ付けられましたら、即時に彼の宿舎へ押し寄せ、踏み潰《つぶ》しますのに何の造作もございません。このたび政宗の供をして来た千に足らぬ小勢でさえ、家臣共はあのように思い切っておりますれば、旧国に残り留まっている家来共は、国を退くとは決して申さないでありましょう。彼の家来を追い払われる賢明なお考えさえございましたなら、政宗の処置については某に仰せ付けられましょうか。それにしましても、累代の領地を没収なされますこと、彼の家来共の嘆き訴えますところも不憫《ふびん》に存じますれば、曲げてこの度は御赦免も有るのでございましょうか」

と、赦免をほのめかすように言った。家康の言葉は丁寧であるが、その実は政宗の家来の行動に事寄せて、秀吉を脅しているのである。秀吉も家康の心を察し、

「ともかくも家康が取り計らわれるのが一番良いであろう」

と、秀吉が折れたので、国替えの指図は無くて、そのことは止み、その後、政宗の勘当も許された。家康が計画した筋書通りに事は運んだのである。

## ⑿　徳川家康〈小早川秀秋を弁護〉

小早川秀秋は慶長の役に際し、秀吉の命を受けて最高指揮官として朝鮮に渡った。若い秀秋は自ら先陣して敵を破り、味方を勝利に導いた。伏見城へ凱旋《がいせん》の挨拶に出た秀秋は、褒められるとばかり思っていたのに、秀吉の口から、

「大将軍が自ら諸軍と功を争って、軽々しい振る舞いをするとは何事か」

と、厳しく叱られた。その後、筑前〈福岡県〉五十万石を召し上げられ、越前〈福井県〉十六万石へ国替を命ぜられた。秀秋はこの命を聞いて、大そう腹を立てた。家康が言葉を尽くして諫めると、秀秋は、

「筑前を召し上げられるような罪を犯した覚えはない。わが命のある限り越前へ入国すること思いもよらず。これはきっと石田三成の讒言《ざんげん》によるものであろう。三成に会い次第成敗し、その後で自分の取るべき道を判断する」

と言い放って、家康の諫めに応ずる気配はなかった。

家康は何とか事を荒立てないようにと考え、秀秋の家老杉原下野守《しもつけのかみ》・山口玄蕃允《げんばのすけ》に密かに話し、小早川家の侍を少々越前へ行かせ、宿屋に留め置くように、これは太閤への言い訳のためである、と、秀秋へは隠して、侍少々を越前へ行かせた。

そうして家康は、毎日昼となく夜となく熱心に登城した。秀吉がそのことに気付き、

「内府〈家康〉には、このごろ殊のほか奉公振りを上げられた」

と言った。家康はその言葉を種として言い出したのは、

「秀秋公の朝鮮でのお働き、御軽々しく思し召されて、お国替を仰せ付けられました。秀秋公にはご本国筑前へのご帰国のお詫《わ》び言を申し上げたいと存じて居りますが、殿下の御機嫌を恐れて、申し上げることが出来ずに居ります」

と、いうことであった。家康は、それからもずっと引き続いて熱心に登城したので、秀吉は晴れ晴れとして、

「また奉公振りを上げられたな」

家康は、

「何とぞ秀秋公の御事、秀秋公はお詫び言を申し上げたいと思って居られるけれども、御機嫌はいかがであろうかと心配なされ、申し上げることが出来ずに居られます」

と、そのことだけをひたすらに言った。すると秀吉は、急に喜悦の表情を見せ、

「そなたがそれほどに思われるなら、秀秋の処置は内府次第に致されよ」

と、許した。家康は感涙を流して喜び、

「誠に有難い上意を承りました」

と言って、城を出て直ちに秀秋の屋敷へ行き、両家老に向かって、越前へ出した侍をさっそく呼び戻して本国筑前へ帰すように伝えた。

数日の後、秀秋は家康と共に登城した。秀吉は機嫌よく対面して、秀秋に、朝鮮で苦労した褒美にと、貞宗の刀・吉光《よしみつ》の脇差しその他の品に、黄金千枚を添えて賜わった。また家康にも、忠光の刀・金子三百枚を賜わり、その後種々のご馳走があって下城した。

秀秋は家臣を家康方へ遣わし、

「この度はお取り持ちをもって本国へ帰国することが出来ました。その上、いろいろご懇《ねんご》ろに預かりました。時期を見計らって御礼申し上げたいと存じます」

と、伝えた。時に関ヶ原合戦の二年余り前のことであった。

【人を利用する】⒀

人を利用して自分の権威を高めた例である。

### ⒀　豊臣秀吉〈家康を大名支配に利用〉

天正十四（一五八六）年九月二十七日、徳川家康は豊臣秀吉に対面するために上京して、秀吉の弟秀長の邸に宿泊した。秀吉は秀長と浅野長政を使いとして、家康が上京してくれたことへの深い感謝の意を伝えると共に、秀吉がこの二、三日風邪に冒されているので、急に対面することが難しい由を伝えた。また別に諸大名へも、家康との対面の儀は四、五日延期すると触れた。

家康が上京した夜、秀吉はお忍びで家康の旅宿（秀長邸）に行き、上京のかたじけないことを謝し、名物の刀を贈り、酒を酌み交わして帰った。翌二十八日の夜も家康を訪ね、名物の茶つぼを贈り、二十九日の夜もまた訪ね、黄金三百枚を贈った。明くる十月一日（旧暦では九月は二十九日が最終日）の夜もまた訪ねて小袖を贈り、

「さて、明二日四ツ（十時）過ぎにお目にかかりたい。かねて書状で申したように、少し丁寧なご挨拶を給わりたい。そうすれば信長以来の侍大将も、我らを主人と心得るようになりまし

よう」

　と話した。家康は、

「上京致しました上は、御ためによろしいように致しましょう」

　家康の返事を聞いた秀吉は、家康に三度礼をして帰った。

　さて、二日の朝、諸大名に、今日午《うま》の刻（正午）に家康に対面するので、各々束帯《そくたい》（正装）で五ツ半時（九時）に登城致すべし、と触れ回した。諸大名が寄り合って、「家康は秀吉の母を人質に取って上京したので、きっと上段へ上がられよう。その時、我らは秀吉の家来のように見えるであろう」と言い合った。

　さて、家康が会場へ入って来ると、新庄直頼《しんじょうなおより》が、

「徳川三河守」

　と披露した。そこで秀吉は、

「上京大儀である」

　と、臣下に言葉をかけるように言った。家康は、いかにも丁寧にお礼を申し上げた。諸大名は退出した後、

「さてさて、家康は秀吉を誠の主人のように挨拶した。各々方、我らは判断を誤っていたようだの」

　と、言い合って、この日より信長以来の侍大将も、にわかに態度を改め、秀吉を仰ぎ尊敬すること、以前に数倍したという。

家康が秀吉と対面を終えた後のこと。秀吉の弟大納言秀長が、朝の食事を差し上げると言って家康を迎えた。秀吉もにわかにその席に来る。秀吉の着ていたのは白い陣羽織に紅梅の裏を付け、襟と袖には赤地に唐草《からくさ》を縫い込んだものであった。秀吉が席を立った時に、秀長と浅野長政の二人が、密かに家康に、

「あの陣羽織をご所望なされよ」

と言った。

「今までそのようなことを人に言ったことがない」

と、家康が断ると、二人は、

「これは殿下（秀吉）が武具の上に着られる陣羽織なので、今度ご和睦なされたからは、無理にご所望なされて、『この後は殿下に御鎧《よろい》を着せ参らせません』と申されたなら、殿下もどれほどか喜ばれよう」

と言う。家康はうなずき、食事が終わって後、秀吉と共に大坂城に上った。

城には諸大名が並み居て、秀吉に謁見する。秀吉が言うには、

「毛利・宇喜多を始め一同承られよ。わしは早く母に会いたいと思うので、徳川殿を明日本国へ帰すことにした」

と言って、家康に向かい、

「今日は殊に寒い、小袖を重ねられよ。城中で茶を一服進上し、旅立ちの餞《はなむけ》にしたい」

その時、家康は、

「殿下がお召しになっておられる御羽織を某《それがし》に賜わりたい」

秀吉は、

「これは我が陣羽織である。参らすわけにはいかず」

家康は重ねて、

「御陣羽織と承るからは、なおさら拝領をお願い申す。家康がこうして殿下のお側に参上致す上は、二度と殿下に御武具をお着せ申すことはござらぬ」

秀吉はこの言葉を聞いて大いに喜び、

「それでは進上致そう」

と、自ら脱いで家康に着せ、諸大名に向かって、

「ただ今家康が、秀吉に再び武具を着させず、と言われた一言を、各々聞かれたであろう。秀吉は良い妹婿《むこ》を持った果報の者よ」

この日、諸大名に付き従う供の人数が多いと言って、秀吉が奉行を咎《とが》めると、奉行は、

「かねて少なく連れるように、と申し付けましたのに」

と言う、秀吉は笑って、

「徳川殿お聞き下され、ここからすぐ近くまで行くにも、人数二万か三万従い申す」

と、得意げに言った。家康には、秀吉が自分の軍勢を誇示しているように聞こえた。

# 六　内助の功

夫に対する妻の内助の功は、ほとんどの家庭で見られるものであろう。ここでは広く世に知られたものを取り上げた。

## (1)　山内一豊《やまうちかつとよ》の妻千代〈夫に名馬を買わす〉

山内一豊は木下藤吉郎（豊臣秀吉）に仕え、秀吉の死後、関ヶ原の合戦では徳川家康に味方し、戦後、土佐（高知県）の初代藩主となる。一豊の妻は名を千代と言い、美濃八幡《はちまん》（岐阜県八幡町）城主遠藤盛数《もりかず》の娘であった。盛数は千代が六歳の時死亡したので、盛数未亡人すなわち千代の母は、関《せき》（岐阜県関市）の安桜《あさくら》城主長井隼人《はやと》に千代を連れて再婚した。

千代は利発で心懸けのよい女の子だったので、義父となった長井隼人にかわいがられて成長した。山内一豊と千代が結婚したのは、一豊が木下藤吉郎に仕えて間もないころであったので、生活はひどく貧しかった。

そんなある日、岐阜の城下へ東国第一の名馬であると言って、仙台の商人が馬を売りに来た。

織田家の侍たちがこれを見るに、誠に無双の名馬である。けれども値段が余りに高いので、買う者が一人もいない。商人は仕方なく引いて帰ろうとした。

そのころ一豊は山内猪右衛門《いえもん》と言っていたが、この馬を欲しいと思ったけれども、とうてい買うことは出来ない。家に帰って、

「世の中に貧乏ほど口惜しいことはない。わしが奉公の初めに、天晴れあのような馬に乗ってお屋形（信長）の前へ打ち出るべきであるのに……」

と、独《ひと》り言をした。妻はじっと聞いていたが、

「その馬の価はいかほどでしょうか」

と、問うた。

「黄金十両と言っていた」

「それほどにお思いでしたら、その馬をお求めなされませ。代金を私が差し上げましょう」

妻は鏡の箱の底から、皮袋に入った黄金十両を取り出して、一豊の前へ差し出した。一豊は大変驚いて、

「この年ごろ身が貧しくて、苦しいことばかり多かったのに、この黄金があるとも知らせてくれず、どうして隠していたのか……。しかし、今欲しい馬を買うことが出来るとは、思いもよらぬことだ」

と、妻が隠していたことを、一方では恨み、一方では喜んだ。妻は、

「仰せられることは道理でございます。けれども、これは私の父（長井隼人）が、私がこの家に参ります時に、この鏡の下にお入れになって、『この金は決して世の常のことに遣《つか》ってはな

らない。そなたの夫が一大事という時に差し上げよ』と言って給わったものです。そうしますと、家が貧しくて苦しむなどということは、世の常のことでございます。どのようにでもして堪え忍べば過ぎてしまいます。それ故、今まで隠して置きましたが、この度のことはご立身の基にもなりますので、これでその馬をお買いなされませ」

と、言い添えた。

さて、一豊はその馬を買って、信長が浅井・朝倉攻めのために軍勢の勢揃えをした時、その馬に乗って参加した。すぐに信長の目に留まり、信長は、

「あの馬は誰であるか、さても見事な馬に乗る者かな」

と尋ねた、近習の者が、

「あれは新たに召し抱えられました山内猪右衛門でございます」

「あの馬をどのようにして求めたのか」

「そのことでございます。お目に留まりますのも道理でございます。あの馬は、近ごろ仙台よりはるばる引いて参りましたが、途中で買い求める人が無いので、織田のご家中でなくては求める人がいないだろう、と申して、当家へ参りました。けれども誰も求められる者がございませんでしたが、猪右衛門が買い求められました」

信長は大いに感じられ、

「奥州より当地まで上る途中、北条・武田を始め多くの家を経て求める人も無く、織田家ならばと思って、はるばるここまで上って来たのに、織田家にも求める者が無く空《むな》しく帰したなら

ば、敵の家中へ聞こえても信長の面目を失うことである。猪右衛門が馬を買ったことで、織田家の面目を保つことが出来た。猪右衛門は一方では信長の家の恥を雪《すす》ぎ、他方では武士としての嗜《たしな》みが深いことを示した」

と言って猪右衛門を褒《ほ》めた。

浅井・朝倉攻めに名馬に乗って出陣した一豊は、朝倉勢の中に強弓の巧者として知られた三段崎《みたざき》勘右衛門と戦った。一豊は勘右衛門の矢を受け、重傷を負いながらも、激闘の末、勘右衛門を討ち取った。戦い終わって勘右衛門の首級は、藤吉郎から信長へ首実検に回され、一豊は信長からその功を称された。戦後、一豊は四百石を与えられた。

## (2) 細川忠興の妻玉子(ガラシャ)〈その生涯〉

後に細川玉子(ガラシャ夫人)となるこの女性は、明智光秀の三女として生まれた。玉子が細川忠興と結婚したのは十六歳の時で、忠興も同い年の十六歳であった。忠興の父細川藤孝と玉子の父明智光秀は、共に織田信長の部将として、信長の信頼を得ていた。忠興・玉子の結婚は信長の周旋によるという。藤孝は丹後(京都府北部)の田辺《たなべ》城(舞鶴市)に居たが、忠興・玉子のために西方の宮津に新城を築いて、そこに住まわせた。宮津は日本三景の一つ天の橋立に近い景勝の地である。

二人の新婚生活は、幸福そのものであった。忠興はすでに初陣も経験した立派な若武者であり、玉子は匂《にお》うばかりの美しさに加えて、あふれるばかりの才気に満ちていた。二人は強い愛情で結ばれていたが、また、忠興が筋の通らないことを言った時は、玉子は敢然と受けて論陣を張り、一歩も譲らなかった。玉子には見掛けによらぬ心《しん》の強いところがあった。

二人の生活を激変させたのは、それから四年後に起きた本能寺の変である。天正十（一五八二）年、忠興・玉子二十歳の時のことである。玉子の父は主君織田信長を討った明智光秀である。細川家では玉子の扱いに悩んだが、藤孝・忠興は相談の結果、玉子を離縁し、細川家の領地である丹後の山奥味土野《みとの》に幽閉した。玉子は数人の侍女と共にそこに住み、近くに監視のために細川家の武士の詰め所が置かれた。

そのうちに世は豊臣秀吉の天下となり、大坂城を築き、諸侯は大坂に敷地を与えられ、それぞれ屋敷を建てた。細川家でも大坂の玉造《たまつくり》に立派な家を造った。その後、秀吉の計らいで玉子は復縁を許され、玉造の家に戻った。

そのころ忠興の親しい友人に、高槻《たかつき》（大阪府）城主高山右近《うこん》がいた。右近は熱心なキリシタン信者であった。右近は折に触れ忠興にキリシタンの教えについて話した。忠興はまた、右近から聞いたキリシタンの教えを玉子夫人に話した。その話の中で玉子夫人の心を捕らえたのは、人間の肉体は滅びても魂は永遠に滅びることがない、ということ。さらに魂は信仰によって救われる、ということであった。

逆賊の娘という重い負担を心に背負って生きている彼女にとって、魂が救われる道があると知ったことは、暗夜に光明を得た思いであった。彼女は胸が躍るのを覚えた。逆賊の汚名を着て非運のうちに死んでいった父、明智家の運命に殉じた母や姉や弟たち、これら肉親の魂をも救うことが出来れば、どんなにか大きな喜びであり、心が救われるであろうか、と思うのであった。

天正十五（一五八七）年、秀吉は九州の島津征伐に出陣し、忠興も従軍した。忠興は出陣に際し、玉子の外出を禁じ、家臣に留守中の警備を厳重にするように命じた。玉子夫人は何とかキリシタンの聖堂へ出掛けて、自分の心の中にわだかまっている多くの疑問を解決したい、という念願に駆られていた。玉子夫人の侍女頭《がしら》においとという者がいた。彼女は熱心なキリシタン信者で、外出のついでを見計らっては時々、聖堂へ立ち寄り、宣教師の説教を聞いていた。

ある日、玉子夫人はおいとと話しているうちに、二人の間に一つの策が浮かんだ。それは、彼岸の日に侍女たちがお寺参りに行くと言い触らして、夫人は体の具合を悪くして寝ていることにして寝所を閉め切り、侍女の服装をしておいとと共に外出する、という案であった。

この案を実行に移して成功した玉子夫人とおいとは、聖堂に行き、宣教師から長い間話を聴《き》いた。宣教師はこの女性が大変聡明《そうめい》で、的確な質問をするのに驚いた。控え目な態度ながら、長い間心に温めていた疑問が次々に解き明かされるのを、心から喜んでいる様子であった。

その後もおいとを使者として様々な質問をし、玉子夫人のキリシタン信仰は、次第に強固なものになっていった。玉子は洗礼を受けてキリスト教に帰依《きえ》したいと願ったが、監視の目はいっそう厳しくなり、外出する機会を得ることは出来なかった。

しかし、玉子夫人の洗礼への願望は強く、宣教師にもその志が伝えられた。そこで宣教師は、すでに洗礼を受けているおいと（マリアの洗礼名を持っていた）に、詳しく洗礼の授け方から、洗礼を受ける者の心得を丁寧に教えて、屋敷内で受洗させることにした。

いざ受洗となると、玉子夫人はその明晰《めいせき》な頭脳で、納得が行くまで疑問を問い質《ただ》した。おいと（マリア）は足が棒になるほど聖堂に通い、宣教師の答えを玉子夫人に取り次いだ。そうして夫人は洗礼を受け、ガラシャ（神の恩寵《おんちょう》の意）の洗礼名を受けて、ここにガラシャ夫人が誕生した。

秀吉は九州征伐の帰途、博多（福岡市）でバテレン追放令を出した。キリスト教を禁止し、バテレンを国外に追放するというものであった。ガラシャ夫人の洗礼は、ちょうどキリシタン弾圧が始まった時だったのである。

九州遠征から大坂玉造屋敷へ帰って来た細川忠興は、妻の洗礼を知って大いに怒った。ガラシャののど元に短刀を突き付け、改宗を迫った。しかし、ガラシャは従わなかった。忠興は、ガラシャと共に受洗した二人の侍女の髪を切り、仏教寺院へ送り込んだ。また、自分の留守中の監視不十分という理由で、家老と家臣を追放した。ただおいとだけは、忠興の祖母の実家の出身であったので、そのままにしたようである。

忠興は、かつてはキリシタンに対する理解があった。しかし、秀吉のキリシタン禁制が出された今は、キリシタンを拒否することが細川家を守る道であると考えた。細川忠興という武将は、生涯家を守ることに非常に敏感に反応し、それによって家運を上昇させて来た武将である。

明智光秀が本能寺で織田信長を討った時、光秀にとって最も親しい娘婿《むこ》である忠興は、当然、自分に味方してくれるものと光秀は期待したが、忠興は断固、光秀の誘いを拒絶し、豊臣秀吉方に加担した。また、秀吉没後は逸《いち》早く徳川家康に近付き、関ヶ原の戦いでは東軍に属して武功を挙げている。

忠興はガラシャを愛していたが、キリシタン信仰の殻に固く閉じこもったガラシャの態度に、憎しみを感じることもあった。この場合、愛情と憎悪は表と裏の関係であり、愛情が強ければ強いほど、憎悪の感情も強く働いた。

その後、秀吉のキリシタン禁止政策も、貿易の関係で多少緩《ゆる》められた。そのようなこともあって、忠興はガラシャの強い希望を受け入れ、屋敷内に十字架を安置する礼拝堂を置くことを許した。

そのころのことであった。庭師が庭内を清掃していたところ、手洗い鉢で手を洗っていたガラシャに声を掛けられ、挨拶の言葉を交わした。忠興は異常なほど嫉妬《しっと》心が強く、妻が他の男性と話をするなど許せるものではなかった。忠興はそれを見とがめ、その場で一刀のもとに庭師を斬り殺した。その時、顔色一つ変えないガラシャを見て、忠興が、

「そなたは蛇《じゃ》の化身だな」

と言った。ガラシャは即座に、

「罪もない職人を殺すあなたは鬼、鬼の女房には、蛇がお似合いでしょう」

と、平然とやり返したという。ガラシャ夫人の、才気と心《しん》の強さがよく表れた場面である。

慶長五（一六〇〇）年、上杉景勝征伐に向かった徳川家康の留守を突いて、石田三成が家康討伐の兵を挙げた。そして大坂に在住する大名の妻子を、人質として大坂城内に収容することを決め、直ちに各大名の大坂屋敷に通知した。大坂城近くの玉造にあった細川屋敷には、ガラシャ夫人のほか、二女多羅《たら》姫、三女万姫、長男忠隆の妻千世姫（前田利家の娘）、忠興の伯母、と、女性ばかりの家族のほかに、少数の老臣と侍女が住んでいた。

ガラシャ夫人は、この事態にいかに処するかについて冷静に考えた。かつて味土野《みとの》に幽閉されていた当時、家臣の中には玉子が明智光秀の娘である故をもって、自害を勧める者がいたが、

その時は玉子は、今はその時期では無い、と判断しそのままで今に至った。
しかし、このたびは違う。人質となって大坂城に入ることは、夫忠興に恥をかかせることになる。夫忠興が家康に誓っている忠誠心を疑わせることにもなる。家康だけでなく、家康に従っている他の武将も、忠興の家康への忠誠心を疑うことになり兼ねない。結局、玉子夫人は死を心に決めた。そう決心すると直ぐに、二人の娘を大坂教会の神父に預け、長男の嫁と伯母は隣接する宇喜多家に頼んだ。侍女たちもそれぞれ避難させた。
一方、忠興は家康に従って関東へ向かう時、留守家老の小笠原少斎《しょうさい》に、玉子夫人の外出を禁じ、もし屋敷を出なければならないような事態に立ち至った時は、妻を殺害せよ、と命じていた。
三成方の再三にわたる大坂入城催促を断り続けていた細川屋敷へ、七月十七日、三成方は玉子夫人を強制収容しようと、兵を派遣した。玉子夫人は小笠原少斎を呼び、自分はキリシタンなので自害は出来ないから、少斎に自分を討ってくれるように頼み、衣服を改め十字架に祈りを捧げた後、少斎に胸元を薙刀《なぎなた》で突かせて果てた。時に玉子夫人三十八歳であった。
少斎は玉子夫人の死を確かめると、用意の火薬を屋敷内にまいて火を付け、切腹した。玉子夫人の辞世の歌は、
散りぬべき時　知りてこそ　世の中の　花も花なれ　人も人なれ
三成方にとって玉子夫人の死は、大きな痛手となった。人質とはこれを生かして、捕虜にして置いてこそ有効なのである。死なれては、相手の敵対意識を強め、相手を心置き無く戦える立場に追いやるという、全く逆効果になってしまう。三成は玉子夫人の死によって、諸大名の

妻子を大坂城に入れることを中止せざるを得なくなった。その後は警備を厳重にして、それぞれの屋敷を監視することにした。

玉子夫人の潔《いさぎよ》い死は、徳川家に対して細川家の忠誠のあかしとなり、忠興への援護となった。玉子夫人の死は、結果として夫忠興への最高の内助の功となったのである。

## (3) 山内一豊の妻千代〈大坂の状況報告〉

徳川家康が上杉景勝を討つために、諸軍勢を率いて関東北部まで進んだ時、山内一豊は家康に従って諸川《もろかわ》（茨城県）の町屋《まちや》に陣を取っていた。その時、上方《かみがた》でも戦さが起こったという風聞が立ったが、詳しいことは分からない。そんな時、大坂に在る一豊の妻から飛脚が来て、一通の文箱《ふばこ》を差し出し、大坂の様子を知らせた。

飛脚の話によると、石田三成・増田《ました》長盛・長束《なつか》正家が、諸国の軍勢を催促する回し文《ぶみ》を作り、一豊の大坂屋敷へも送られて来た。一豊の妻は、やがてその回し文に一通の文を添えて文箱に入れ、田中孫作《まごさく》という近侍の者を飛脚にして、関東へ遣わした。孫作は夜を日に継いで急ぐところに、伊吹山《いぶきやま》（滋賀県と岐阜県の境）で盗賊に会い、着物・刀・脇差しまではぎ取られた。けれども大事の使いなので少しも手向かいせず、文箱だけ持って裸で逃げ延びた。

そうして行くうちに、一人の老人に行き合った。孫作は、これは天の与えとその老人を取り押さえ、着物・刀・脇差しをはぎ取って身に付けた。一豊の陣屋に着いたのは夜半過ぎであった。孫作が文箱を差し出し、大坂のあらましを申すと、一豊は直ぐに野々村迅政《としまさ》を使いとして、その文箱に封をしたまま、小山《おやま》（栃木県小山市）に在陣する家康に捧げ、

「上方騒動について大坂の妻女方から文箱が届きました。近ごろの世の中ですので、疑いが生じないようにと考え、封のまま差し上げます」

と、申し上げさせた。家康は直ぐに迅政を御前に召し出し、

「上方騒動のこと、うわさばかりで実状は確かでないところに早速《さっそく》の報告、ことさら夫人の文、どのような秘めごとが有るかも知れぬ。それをも顧みず、封のまま差し出した心底、信実篤厚の忠義、天晴れ武士の手本である」

と、大変感賞された。直ぐに文箱を開かせて見ると、三奉行の回し文に、女の文を添えてあり、

「大老や奉行がにわかに反逆を企《くわだ》て、人数を催促する回し文が来ましたので、田中孫作に持たせます。常々のお志ですので、申すまでもございませんが、上様へよくよく御忠節なされませ。決して決して私のことをお心苦しく思し召されませぬように。いざという時には自害を遂げ、人手には掛かりませぬ」

などと、一紙のうちに千万の思いを込めて書かれていた。夫と言い妻と言い、相応ずる心遣いを強く感じさせるものであった。

### (4) 真田信幸《のぶゆき》の妻小松〈城を守る〉

真田信幸は、信州（長野県）上田《うえだ》の城主真田昌幸《まさゆき》の長男であり、幸村の兄である。信幸の妻小松は、徳川家康の家臣本多平八郎忠勝の娘であった。

真田昌幸・信幸・幸村の三人は、家康の上杉景勝討伐軍に従って関東まで進軍していた。そ

の時、石田三成・大谷吉継《よしつぐ》の二人から真田昌幸あてに一通の密書が届いた。その内容は、真田勢に石田方へ付くことを要請するものであった。昌幸は急ぎ天明《てんみょう》（栃木県佐野市）の自陣に信幸を呼び、幸村を加えて三人で今後の行動について話し合った。談合は相当長時間にわたったが、なかなか結論は出なかった。それには次のような事情が絡んでいたからである。

前述のように、長男信幸の妻は本多平八郎の娘である。しかも平八郎の娘は、家康の養女として信幸に嫁いだのである。一方、次男幸村の妻は大谷吉継の娘であった。吉継は今は石田三成と一味同心の間柄である。そのような関係で、信幸は徳川方に付くことを主張し、幸村は石田方に付くことを主張した。両者の主張は最初から最後までかみ合うことはなかった。長い議論の末の結論は、兄信幸は徳川方（東軍）に、弟幸村と父昌幸は石田方（西軍）に組するというものであった。

そこで信幸は徳川の陣地へ戻り、昌幸・幸村は居城上田城《うえだ》（長野県上田市）へ帰ることになった。昌幸・幸村の軍勢は天明《てんみょう》の陣を引き払い、真夜中に出発した。途中、昌幸は沼田（群馬県沼田市）へ立ち寄ると言い出した。沼田城は昌幸の命により信幸が守っていた。沼田城は上田城へ帰る途中にはあるが、立ち寄るには相当の道のりで北方へ遠回りしなければならない。昌幸は沼田へ寄って、孫の顔が見たいと言うのである。

昌幸一行は、夕方近く沼田に着いた。沼田城に来て見ると、城門はすべて閉じ、明かりも控え目で薄暗く、静まり返った様子である。昌幸の家来たちが先に駆け付け、大手の城門前で、

「上田の大殿がご到着でござる。門を開けられよ」

と、大声で叫んだ。しかし、何回叫んでも返事はなく、門は開かない。そこへ昌幸・幸村が

姿を見せた。昌幸が城門の前に立ち、

「これ、誰か顔を見せよ、安房守《あわのかみ》昌幸じゃ」

と呼ばわると、ようやく城内で人の行き交う気配がして、にわかに城内のあちこちでかがり火がたかれた。明るく照らし出された石垣の上の櫓《やぐら》に、武装して薙刀《なぎなた》を小脇に抱えた信幸の妻小松が立った。小松の回りには、これも具足を身に付け、得物《えもの》を持った数人の老臣や女どもが付き添っている。昌幸が、

「おお嫁女《よめじょ》、急用が有って上田へ戻る途中じゃ、しばらく休ませてくれぬか」

と言った後、小松との問答が続いた。

「昨夜、信幸より使者が参って居りまする」

「ふむ、そなたたちとも敵味方になったと申すか」

「はい」

「ま、よいではないか、孫の顔だけ見たら直ぐ帰る。ちょっと見せてくれい」

「なりませぬ」

「何じゃと」

「かように成りましたからには、父上とても城内へお迎えするわけには参りませぬ。お引き取り願いまする。お帰り下されませ」

小松の態度は、昌幸には全く思いがけないものであった。今まで昌幸は、小松が徳川方から来た嫁であるということが頭から去らず、良い舅《しゅうと》振りを見せたことはなかった。しかし、小松の方はいつも穏やかな微笑を絶やさず、しとやかに舅に仕えて来たのであった。けれども今

日の小松は、健気《けなげ》にも凛々《りり》しい女城主に変身していた。

幸村が昌幸に声を掛けた。

「父上、参りましょう」

「うむ」

昌幸がうなずいて馬を返した時、

「お待ち下さい」

櫓の上から小松が呼び止めた。

「父上様、幸村様、……こちらをご覧下さいまし」

見上げる二人の目に、小松が左右に二人の子供を抱えて立っている姿が、明々とかがり火に照らし出されていた。五歳の孫六郎（後の信吉《のぶよし》）と、四歳の内記（後の信政）の二人の子供である。

「おお」

昌幸はかわいい孫の姿に、しばらく視線を離さなかった。

昌幸の軍勢は、始めは沼田城で一泊する積もりであったが、不可能になった。しばらく城下の正覚寺《しょうかくじ》とその付近の農家で休息した。

昌幸は今日一日の強行軍で疲れた体を、正覚寺の床《ゆか》の上に横たえて、幸村に声を掛けた。

「幸村、驚いたな」

「はあ……」

「さすが本多平八郎の娘じゃ、あの娘は手ごわいの」

「見事にやられました」

「しかし立派なものじゃ。武将の妻はあれでなくてはならん。信幸には過ぎた嫁じゃな」

「兄上は仕合わせ者です」

「今初めてわしは嫁を見直したわ」

孫を抱けなかった寂しさよりも、小松の優れた素質を見出したことに、昌幸は感動していた。

昌幸の軍勢は、ひと休みして夜食を取ると、夜道をかけて上田へ向かって進んだ。昌幸は道々も、

「さすがは本多の娘じゃ」

と、何度も繰り返した。昌幸は満足であった。

# 七　教育

【学問】(1)～(7)

武士は文武両道を修めることを理想とした。ここでは文すなわち学問に優れた人の例を挙げる。

## (1)　細川藤孝〈灯油を盗んで夜学する〉

細川藤孝（幽斎《ゆうさい》）は後に大名になり、さらに戦国時代有数の文化人となるが、若年のころ近江の朽木谷《くつきだに》（滋賀県朽木村）に住んでいた時は、大変貧乏で夜学の油を買う銭が無かった。藤孝は仕方なく、ある神社の灯明の油をこっそり盗んで読書した。それが再々に及ぶので、社人が怪しんで隠れて番をしていた。藤孝はそのことを知らずに、また盗みに行くところを社人が見付けると、何とそれは日ごろ親しい細川藤孝である。社人が、

「これは意地の悪いことをなさる」

と言うと、藤孝は、

「意地が悪いのではなく、夜学の油に事欠いたので、神もほかの盗人とは違い、お許し下さるであろうと思い取り申した」

と答えた。社人は聞いて、

「それほど不自由されているとは存じなかった」

と、油を一徳利、藤孝に贈った。藤孝は、それで落ち着いて夜学をすることが出来た。

## ⑵ 武田信玄〈学問の必要を説く〉

武田信玄が言うには、

「人に学問があるのは、木に枝葉があるようなもので、人には学問がなければならない。学というのは書物を読むことだけを言うのではなく、各自が必要な道について学ぶのを学というのである。

まず武門の家に生まれた者は、身分の大小上下にかかわらず、武功の有る人に近付いて、その武功談を一日に一条聞いても、一か月には三十条になる。まして年中聞けば三百六十条のことを知ることになり、去年の自分に今年の自分は遥かに勝るであろう。

したがって、人々は己《おのれ》を捨てて人の長所を取れば、恥辱を受けるような行動をすることは少なくなるであろう。例え文字を知らない者でも、この理に徹した者を、予《よ》は知者と言って厚遇するのである」と。

信玄は学問の必要を説き、字の読めない者も優れた人の話を聴《き》くことで、学の道に達することが出来るとした。学の道はすべての人に開かれていると言うのである。

### (3)　武田信玄〈老《お》武者の話を聴く〉

伊豆（静岡県東部）に鹿島《かしま》伝左衛門という者が居た。若い時より度々の合戦に出て武名を世に知られ、後には剃髪《ていはつ》して久閑《きゅうかん》と号して、伊豆の伊東に引きこもっていた。

武田信玄は、このことを聞いて久閑に使いを出し、敬意を表し丁寧に招請しようとした。久閑は、

「私は年老い齢《よわい》傾き申した。今に及んでどうして奉公することが出来ようか」

と言って、招きに応じなかった。信玄はなおあきらめず、

「尋ね聞きたいことがござる」

と、強《し》いて呼び迎え、春から秋に至るまで、夜ごと戦さ物語をさせて、自分の先入観にとらわれず虚心に聴き、自ら筆を取ってこれを書き記した。信玄の武名の陰には、このような心懸けがあったのである。

### (4)　上杉謙信〈軍営で漢詩を詠《よ》む〉

上杉謙信が居城春日山《かすがやま》（新潟県上越市）から出陣し、能登の七尾城《ななお》（石川県七尾市）を取り囲んだのは、天正五（一五七七）年九月であった。謙信は七尾城南方の石動城《いするぎ》に本陣を置き、すでに七尾城の落城が確実となった九月十三日、部下将士を集めて酒宴を催した。この日は新暦では十一月三日に当たる。すでに秋たけなわの季節である。宴会は深夜に及び、その場で謙信は漢詩一首を詠んだ。

霜ハ軍営ニ満チテ秋気清シ　霜満軍営秋気清
数行《すうこう》ノ過雁《かがん》月三更《さんこう》　数行過雁月三更
越山《えつざん》併セ得タリ能州《のうしゅう》ノ景　越山併得能州景
遮莫《さもあらばあれ》家郷ノ遠征ヲ懐《おも》フ　遮莫家郷懐遠征

詩の意味は次のようである。

（夜も更《ふ》けた軍の宿営には、霜が一面に降りていて、秋の気配がすがすがしく爽《さわ》やかである。雁の群れが数列飛び去った深夜の空には、十三夜の月が皓々《こうこう》と輝いている。遠くの周りを見回すと、越後・越中の山々と、併《あわ》せて手に入れた能登の景色が月光の中に広がって見える。それにしても、故郷を離れてはるばると遠征して来たものだ、と、しみじみ思うことである）

清涼な詩である。私（筆者）が小学校高学年の時、歴史の時間（当時は〝国史〟という教科であった）に、上杉謙信の学習の中で、先生がこの漢詩を紹介してくれた。意味はよく分からなかったが、初めて学んだ漢詩の語感に魅せられて、暗唱するまで読み返したものである。謙信はすばらしい詩を残してくれたと思った。

## ⑸　稲葉一鉄《いなばいってつ》〈学問の功で刺殺を免《まぬか》れる〉

織田信長が美濃（岐阜県）の斎藤竜興《たつおき》を滅ぼした後、斎藤氏に仕えて西美濃三人衆と言われていた、安藤守就《もりなり》・稲葉一鉄・氏家卜全《うじいえぼくぜん》の三人は信長の家臣となった。三人の中でも稲葉一鉄は最も勢力が強いと言われていた。一鉄は信長に従ったけれども、信長の目には、心から自分に従う人物とは映らなかった。結局、数奇屋《すきや》（茶室）で茶を賜わり、その席で刺殺することにした。

一鉄が数奇屋に入ると、相伴の三人が、挨拶の意味で正面の掛け軸の画賛《がさん》を読み給え、と言った。一鉄は、

「それは韓退之《かんたいし》の詩で、〝雲ハ秦嶺《しんれい》ニ横タワリ家安《いず》クニカ在ル、雪ハ藍関《らんかん》ヲ擁《よう》シテ馬前《すす》マズ〟と言う句です」

と、画賛を読んだ。相伴の者が詩の心を問うと、一鉄はもとより学問の才能があったので、ほぼ詩の内容を語った。信長は壁越しに聞いていたが、つと走り出て、

「一鉄は戦場での働きだけでなく、学問にも達している。さてさて奇特のことである。感ずるのあまり本当のことを言おう。今日の供応は茶の湯ではない。その方を刺し殺そうとする企《くわだ》てである。相伴の三人に皆、懐剣を持たせてある。だが、今気が変わった。今日より長く我に従って戦《いく》さの計略を致されよ。我また決して敵意を持つことはない」

その時、相伴の三人が、懐《ふところ》からそれぞれ小脇差しを取り出した。一鉄は平伏して、

「死罪を御免下されたこと、かたじけなく存じます。私も内々今日殺されるのではないかと察しましたが、ほかに致しようもありません。けれども、是非相伴の者一人を討ち留め申そうと存じ、用意仕《つかまつ》りました」

と、これも懐剣を取り出した。信長はそれを見て、いよいよその心懸けを褒《ほ》めた。

韓退之は中国唐代の人で役人を勤め、文や詩に優れていた。ある時、皇帝の怒りに触れて、都から遠い南方の地に左遷され、冬の一日、馬に乗って赴任の途についた。その途中、秦嶺《しんれい》山脈の峠にある藍関《らんかん》の関所まで来た時、感慨を込めて詩を詠んだ。その中の二句が右の画賛の句である。意味は、

（見渡すと秦嶺山脈に雲が横たわり、わが家の方角はどちらであろうかよく分からない。雪が深く藍関の関所を包んで、馬も進もうとしない）

## ⑹　島津義久〈和歌で人質を取り戻す〉

豊臣秀吉の九州征伐で島津義久は秀吉に降り、愛娘《まなむすめ》を人質として秀吉に差し出した。義久は京都に行き秀吉に謁見し、終わって帰ろうとする時、娘と別れるに忍びず、一首の和歌を詠んで細川藤孝に贈った。

二た世とは契らぬものを　親と子の
別れん袖《そで》の　哀れをも知れ

（解釈　夫婦は二世、君臣は三世も縁で結ばれると言うけれども、親子はこの世限りのものである。その親と子が袖を絞るというほどの涙で別れる哀れが、どんなにつらいものであるかを知って欲しい）

藤孝がこの歌を秀吉に見せると、秀吉はその心に打たれて、人質を義久に返した。義久は、合戦の合い間にも歌の道に励むという、文武両道に優れた武将であった。

## ⑺ 長宗我部元親《ちょうそがべもとちか》〈〝袖鏡《そでかがみ》〟を編集する〉

長宗我部元親は土佐の岡豊城《おこう》（高知県南国市）に生まれ、天正三（一五七五）年、土佐一国を統一した。その前年、東部の崎の浜（室戸市）と西部の渡川《わたり》（四万十《しまんと》川）で戦って勝ち、岡豊へ帰陣した。崎の浜・渡川からそれぞれ帰陣する途中、各地の名所旧跡を尋ねて観賞し、土地の古老に伝承を聞き、神社仏閣に参拝して宝物を見学し、その由来を尋ねて回った。そして、それらのことを家来に記録させた。

元親は若いころは居室にこもり、読書三昧《ざんまい》に耽《ふけ》ることが多かった。家臣たちは元親のことを〝姫若子《ひめわこ》〟と評判していた。読書の内容は広範囲にわたっていたようであるが、その中に、土佐の国の地理・歴史に関するものも多く含まれていた。

元親は岡豊へ帰陣した後、右の実地見学とその記録に加え、関係する古典・古記録を調査して、土佐国中の名所・旧跡・古歌等を集成して一冊の本にまとめ、〝袖鏡《そでかがみ》〟と名付けた。袖鏡の「袖」は着物の袖の意で、「鏡」は大鏡《おお》・増鏡《ます》・吾妻鏡《あずま》などのような歴史物語を意味する。まとめて言うと、袖に入るほどの大きさの土佐の歴史物語、ということで、現代風に表現すれば、ポケット版土佐の国案内、とでも呼べるような本であった。

袖鏡の内容が具体的にどのようなものであったか、残念ながら袖鏡は伝わっていないので、「土佐物語」などによって推測するしかないが、次に推測される内容の幾つかを例示する。

① 赤岡の松原

赤岡（高知県赤岡町）の松原は、「土佐日記」に宇多の松原と記された、昔からの名所である。「土佐日記」には、次のように書かれている。

「その松の数いくそばく、幾千歳経《いくちとせ》たりと知らず、本《もと》ごとに波うち寄せ、枝ごとに鶴ぞ飛びかよふ、面白しと見るに堪へずして、舟人《ふなびと》の詠める歌、

見渡せば　松の梢《うれ》ごとに住む鶴は
　千代のどちとぞ　思ふべらなる

（解釈　その松の数は幾らあるか、どのくらい年が経っているのか分かりません。根本《ねもと》という根本に波が打ち寄せ、枝という枝には鶴が飛んで来ています。面白いと見ているだけでは我慢しきれなくなって、船中の人（紀貫之）が詠んだ歌は、

宇多の松原を見渡すと、松の梢《こずえ》ごとに住んでいる鶴は、松を千年もむつみ合う友達だと思っているようです）

② 吸江《ぎゅうこう》

吸江寺（高知市五台山）は夢窓《むそう》国師が開いた寺で、本尊は地蔵薩埵《さった》で勝軍《しょうぐん》地蔵である。将軍足利尊氏の守り本尊であるというので、夢窓国師がこの地に安置したという。国師の詠んだ歌の中に、次のようなのがある。

板の屋に　わらの庇《ひさし》を差し添えて
　音し音せぬ　むら時雨《しぐれ》かな

（解釈　板ぶきの屋根にわらの庇を差し添えた吸江庵（吸江寺の元の呼称）に、むら時雨が

が通ると、板屋根の部分は雨音が高く、わらの庇の部分は音がしない）
心あらん人に見せばや　吸江の
　向かひの山の　夕べあけぼの
（解釈　風雅を理解する人に見せたいものだ、吸江の西向かいにある筆山《ひつざん》（潮江山《うしおえやま》）の、夕暮れ時のすばらしい景色や、朝日を浴びて輝く山の姿を）

③　玉島
「釈日本紀《しゃくにほんぎ》」巻十によれば、土佐の国の「風土記《ふどき》」に玉島のことが書かれているという。神功《じんぐう》皇后が土佐へ来られた時、船がこの島に停泊した。皇后は島に下りて磯際《いそぎわ》で休んでいると、一つの白い石が目に入った。鶏の卵のように丸い石であった。皇后が取り上げて手のひらに載せると、光が四方に輝いた。皇后は大変喜んで左右の者に、「これは海神が賜わった白真珠《しろまたま》です」と言われた。それでこの島を玉島と呼ぶようになった、と（玉島は高知市の浦戸湾に現存している）。

④　与津綱《よっづな》
与津の浦（高知県窪川町興津《おきつ》）に与津綱という船に用いる綱がある。この綱を作るには、楮《こうぞ》の皮の繊維で大綱を作り、二、三年も沖で漁猟をして古くなった後、綱を解いて綱に作り替えるのである。それでこの綱を、与津の解き綱、とも言う。この綱の強いことは計り知れないほ

どで、船が大波に会っても切れることがない。土佐の国でもこの綱を作っているのはこの浦だけで、他の浦では作らないものである。

袖鏡が出来上がって間もないころ、前関白近衛竜山前久《りゅうざんさきひさ》公が土佐を訪れた。近衛公は関白を辞任した後、全国各地の有力武将を訪ねて回っていた。近衛公の訪問を受けた元親は、袖鏡を近衛公に献上した。袖鏡をご覧になった公は、ひどく感動を示され、

「このような田舎に住む武士が、しかもこの戦国の時代に、土佐の国の本を作ったということ、誠に思いも寄らぬことである。昔の木曽義仲とは、ずいぶん違ったものだ。鬼が人を食らわず、古木に花が咲いたような思いである」

と評された。袖鏡は後年、細川藤孝によって、太閤秀吉にも紹介されたという。

**【教訓】**(8)〜(20)

社会が一定の秩序を保ちながら永続することを願う自然の働きとして、子供や若者を教訓することは、時代を問わず必要不可欠の行いである。

## ⑻　太田道灌《どうかん》〈親の教訓を批判する〉

太田道灌は幼名を鶴千代と言った。幼少のころから人に優れた体格をしていた。九歳から学問を習い、十一歳でよく文章を書いた。十五歳の時、鶴千代の言動があまりに人並み外れているのを心配した父が、鶴千代を呼んで言うには、

「昔から知恵のある者には偽りを言う者が多い、偽りを言う者で災いに会わない者はほとんどいない。故に人は正直でなければならない。例《たと》えば障子のようなものである。真っ直ぐであれば立ち、曲がったなら立たない」

　鶴千代はこの話をじっと聞いていたが、やがて座を立ち、屏風《びょうぶ》を持って来て、

「これは直ぐければ立たず、曲がれば立ちます。これはどういうことでしょうか」

父は答えに困って黙って奥へ入った。


　父は後にまた、〝驕者不久〟（驕《おご》レル者ハ久シカラズ）の四字を書いて床に掛けて置き、鶴千代を呼んで、

「この四字の意味が分かるか」

　と尋ねた。鶴千代は、

「確かによく分かります。お許しいただけるならば、四字の側に五字を書きたいと思いますが……」

　と言う。父が鶴千代の望みに任すと、鶴千代は筆を執り、四字の側に、〝不驕又不久〟（驕ラザルモマタ久シカラズ）と、五字を大書した。父は大いに怒り、扇子をもって鶴千代を打った。鶴千代は走って逃げた。

### (9)　織田信長〈小姓を教育する〉

　ある時、織田信長が小姓部屋に向かって、

「誰でもよいから参れ」

と言った。近習の小姓一人が信長の部屋へ行き、

「御用でございますか」

と、用向きの仰せを待った。信長は、

「もうよい」

と言ったので、小姓は信長の部屋を辞した。しばらくして信長は、また前のように呼んだので、他の小姓が参上すると、これも少し間を置いて、

「用はない」

と言うので、部屋を出た。また少しして、

「誰ぞ参れ」

それで他の小姓が参上したが、しばらくして、この小姓も用事がなくて部屋を出た。その時、信長の座席の側に塵《ちり》が落ちていたのを拾って出た。信長は、

「待たれよ」

と呼び止めて言うには、

「一般に人は心と気を働かすことが良い。武辺《ぶへん》ということも、敵に攻め掛かるのも退《ひ》くのも、潮時を見計らって行うのが合戦の習いで、退き様《よう》もまた大事である。その方のただ今の退き様、心と気の働きが見え、殊勝である」

と、その小姓を褒めた。

また或る時、信長が手の爪《つめ》を切ったのを、小姓が取り集めたが、小姓が何かを捜している様子である。信長が、

「何を捜しているぞ」

と尋ねると、小姓は、

「お爪一つ足りません」

と申し上げた。信長が袖を払うと、爪が一つ落ちた。信長は感心して、

「することはすべて、このように念を入れるべきである」

と言って、その小姓に褒美を与えた。

## ⑽ 織田信長〈長男信忠の教育〉

織田信長がある時、近侍の者に長男信忠の人となりを聞いた。内藤某が、

「一段とご器用であると皆が申して居ります」

と答えた。信長が、

「その様子はどのようであるか」

内藤が言うには、

「お客が来た時など、この人へは馬あるいは武具・小袖などを下されるであろう、と人々がうわさを致して居りますと、思っていた通りに仰せになります」

信長は聞いて、

「そのようなことがどうして器用と言えるか、それこそ不器用と言うものである。信忠はなか

なか我らの後を継ぐ器量ではない。理由は、下の者の積もりを外し、刀をくれるだろうと思っている時には小袖を与え、馬を遣わすと思っている時には金子を与え、この人には大事な物を給わらないだろうと取り沙汰《ざた》する時は、その者に金子など沢山与えるようにすることこそ、国持ち大将の作法である。

例えば、敵を攻めるのに、加勢が出ると言うところへは少しも出さず、敵が骨を折っているから加勢は出ないであろう、と思っているところへは、軽く出すようにしてこそ、利を得ることが出来るのである。待ち構えているところへ出ては、どうして勝利することが出来ようか。大体、器用らしくしているのは不器用の真っただ中、分別が有るように見せるのは無分別の中ばにいる者である。武将は手の内を見せず、手の外を行い、下の者から予想されぬようにするのが、誠の大将であるぞ」

と言った。大将は手の内を、敵にはもちろん味方にも見せてはならないと言うのである。

## ⑾ 蒲生氏郷《がもううじさと》〈小姓の無作法を叱る〉

佐久間安政《やすまさ》が蒲生氏郷に初めて謁見した時、畳の縁《へり》につまずいて倒れた。それをその場に居た小姓らが互いに目くばせして笑った。氏郷は小姓どもを呼び、

「お前たちはまだ物の分別を知らぬ故に、自分自身の奉公をもって彼を推し量《はか》ろうとする。彼は畳の上の奉公人ではない。使うところが違うのだ。お前たちは畳の上の奉公を第一とするが、このことをもって彼を推し量れば、大きな間違いを犯すことになる」

と、厳しく叱った。

## ⑿　黒田長政〈若侍を諭す〉

黒田長政の家臣林田左門は、剣術の名人として西国に名が通っていた。ある時、黒田家中の若者五、六人が寄り合って、話がたまたま武術のことになった。若者の中の一人で、力も強く血気に任せて何事も強いことを好む男が、

「武術は武士の努めるべき道ではあるが、必ずしもこれを習わなければ武道にならないと言うわけでもないであろう。一心さえ不動であるなら、例え武術は知らなくても、手柄を立てることは出来よう」

などと、いきり立って言った。左門が聞いて、

「いかにもその方が申されることに一理はある。けれども、心が強く勇ましい上に武術が優れたなら、鬼に金棒であろう」

と言った。かの若者は血気にはやっているので、

「いやいや、一心さえ動かなければ、例え木刀試合であっても無下《むげ》に劣るとは思えない。ちと試して見たいものだ」

と、挑戦的である。左門は聞いて、

「それは良い心懸けである。いざ参ろう」

「心得たり」

と、はや座を立って庭へ飛び下り、辺りを見ると庭木の添え木に結び付けた、長き一間（約一・八メートル）ばかりの丸太を見付け、

「これで仕《つかまつ》ろう」

と言って引き抜き、土をふき取り、二つ三つ打ち振った。左門も座敷を立って見上げると、家の垂木《たるき》に小太刀があるのを見つけ、取って庭に下り立ち、

「ずいぶん心の及ぶだけ精を出し、何とぞ打ち込んで見られよ」

「言うまでもない」

と、かの丸太を打ち振って掛かる。左門も小太刀を鞘《さや》のまま持って、静々と寄って行き、太刀の間合いが届くほどになった時、若者は一打ちにと打って来るのを、左門は外して、飛び違いざまに、小太刀の鞘の先で若者の額を少し打って、

「参ったようだな」

と、声を掛けた。

「いかにも太刀が当たったのが分かった。思ったより太刀が早い。なかなか相手にならぬようだ」

と言って、丸太を投げ捨てた。その時、左門が、

「心残りなら、今一試合参ろうか」

と言うと、若者は、

「いやいや、とても相手にならぬ」

と、あきらめた様子である。左門が、

「今後は強情を張るのは止めなされ」

と言うと、若者は、

「成程《なるほど》、心得ました」

と、素直に答えたが、その場に居た人々は笑った。さて、若者の額はそのうちに少し腫《は》れ上がり、血もにじんで来た。上辺《うわべ》は何でもない様子で居たけれども、内心はよほど恥ずかしく、無念にも思ったようだが、やり様もなくその場を去った。

黒田長政が夜話の時、右の一部始終を聞いて、さっそくかの若者を呼び出し、

「そちはこの間、左門と木刀試合をして、負けたと聞いたが、その通りか」

と尋ねた。若者は、

「御意の通りです」

長政は、

「若い者には成程似合った良い心構えである。左門をも打ってやろうと思うのは、勇気の優れたところで、若者でその志が無いようでは物の用に立つことは難しい。さてまた、そちが試合に負けても少しも恥ではない。その訳は、林田左門は武術の名人として世間に認められた者である。その方は素人《しろうと》である。どのように戦っても勝つことはない。負けたのは道理である。けれども、戦場での戦いでは左門に負けないであろう。剣術が上手だからと言っても、合戦の時、必ず勝つというわけではない。武術が不得手でも手柄を立てることは出来るので、このことは別に検討しなければならない。しかしながら、武術を修行しなければ、武士の家に生まれた道に背《そむ》く。その方は左門に負けたことを気に掛けてはならぬ。上手は勝ち、下手は負けることは決まったことである。

このわしも昔、柳生但馬守《やぎゅうたじまのかみ》・疋田《ひきた》文五郎らに武術を習った時、強情を張って打たれたことが

度々あった。しかし、そちもこれからは左門の弟子となって、武術を学ぶようにせよ。習えば必ず人に勝るであろう。努めてけいこを怠らぬようにせよ」

かの若者は有難いことと感じ涙を流した。それから直ぐに左門方に行き、右の事情を話して師弟の約束をし、昼夜けいこに励んだので、後には武術も上達し、良い侍に成長した。

このことに関して、長政が若者の心を傷付けることなく、武術を励むように導いたことを聞き伝えて、人々は長政を君主の器である、とうわさした。

## ⒀　板倉勝重《かつしげ》〈子重宗《しげむね》を戒める〉

板倉勝重が京都所司代を勤めていた時、子の重宗は将軍秀忠の小姓を勤めていた。将軍が明年上京することになり、重宗も将軍の供をして上京するよう命ぜられた。それで、供の支度に必要な品を送るようにと、京に在る父勝重の家老どもへ申し送った。しかし、秋の末までに一品も送って来ない。重宗は大いに立腹し、

「お供の支度について、去る春のうちよりたびたび申し遣わしたのに、今に一品も送って来ないのは不届き千万である。早々送り届けよ」

と、厳しい催促を言い送った。

ようよう十月の末になって、荷物一個が届いた。家臣どもが喜んで重宗の前へ出て、京都から荷物一個送られて来たことを告げると、重宗は、

「一個とは少ない、どのような荷物ぞ」

と尋ねた。家臣が、

「六尺（一・八メートル）四方もあるような四角な箱です」

重宗が、そのままここへ持って来るように、と言い、二人で運んで来たのを見て、

「合点《がてん》の行かぬ物である。開けて見よ」

と、開けさせて見ると、竹の子の皮で作った大きな笠が一つだけである。皆々何のことか訳が分からず、呆然《ぼうぜん》とした様子である。しかし、重宗には合点が行ったと見えて、笑って、

「下げよ」

と言った。その時、その場に谷三助という儒者が居合わせたが、

「君には御合点と見える。あの笠は何の用に立つ物でござるか」

と、尋ねた。重宗は、

「来年、御上京のお供に参る支度物を、春の内より京都へ申し遣わしたところ、伊賀守（勝重）の役人どもが今に一品も送って来ないので、早々送るようにと叱ってやりました。それについて伊賀守が指図して送ってよこしたものと見えます」

と、説明した。その儒者はいよいよ不審に思い、

「お支度物とは理解し難い物だが」

と言う。重宗は笑って、

「あの笠をかぶって上を見るなと言うことよ」

と言った。父は重宗に、有り合わせの物で事を足せ、と戒めたのである。儒者は、

「親も親なら、子も子だ」

と、大いに感嘆したという。

## ⒁　蜂須賀家政〈孫を訓戒する〉

蜂須賀家政は豊臣秀吉に従って功名し、阿波（徳島県）一国の藩主となった。家政の孫忠英《ただひで》は、幼少のころ家来を扱うのに厳し過ぎた。近侍や守り役の者が、このことを家政に告げて、訓戒してくれるように頼み、家政もこれを承諾した。しかし家政は、しばらく日が経っても忠英を戒めようとしない。

守り役はまた家政に訓戒を勧めた。家政は前と同じように承諾した。また久しく日が経ったが、戒めることはなかった。

その後、家政が江戸へ行くことになった時、家政が住んでいる徳島城の西の郭《くるわ》に忠英を招いてご馳走した。時間が経って座の雰囲気が最高潮に達した時分、家政は軒下を歩きながら、家来に命じて犬を連れて来させた。犬は家政を見ると、大変恐れて逃げ去った。その後で家政は、手で粟《あわ》をつかみ、雀《すずめ》を呼んだ。家政が粟をまくと、雀の群れが家政の側近くまで来て粟をついばんだ。家政は忠英を顧《かえり》みて言った。

「あの犬をわしは先日、杖《つえ》でたたいた。それでわしを見て逃げたのだ。雀は普段から餌《えさ》をやって懐《なつ》けてあるので、一声掛けると群らがって来る。このことから考えると、臣下が主君に仕えるのもこれと同じである。情けを掛ければ懐き、権威を加えれば反抗する。その方もこのことをよく考えるように」

家政は言葉で訓戒する方法を取らず、実例をもって訓戒したのである。忠英は家政の教えに納得し、謹んで礼を言った。

## ⒂　安藤直次《なおつぐ》〈徳川頼宣《よりのぶ》を諫める〉

安藤帯刀《たてわき》直次は、幼少の時から徳川家康に仕え、家康の信任が厚かった。直次は後に家康の子頼宣（紀伊初代藩主）の守り役になった。これは、家康が直次を見込んで頼宣に付けたのである。

頼宣が若年のころ、少しく意にかなわぬことがあって、近臣を脇差しで鞘《さや》のまま打ったことがあった。直次はこれを聞くと直ぐに登城して、案内も請わずにつと頼宣の前へ来て、両手で頼宣の袴の上から両方のひざ頭《がしら》を固く押さえた。直次は大力であったので、頼宣は少しも動くことが出来ず、殊のほか痛かった。そうして直次が言うには、

「しかじかの遊ばされ方、承知仕りました。そのように遊ばされるほどの不届きがございましたら、なぜ某《それがし》に仰せられずご自身でお打ち遊ばされましたか、ご不埒《ふらち》の御事です。なかなかそのような御事では、五十万石お持ちなされることは難しうございます。お慎み遊ばされよ。もしご承知遊ばされなければ、お腹を切らせ参らせ申す」

と、厳しく諫めた。直次は頼宣が、間違っていた、と言ったので手を放した。頼宣の袴《はかま》も小袖も共につまみ切れていた。それだけでなく、両ひざ頭《がしら》も黒いあざになっていた。

頼宣が老年になって行水をした時、黒いあざに湯を掛けなかった。近侍の人々が、

「お痛みがありますか」

と尋ねると、頼宣は、

「これには子細のあることである。追って聞かせよう」

と答えた。その後の話に、

「このあざは帯刀《たてわき》（直次）の形見である。この黒あざが無かったら、五十万石は保てなかったであろう。生涯このあざが消えぬように、湯を掛けないようにしているのだ」

と、黒あざの訳を説明した。それを聞いた人々は深く感激したという。

## ⒃ 黒田官兵衛〈いたずら者を折檻《せっかん》する〉

黒田官兵衛の草履取りに、竜若《たつわか》という者が居た。たびたび度が過ぎたいたずらをするので、官兵衛が命じて柱に縛り付けさせた。仲間の者たちが心配して、明日は一同でお詫びを申し上げよう、と相談していたところ、官兵衛は竜若を二里（八キロ）余りあるところへ使いに出した。その用事は、その地の代官から瓜を受け取ることであった。

やがて竜若が瓜を持って帰ったところ、官兵衛は瓜二つを取って竜若に食えと言って渡した。それで、竜若は言うまでもなく、詫びを入れようと相談していた仲間の者も、はや許されたものと思った。

ところが、官兵衛は、竜若をまた元のように縛らせた。しばらくしてまた掃除などをさせては縛らせ、いろいろの用事に使い、三日ばかりして後ようやく許した。竜若の仲間たちが、殿のご折檻《せっかん》は世間に珍しい囚人の扱いだ、などと言っているのを聞いて、官兵衛は、

「いたずら者なので、教育のため縛ったが、使わねば損がいくは。もっとも内心は憎からず思い、不憫《ふびん》にも思いながら折檻した。縛りつめたら、体に縄の跡が付くだろう。時々休ませ、用

事もさせて、ゆっくりと折檻したら、懲《こ》りる度合いも強いだろう」
と言って笑った。

## ⒄　黒田官兵衛〈博打《ばくち》打ちを戒める〉

黒田官兵衛が聚落第《じゅらくだい》へ出頭した時、家中の者に博打を打つことを厳禁した。ある夜、桂《かつら》菊右衛門という者が、他家へ忍んで行って博打を打ち、思うように勝って、金銀・刀・脇差しなど多くの品を取り、羽織に包んで帰途についた。

途中で夜が明けたが、官兵衛の出勤の通り道でもあったので、行き会ってはまずいと思い、懸命に急いだ。万一、見とがめられたら、博打打ちには行っていない、と言おうと思い、先も見ずに急いでいると、曲がり角で官兵衛にバッタリと行き会った。菊右衛門は大変驚き平伏し、

「私は博打打ちには参っておりません」

と、いかにも声高に言った。官兵衛は、聞かぬ振りをして通り過ぎて行った。

さて菊右衛門は、自分が官兵衛の前で取り乱したことをひどく後悔して、きっと切腹を申し付けられるであろうと覚悟し、家に帰ってふさぎ込んでいた。仲間たちも、きっと切腹を命じられるであろう、と同情し、皆が見舞いに集まっていた時、官兵衛からその仲間たちに、皆に用事があると言って来た。一同それこそ切腹を申し付けられるものと思って、菊右衛門を残して出て行くと、そうではなくて、居間の庭に竹垣を作るように申し付けられた。

菊右衛門は、切腹の指図を今か今かと待っていたが、仲間の一人が急いで走って帰り、切腹のことではなく、垣を作れとのことであった、と言ったので、菊右衛門はひとまず安心した。

そこで菊右衛門は、

「皆が用事に出るのに、一人引きこもっていてはかえって良くないだろう」

と考えて、仕事場へ出た。官兵衛は菊右衛門を見て、大声で呼んで何事か囁《ささや》いた。仲間たちは不審したが、そのうちに竹垣も出来たので、官兵衛は喜び、

「上々の出来である。皆々くたびれたであろう、帰って休め」

一同は庭を出るのも待ち遠しいとばかり、菊右衛門のそばへ駆け寄り、

「先ほどは何を言われたのか」

と尋ねた。菊右衛門は答えて、

「あのことについて、『お前は博打を打ちにどこへ行ったのだ』と問われたので、誰々の家へ参りました、と答えると、『勝ったと見えるな、どれくらい勝ったか』と聞かれたので、一貫目（一文《もん》銭千枚）余りもあると思いますが、今朝から心配のため金銀も不用と思い、そのまま放ってありますので、どれほど有るかよく分かりません、と答えると、手を打って、『さては勝ったぞ、金は要《い》らぬと思うのも道理である。法を厳しく申し付けたのだから危ないことである。今朝のようなばかなまねをするのも、法を恐ろしく思うからであろう。それほど恐ろしく思うなら、今後は何事につけても法に背くな。すべて物事は善いことの次には、悪いことがあるものぞ。勝った時にきっぱり止めよ。お前の身代ではこれは大勝ちである。この度は許すが、今後お前が博打に負けたと聞いたら処分するぞ。必ず博打を打つな、また、無益な物を買うな、金銀を遣い果たさぬようにせよ』と申されました」

と、大いに感激して語った。菊右衛門は、以後行いを改め、勤めに励んだという。

## ⑱ 黒田官兵衛〈倹約を徹底する〉

黒田官兵衛が、家中及び町人などから献上された瓜を、小姓や伽坊主《とぎ》（話し相手を務める者）などの、城に詰めている者を呼び集めて食わせた。皮を剥《は》ぐ者に厚く剝がせたので、小さい瓜を厚く剝いでは食う所が少なくなります、と言う者があると、いや一つ二つで足らねば幾つでも食え、と言って食わせた。

さて、その皮を長持のふたに入れさせ、台所の賄《まかな》い人を呼び出して、「あの瓜の皮を塩漬けにせよ。台所で飯を食うのに菜《さい》（おかず）の無い者が多く居る。それらの者の菜にさせよ。大体、なすなどの皮、そのほか野菜の切り外し、魚の骨など、少しも捨てずにそれぞれ拵《こしら》え、菜の無い者に食わせよ」

と言った。それで賄い人たちも普段からそのように心懸けるようになったので、塩汁ばかりであった者たちも、菜にありつくようになった。

梅雨の時季になると、家臣たちも外回りの用事が少なくなり、家でゴロゴロする者が多いので、折り紙や皮籠《かわご》（皮革で周りを張り包んだ箱）を細工人にさせず、小姓や馬廻りの侍たちに作らせた。また、反古《ほご》を食い裂いて口の中に溜《た》まったのを板に張らせ、小坊主どもに言い付けて、少しも散らぬように取り集め、壁土の寸莎《すさ》（土に混ぜて粘りを付ける物）に使用させた。

官兵衛は、このように何でも廃《すた》ることを嫌い、平生は何とも言うに言われぬほど、細かくけち臭いこと、世にも希《まれ》であろう、と思うような人であった。

ところが、公《おおやけ》の事とか、下々の人に物を与える時は少しも惜しまず、銀十枚取らせよと言われる時、誰かが、殊のほか多過ぎます、三枚か五枚でよろしうございましょう、と言えば、「いやいや、わしが常に倹約するのは、与えたい者に思うままに与えるためである。使わないものならば、金銀ではなく瓦礫《がれき》と同じで、貯《たくわ》えて置いても仕方ないであろう」と言って、人々が思っているより多く与えた。

食い裂いた紙を壁土の寸莎《すさ》にしなくても、困ることはないと分かっているが、少しの物も無駄にならぬように常に始末して、用に立つものは労を惜しまず使うのがよいと言うことを、家中の者どもによく知らせたいと思い、普段このようにしたのである。家中の者どもは、武具・馬具などを、身分不相応なほどきれいに支度し、いつ出陣しても欠ける物は無く、また借金の有る者は居らず、蓄えの有る者は多かったという。

## ⒆ 太田道灌〈将軍の猿を仕付ける〉

太田道灌が京都へ上った時、将軍足利義政が供応したいと言う。道灌はかねて、義政が猿を飼っていて、見知らぬ人が通ると必ず引っ掻《か》く、ということを伝え聞いていた。これは将軍義政の悪趣味であった。義政は、猿に引っ掻かれた者があわてる姿を眺めて楽しんでいたのである。

道灌は一計を案じ、猿の世話係に賄賂《わいろ》を贈って秘かに猿を借り、旅宿の庭につないで置いて、将軍御所へ参上する装束を来て猿の側を通ると、案の定《じょう》、猿が飛び掛かった。道灌は鞭《むち》で思う存分打ち据えたので、後には猿は頭を垂れて恐れた。道灌は、猿の世話係に謝礼をして猿を返した。

供応の日になり、将軍義政は前もって猿を道灌の通る所につないで置いて、道灌の振る舞いを見ようと待っていた。ところが例の猿は、道灌の姿を見るや否や地面に平伏した。道灌は何事もなかったように、装束を直し整えて通り過ぎた。義政はこの様子を見て、道灌は尋常の人ではない、と言って大変驚いたという。

## ⑳〝小僧三か条〟の教訓

ある山寺の和尚が里から一人の弟子を取り、小僧として召し使っていた。この小僧がある時、親の元へ逃げ帰って来て言うには、

「我らこのように頭を丸めて奉公するからには、何とぞお経も習い、一人前の僧に成りたいと思い、今までずいぶん堪忍したけれども、師のご坊があまりに無理なことばかり申して叱るので、何とも堪え難くて帰って来ました」

と、親に訴えた。親どもは聞いて、

「それほど迷惑するとはどのようなことぞ」

と問うた。小僧は、

「普段でもこれこそ当たり前と思うようなことはなく、中でも差し当たり迷惑なことが三か条あります。第一には師のご坊が、髪を剃《そ》ることを習え、と言ってご坊の頭を剃らせられましたが、我ら習い初めなので、時々は剃刀《かみそり》の先が頭へ入ることもあり、血など出ると大変叱られました。第二には味噌《みそ》を擂《す》るのに擂り様が悪いと言ってたたかれました。第三には用を足しに便

所へ行けば、これまた便所へ行くがけしからぬと叱られました。このようなことで、一生勤まり申すものでしょうか」

親どもが話を聞いて、

「そのようなことがあっては、その方が居づらいのももっともである」

親は腹を立て、直ぐに寺へ行き、和尚に会って様々な不平を申し立て、小僧を取り返すと言った。和尚は聞いて言うには、

「大体、僧侶の勤めは難しいものであるから、ご両親も何とぞ出家を遂げさせたいと願ってさえ、し遂げる者は少ないのに、ましてお身などのように、小僧が申すことを誠と思い、何のかのと小僧を弁護するようなことを言われるようでは、出家を遂げることは出来ないであろうから、望みのように小僧は親元へ帰すことにしよう。しかしながら、この寺を援助してくれている檀家《だんか》の皆さんの前もあるので、右三か条の言い訳を致しておきます。

まず味噌の擂《す》り様が悪いとは、格別のことではなく、寺も一般の家庭も、味噌はすりこぎで擂《す》るものですが、小僧めは杓子《しゃくし》の背中ですったので、拙僧がたびたび注意しましたが、いっこうに聞き入れず、近ごろまでに杓子を三本もすり折りました」

と、膳の脇から折れた杓子を取り出して見せた。和尚は続けて、

「次に便所へ行って用を足すのを叱ったと言うのは、これにも訳があるのです。あなた様もご存じの通り、例年代官衆が当村へ来られる時は、決まって当寺を宿にされるので、便所が遠くては不自由であろうと、村の人々とも相談して、そのために客殿の近くに便所を作りました。代官衆を迎えるために作ったものなので、拙僧を始め、誰もこの便所へ行く者はないのに、小

憎めは一人勝手に使用するので、たびたび申し付けても少しも聞き入れません。

さてまた、髪を剃ることは、出家の勤めも同じですから、何とかしてその練習をさせようと、我らの頭を練習台にして剃らせるうち、やがて剃り習い、このごろは自分の頭を自分で剃るほどになり、まして人の頭は手際よくそるので、今度、我らの頭を剃らせたところ、わざとこのように致しました」

と言って、頭巾《ずきん》を取り除いたところを見ると、何十か所も切り傷があり、頭には血止めを付け、傷薬を塗り付けている。小僧の親はこれを見て、手を打って大いに驚き、当惑し、段々の詫び言を尽くしたと言う。

徳川家康は右の小僧三か条の話を、一方的に話を聞いて判断することの危険を示す例話として、家老たちに聞かせ、諸役を勤めるすべての者の戒《いまし》めとするように諭《さと》したという。また、京都所司代を勤めた板倉勝重も、その子重宗に所司代の職を譲る時、この小僧三か条の話を聞かせて戒めたという。

# 八　知恵の働き

**【人を目利きする】**　(1)〜(9)

物を目利き（鑑定）することも難しいが、人を目利きすることはさらに難しい。特に人の上に立つ者にはその機会が多い。それだけ正しい目利きをする能力が要求される。

## (1)　豊臣秀吉〈石田三成を召し出す〉

豊臣秀吉が長浜城（滋賀県長浜市）に居たころのことである。ある日、秀吉は長浜の東にある伊吹山のふもとで鷹狩りをして、その帰り道ひと休みしようと観音寺（滋賀県）に立ち寄った。ちょうどのどが渇いていたので茶を所望した。それで寺の小僧を勤めていた石田佐吉《さきち》（後の三成）が、大きな茶碗に七、八分目、ぬる目の茶をたてて持参し、秀吉に差し出した。秀吉は一気に飲み干し、

「うまい、今一服」

と言ったので、佐吉はまた茶をたてて持参した。前よりは少し熱くして茶碗に半分ほど入れ

て来た。秀吉はこの小僧の心遣いに感じ、試しに、

「もう一服」

と注文した。佐吉は今度は、小さな茶碗に少量を熱くたてて持って来た。秀吉は佐吉の機転の利くのに感心し、住職に請い、佐吉をもらい受けて連れて帰った。そして近習として召し使うことにした。佐吉十五歳の時であった。

## ⑵　塚原卜伝《ぼくでん》〈弟子の心懸けを見る〉

塚原卜伝は常陸《ひたち》の国（茨城県）塚原の人である。飯篠長威斎《いいざさちょういさい》に剣を学び、諸国を武者修行して剣の技を磨いた。足利十三代将軍義輝も、卜伝に剣の指導を受けたという。卜伝の弟子の中で優れた一人の者に、〃一の太刀〃の極意を授けようと、卜伝も思い人も思っていたところ、ある日かの弟子が、道の近くにつないである馬の後ろを通った時、その馬が跳ねた。かの弟子はヒラリと飛び退《の》いたので、体に当たらなかった。それを見た人は、

「さすがに塚原の弟子の中でも優れていると言われるだけある」

と褒《ほ》めて、このことを卜伝に話した。卜伝は聞いて大いに驚き、

「さては一の太刀を授ける器ではない」

と言った。卜伝の弟子に対する評価は、人々の評価と全く違っていたのである。人々は不審に思い、卜伝を試して見ようと、特別によく跳ねる馬を道の傍《かたわ》らにつないで、卜伝を招いて隠れて見ていた。ところが卜伝は、馬の後ろをよけて通ったので、馬が跳ねることは無かった。人々は予想と違ったので、そのことを卜伝に話し、

「さて、かの弟子の早技を褒め給わぬは、どのようなお考えか」

と問うた。卜伝は、

「そもそも、馬が跳ねたのを飛び退いたのは、技は優れたように見えるけれども、馬は跳ねるものと言うことを忘れて、うっかりと通ったのは油断である。飛び退いたのは仕合わせと言うものである。剣術も、時により下手でも、仕合わせによって勝つことがある。その場合は勝っても上手とは言えない。ただ他に先んずることを忘れず、気を抜かぬのが良い。あの弟子はまだ一の太刀の位には遥かに及ばぬので、褒めなかったのだ」

と、答えた。

### (3) 北条氏康〈子氏政を見る〉

北条氏康の前で、その子氏政が食事を共にした時、氏康が涙を落として、

「北条の家はわれ一代で終わるだろう」

と言った。氏政は勿論《もちろん》その場に居合わせた者一同、興冷めの雰囲気になった。氏康は、

「今、氏政が食事をするのを見ていると、一杯の飯に汁を二度掛けて食した。およそ人は皆一日に二度ずつは食事をするので（当時は一般に一日二食であった）、食事の仕方は日常自然に鍛練しているはずである。一杯の飯に掛ける汁の見積もりも出来ず、途中で重ねて掛けるとは愚かである。

朝夕行う業《わざ》さえ見積もることが出来ぬのに、人の心を見積もり、人を目利きすることは不可能であろう。人を目利きすることが出来なければ良い侍を持てず、良い侍を持たなければ、敵

の侵入を許すことになる。今は戦国の世、わしが明日にでも死ぬならば、名将が隣国より乱入して、氏政を滅ぼすこと疑いないであろう。さてこそ、北条の家はわれ一代で終わると言ったのだ」

と、氏政の掛け汁に事寄せて、人を目利きすることの重要性を説いた。

### ⑷　可児《かに》才蔵〈兵法者《ひょうほうしゃ》を見る〉

福島正則のところへ戦略の心得があるという兵法者が来て、正則に奉公することを望んだ。折から食事の時分であったので、可児才蔵が相伴《しょうばん》して食事を共にした。才蔵はその兵法者の飯を食う様子を見て、やがて見限り、正則に向かって、召し抱えることは適当でない、と進言した。正則がその訳を問うと、

「左様でございます。私が相伴して食事をした時に見限りました。人は幼少の時より箸《はし》を取って、ずっと一日に三度は食せずとも、二度食せぬ日はありません。あの者は一杯の飯に汁を二度掛けて食しました。これほど見計らいの無い男が、両陣数万の兵のことを、どうして計らうことが出来ましょうか」

と言ったので、正則も深く合点して、兵法者の奉公を断った。

### ⑸　豊臣秀吉〈蒲生氏郷《がもううじさと》を奥州へ〉

小田原の役が終わって後、豊臣秀吉は諸将を集めて、

「会津（福島県）は関東の要地である。優れた一将を選んで鎮圧させせなければならぬ地である。

誰が適任であるか、遠慮なく意見を書いて見せよ」

と言った。細川忠興と書いた者が全体の九割を占めた。秀吉はこれを見て、

「お前たちは愚かなこと甚《はなは》だしい。わしが天下をたやすく取れたのも道理である。この地は蒲生忠三郎（氏郷）以外に置くべき者はいない」

と言って、氏郷に会津九十万石を与えた。

氏郷は秀吉のご前より退き、広間の柱に寄り掛かり、目に涙をためていた。山崎右近《うこん》がこれを見て、多大の領地を給わり、かたじけなさの余り涙を流しているものと思い、側へ進み寄って、

「かたじけなくお思いになられること、ごもっともです」

と、声を掛けた。氏郷は小声で、

「左様ではござらぬ、小身であっても都の近くに居たら、一度は天下に望みをかけることもありましょう。どれほどの大身でも、雲を隔て海山を越えて遠国《おんごく》に在っては、何の望みもかなわず、もはや我らは廃《すた》ってしまったのかと思うと、つい不覚の涙がこぼれました」

と、心中を述べた。

氏郷が会津へ出立する時、秀吉は着ていた袴《はかま》を脱いで氏郷に着せ、自分は氏郷の袴を着た。そして氏郷に、

「さて、その方、奥州へ行くことをどのように思っているか」

と尋ねた。氏郷は、

「近臣どもは、殊のほか迷惑がって居ります」

秀吉は聞いて、

「いかにもそうであろう。その方はこちらに置いては恐ろしい奴《やつ》、それゆえ奥州へ遣わすのだ」

秀吉は氏郷を一方では頼もしく思い、他方では、氏郷の知謀と勇猛を警戒する気持ちもあったのである。

## ⑹　徳川家康〈平塚越中守を助命〉

平塚越中守は、豊臣秀吉に仕えた平塚因幡《いなば》守の弟で、大剛の者であった。かつて浪人していた時、徳川家康が召し抱えようと、人を遣わして招いたけれども、越中守は、

「内府（家康）はけちな人で、言葉が丁寧なだけで、知行《ちぎょう》を惜しんでよく取り立てない」

と言って、家康の招きを断った。そして石田三成に仕えて三成の奉行となった。

関ヶ原の戦いで石田方が敗れたので、徳川方が越中守を生け捕り、家康の前へ引いて来た。家康が見て、

「わしを嫌い三成に仕え、ただ今の体《てい》、さてもさても見事である」

と、さんざんに嘲《あざけ》った。越中守は目に角を立て、

「侍が戦場に臨んで生け捕りになることは、古今珍しいことではない。そのように言われる人こそ、幼少の時に今川の人質となり、今川へ行く途中で戸田康光《やすみつ》に生け捕られて、織田方へ引き渡され、尾張の万松寺天主坊《ばんしょうじ》（名古屋市）に三年も押し込められる憂き目を見ながら、今自分が生け捕られたことを差し置き、人の身の上をとやかく非難するとは片腹痛い。その上、た

びたび起請文《きしょうもん》を書きながら太閤の御遺言に背き、秀頼公をないがしろにした。これこそ武士の恥と申すべきである。我らはそのような人を主人にはしない。早々首をはねられよ」

と、口を極めて罵《ののし》った。家康は聞いて大いに怒り、

「さてさて憎い奴かな、今首を刎《は》ねてはただひと思いである。生かして置いて永く苦労させよ。縄を解き追い払え」

と、追放した。その後、家臣の本多八弥が、

「越中守をお憎みの上、ご前にて悪口を吐いたので、多分ご成敗なさると存じて居りましたところ、お助けなされたのはどうしてでしょうか」

と尋ねた。家康は、

「平塚は無類の剛の者、殊に道理に明るく弁が立つ武士である。それで、生かして置いてわが子秀忠か誰かに仕えさせてよいと考え、命を助けて置いたのだ」

と答えた。家康は平塚越中守を、心中では冷静に目利きしていたのである。

## (7) 織田信長〈偽善《ぎぜん》僧を成敗〉

織田信長が安土城へ移って間もないころのことである。諸国を回って歩く僧に無辺《むへん》という者が居た。

「我は生まれたところも父母も無く、一つ所に住み付くことも無い。我には不思議の秘法が有り、これを伝授された者は、現世では無数の病気や災難を逃れ、来世では量り知れないほどの罪も消える」と、言い触らした。それであちこちの人々も甚《はなは》だ信仰して、銭や米の捧げ物でそ

の場が一杯になったが、それには目もくれず捨て置き、一村一郷に一日二日ずつ滞在し、夕方来て朝に立ち去る。

ある時、安土に来たことを信長が聞いて、急いで呼べ、と言って無辺を呼んだ。馬屋へ行く途中で立ちながら、

「無辺とは奴のことか」

と言って、睨《にら》み付け、

「客僧の生まれた国は」

と問うと、

「無辺」

と答えた。

「無辺と言うところは、唐土《とうど》（中国）の内か、天竺《てんじく》（インド）の内か」

「天でもなく地でもなく、また空でもない」

「天地のほかに、どのような身を置くところがあるか」

無辺は答えに支えて物を言わず。

「この世のすべての生き物は、天地を離れることは無い。さてはお前は化け物か、それでは試してやろう」

信長が家来に命じて、馬の灸《きゅう》に使用する鉄を焼いて、無辺の顔に当てようとすると、

「これは出羽《でわ》の羽黒山《はぐろさん》（山形県）の者です」

と、身震いしながら言った。当時の羽黒山は山伏の根拠地の一つであった。信長は、

「このごろ、そちは弘法大師の生まれ変わりと称して、奇跡を多く見せたと聞く。信長にも奇跡を見せよ」

と責め立てると、一言の返答もない。

「このような偽善僧を勝手気ままに歩き回らせては、人々がみだりに神仏を祈り、筋違いの幸せを祈願するであろう。これは世の中の損失である。ただ信長の手に掛かって、その後、神通力をもって再生して見せよ」

と言って、その場で斬り捨てた。無辺は世間の人々を欺くことは出来たが、信長を欺くことは出来なかった。信長はその正体を見抜いたのである（無辺のような偽善者は、現在も存在し、欺かれる市民は多い）。

## (8) 高坂昌信《こうさかまさのぶ》〈犬神使いを斬る〉

高坂昌信は、武田信玄の家臣で侍大将をつとめた。昌信に幼い女の子があった。ある日、外で遊んでいてにわかに発病し、悩乱《のうらん》した。医者の治療を受けたが、まったく効能が無かった。昌信が発病のもとを尋ねると、山伏の通ったのを見た時から病気になったと言う。それでその山伏を呼んで祈禱《きとう》させると、たちまち平癒した。昌信は山伏にお礼の贈り物をして帰した。その後、病気が再発したので、またその山伏を呼んで祈禱させると、即時に治った。

このようにすること三度に及んだ。昌信はこの山伏が犬神を使うと聞いて、一日その山伏を呼んで料理を振る舞い、全快の謝礼であると言って金子百両を与えた。山伏は大変喜んで金子を頂き、心が金子に移ったところを、ただ一刀で首を刎《は》ねた。その後、病気の再発は無かったという。

## ⑼　蒲生氏郷〈弁才の知者を退ける〉

玉川左右馬《そうま》という者は、弁才があり学問知識にも優れている、と世間の評判が高かった。ある人がこの者を蒲生氏郷に推薦した。氏郷は大変喜んでこの者を迎え、大事な客として待遇した。左右馬は氏郷に会って種々の物語をした。氏郷は十日ほど続けて夜話《よばなし》に迎えたが、その後、理由もなく金を与えて送り返した。これを知って推薦した者は大変失望し、家老たちもまた、納得が行かなかった。その後、夜話の時、家老たちが氏郷に、

「玉川ことは才知の有る者ですので、行く行くはご登用あって、謀《はかりごと》を相談する臣下にでもなされるかと存じて居りましたが、思いの外お暇を賜わりました。何ぞお考えが有ってのことでしょうか。このようなことはいつもお聞かせ下さるのに、玉川のことについては御一言も無いのは、甚だもっていぶかしく存じます」

と申す。氏郷は、

「その方らが不審に思うことはもっともである。そもそも世の知者と言われる者は、見掛けを重々しく構え、言葉を巧みにし、才能学問を振りかざして人の目を誑《たぶら》かす者に過ぎぬ。今の世の中は人々が文字に暗いので、人を見定めることが出来ず、このような者を知者と思っている。真の知者はこのような者ではない。

わしが玉川を見るに、今世に言うところの知者である。なぜかと言えば、初めてわしに会った時、大いにわしを褒《ほ》め、次にわし以外の諸将を大いに誹《そし》り、わしを機嫌よくしようとした。

また、自分が素晴らしい者であると思わせようと、交友の善行を数え挙げて語った。このような者は知者であっても遠ざけなければならぬ。それで暇を遣わしたのだ」

後に玉川はある武家に仕えたが、才知があるので、一時は家中の者も名士を得たと喜んだが、年月が経つに従い、老臣を退け、律儀な者を妬《ねた》み、自分の威を振るったので、家中の者が皆疎《うと》んじるようになり、家も衰えた。その時になって主人も過《あやま》ちに気付き、玉川を追い出した。蒲生家ではこのことを伝え聞き、氏郷の明察について改めて評判したという。

**【知能を働かす】**⑽〜㉗

大事な場面に行き当たった時、その人がいかに知能を働かせて、その場面を切り抜けて来たかを見る。

### ⑽　加藤清正〈少年時代の機転〉

加藤清正が七、八歳のころの話と伝えられている。清正は同年代の子供より体も大きく、勝ち気な性格だったので、常にガキ大将として、年上の子供たちをも指揮して遊んでいた。ある時、子供たちを集めて遊んでいると、そのうちの一人が、誤って空《から》井戸の中へ落ちた。遊び仲間の中には十歳を超える子も居たが、みんな大声を上げてうろたえ騒ぐばかりであった。

当時の子供たちの着物は、幼年の時は〝付けひも〟と言って、着物に縫い付けたひもで結んでいたが、少年期になると帯で結ぶようになっていた。

清正はとっさに、帯を締めている数人にその帯を解かせ、それを結び合わせて一本にして、井戸の中に垂らした。そして空井戸の中に居る子に向かって、体に結び付けるように指示した。こうしてその子の親が聞いて駆け付ける前に、無事に引っ張り上げていた。

## ⑾　石田三成〈荻《おぎ》と葭《よし》を管理〉

石田三成が二十歳を過ぎたころのことである。豊臣秀吉が多くの家臣に加増を申し渡した。三成にも五百石を与え、

「何か望むことがあれば申せ」

と付け加えた。三成は感謝の言葉を述べた後で、

「宇治・淀川の両岸には荻《おぎ》や葭《よし》がよく繁茂していますが、土地の者たちがこれを勝手に刈り取っています。もし、この荻や葭を管理する権利と、それから上がる運上《うんじよう》（税金）の権利をお与え下さるならば、今賜わった五百石を返上致し、別に一万石相当の軍役を負担したいと思います」

と言った。川岸に自生している荻や葭に税金を掛けるなどということは前例がなかったが、秀吉は三成のこの奇妙な申し出を許した。当時、土地の人々は、荻や葭は屋根を葺《ふ》く材料に使用し、葭はまた葭簀《よしず》を作るのに用いていたのである。

秀吉の許しを受けて三成は大変喜び、川沿い数十里に住む者に、今後、荻や葭を刈り取るには、一町（百九メートル）につき幾らと、刈り取り料を定めて納入することを命じた。しばらくして織田信長は丹波（京都府）の波多野秀治《はたのひではる》を討伐するため、秀吉をその先鋒《せんぽう》の大将に定め

た。秀吉が出陣しようとした時、三成は一万石の軍役にふさわしい数百騎の軍勢を引き連れて参陣し、秀吉との約束を果たした。

## ⑿　石田三成〈米俵で堤防を修理〉

ある年の梅雨時に長雨が降り続いたため、淀川の堤防が決壊した。付近の農村地帯は言うまでもなく、やがて大坂の町も水浸しになろうとしていた。諸将たちも残らず出て、土俵を積んで堤防の修理に当たったたが、急なため土俵作りが間に合わない。雨はいよいよ強く降り、水かさは増すばかり。

一同思案にくれている時、石田三成はただ一騎、堤防の決壊場所を調べ、やがて戻って来ると、近くの米倉（京橋口の米倉とも京極口の米倉とも言う）を開かせた。そして、人夫たちを指図して米俵を運び出し、堤防の決壊場所を数千俵の米俵で補修した。これで洪水はせき止められた。やがて雨が上がると、三成は付近の農村一帯に触れを出した。

「土の俵を念入りにこしらえて、堤の決壊したところへ持って行き、奉行の指図で米俵と積み替えよ。土俵は一人で幾らこしらえてもよい。積み替えた米俵は持ち帰ってよい」

農民たちは驚き喜び、無中になって土俵を作り、一両日の間に決壊箇所をふさぎ直した。堤は以前にも増して堅固なものになった。

当時の農民たちは、白い米を食べることはめったに無かった。米俵の中の米は水に濡れてはいたが、洗って干せば十分食える状態であった。農民たちは喜んで土俵と交換した米俵を担《かつ》いで家に帰った。

## ⒀　加藤清正〈勝つための武略〉

九州天草志岐《あまくさしき》の乱の時のことである。天草の地侍たちが新領主の小西行長に反抗し、行長は苦戦に陥《おちい》った。それで隣接する領主の加藤清正は、行長応援のために駆け付けた。清正の戦さの仕方は、後方で采配《さいはい》を振るうというのではなく、いつも兵士と共に前線で戦うのが常であった。志岐城に攻め掛かった清正を迎えたのは、当時天草随一の猛将と言われた木山弾正《だんじょう》であった。木山は弓に矢をつがえて清正に対し、名乗りを挙げて、

「天草鍛冶《かじ》の鍛えた矢じり一つ参らせる」

と、弓を引き絞って今にも放つ構えである。清正が少しでも動けば、矢は清正の巨体を貫いたに違いない。清正はとっさに叫んだ、

「待たれよ、大将同士の勝負に飛び道具は面白からず、太刀にて決しようぞ」

と、言うや否や、手にしていた槍を投げ捨てた。それを見た木山は、

「心得たり」

と、構えていた弓矢を捨て、太刀を手に清正の前に出た。ここで二人は太刀で斬り合うかと思えば、そうではなかった。清正は投げ出した槍を拾い上げるなり、一気に木山に突いて掛かった。

「たばかりおったな、この卑怯《ひきょう》者め！」

と木山は激怒したが、清正は木山を槍で突き刺し、その勢いで谷底目がけて放り投げ、絶命させた。

木山弾正は「卑怯者」と言ったが、清正はこのようなことも、戦場における勝つための武略である、と考えていたのである。

## ⒁　木下藤吉郎〈清洲《きよす》城の石垣修理〉

木下藤吉郎（豊臣秀吉）が織田信長に仕えて一年ほど経ったころ、信長の居城清洲城の石垣が百間《けん》（百八十メートル）ばかり崩れたので、修理することになった。普請《ふしん》奉行が指図して修理に当たったが、二十日余り経っても工事がはかどらない。藤吉郎は信長に従って城下を通った時、これを見て独り言を言った。

「今は戦国で四方は敵地だ。いつどこから攻めて来るかもしれぬのに、工事がこのように延びるとは不都合だ」

信長がそれを聞いて、

「猿めは何を言うぞ」

と問うた。藤吉郎は左右に遠慮して答え兼ねていると、信長が強いて問うので、止むなく独り言した通りのことを言った。信長は聞いて、

「それでは、お前に普請奉行を申し付けるぞ。急いで取り掛かれ」

と言って、藤吉郎を重臣たちに引き合わせた。そこで藤吉郎は直ぐに人夫を集め、信長の許しを得て酒食を与え、人夫を十組に分け、一組に十間ずつの工事場を割り当てて、作業に取り掛からせた。藤吉郎自身も現場を巡回して励まし指図したので、百間ばかりの石垣がわずか二日で完成した。

信長はその日、鷹狩りの帰りに、完成された石垣を見て大いに驚き、かつ深く感じ、藤吉郎を役人に取り立て俸禄を与えた。

## ⒂　木下藤吉郎〈墨股《すのまた》城を築く〉

織田信長は桶狭間《おけはざま》で今川義元を討った後、次の目標を西隣りの美濃（岐阜県）攻略に置いた。当時美濃の国守は斎藤竜興《たつおき》（斎藤道三《どうさん》の孫）で、難攻不落と言われた稲葉山《いなばやま》城（岐阜市）を居城としていた。信長は稲葉山城攻略に向けてたびたび出兵したが、失敗の繰り返しであった。

この経験から信長が考えたことは、尾張と美濃の国境近くにある墨股《すのまた》に拠点を構えることが必要であるということであった。墨股に織田軍の拠点を作れば、稲葉山城攻撃は容易になる。そこで信長は、佐久間信盛《のぶもり》に命じて墨股に築城を開始した。墨股は長良《ながら》川の西側にあり、当時は斎藤方の勢力範囲であった。そのため、築城最中にたびたび斎藤勢の襲撃を受けた。また墨股は、長良川に近い低湿地であったので、工事は大変困難であった。佐久間信盛は築城の目《め》途《ど》が立たず、あきらめて尾張へ引き揚げた。

そこで信長は、織田家の重鎮である柴田勝家に墨股築城を命じた。しかし、勝家も築城途中で斎藤勢の執拗《しつよう》な攻撃にはばまれ、目的を達することが出来ず放棄してしまった。

そのような状況の中で信長は、墨股築城は武力一辺倒では成功しないと考えるようになった。そこで信長の頭に浮かんだのは、蜂須賀小六《ころく》・前野勝《しょう》右衛門らの、川並《かわなみ》衆と呼ばれる人々のことであった。信長は墨股築城を成功させるためには、この川並衆の力を借りることが不可欠であると考えた。川並衆というのは、木曽川筋に勢力を張る野武士の集団で、戦さに際しては雇われ兵として働いていた。彼らは主《あるじ》に仕えることを嫌い、自由奔放《ほんぽう》な生活を楽しんでいた。

ところで木下藤吉郎は、かつて各地を放浪していた若年のころ、蜂須賀小六のもとで生活していたこともあり、その後信長に仕えた後も、何回か小六に会う機会があった。信長は、川並衆に気脈を通ずることが出来るのは、木下藤吉郎をおいてほかにないと考えるに至った。そこで信長は、藤吉郎に墨股築城を命じることにした。永禄九（一五六六）年のことである。

藤吉郎は弟小一郎（秀長）を伴って、蜂須賀小六の屋敷を訪ねた。そして、深く頭を下げている。墨股築城への合力《ごうりき》を頼んだ。墨股築城はすでに佐久間信盛が失敗し、続いて柴田勝家が失敗している。何しろ敵地に城を築くのである。敵は必死にそれを妨害すべく待ち構えているのである。小六にとっても安易に引き受けられることではない。

藤吉郎は小六説得に真剣であった。もし小六たちの協力が得られなければ、佐久間・柴田と同じように失敗することは間違いない。藤吉郎は知恵をしぼって長広舌《ちょうこうぜつ》を振るったが、やがて続ける言葉がなくなった。しかし、小六は何の返事もせず、黙って聞いているだけである。

その時、小一郎が静かに口を挾《はさ》んだ。

「私のような下僕の者が差し出がましいことを申しますが、このたび兄藤吉郎が墨股築城をお受け致した上は、成就しない時には命は無いものと覚悟を決め、お頼み申す次第……」

小一郎は無口で飾り気のない、義理堅い人柄である。小一郎が誠意を込めて訥々《とつとつ》と語る頼みの言葉は、小六の義侠心《ぎきょうしん》を刺激した。小六は、藤吉郎・小一郎の話を聞きながら、築城の可能性を頭の中で探っていたのである。そして、どうやらその可能性を見出したようである。しばらくして小六が、

「墨股のこと、お引き受け申す」

小六の一言で、最前までの座の沈痛な空気は、一転して歓喜に包まれた。その喜びの中で、蜂須賀家の持て成しとして粟《あわ》がゆの食膳が用意され、一同は夜の更《ふ》けるのも知らず歓談し、その夜は藤吉郎・小一郎共に蜂須賀屋敷に宿泊した。

蜂須賀小六は、木曽川上流の材木伐採を業とする山方衆《やまかたしゅう》と、その材木を木曽川を流して運送する川並衆との双方の頭領であった。川並衆には船大工の頭領が大勢居り、大工道具を作る鍛《か》冶《じ》師、釘《くぎ》やかすがいなどを作る鋳物《いもの》師とも結び付いていた。小六はそれらの人々を総動員して、墨股築城に当たらせることにした。

さて、築城するについて、先の佐久間・柴田の失敗を繰り返さないためには、築城準備の状況を斎藤方に気付かれないように、秘密裏にことを運ぶ必要があった。

当時、信長は北伊勢（三重県）をも領地化しようと考えていた。それで、北伊勢に砦《とりで》を築くためと称して、墨股から遠く離れた木曽川上流の木材を切り出すことにした。その辺りに製材所を設け、築城の設計に従って木を切りそろえ、切り込みを入れ、墨股へ運べば直ぐに組み立てることが出来る状態に材木を整えた。

材木はそれぞれ城郭用・櫓《やぐら》用・長屋用・塀用・馬防柵《ばぼうさく》用に分けられた。作業に従事したのは、織田家から送られて来た清洲地方の大工と、蜂須賀配下の人々であった。

その年の七月、用材がそろうのを待って、川並衆を中心にした人々によって筏《いかだ》に組まれた。筏は夜中に出発、木曽川の川面《かわも》を埋めて流され、翌日昼ごろ、墨股に近い川岸に陸揚げされた。当時は木曽川の分流が墨股東側を流れる長良川に接続していた。

墨俣ではそれぞれの作業分担に従って、昼夜兼行の築城作業が始まった。すべての作業を急がなければならないが、とりわけ斎藤勢の来襲に備えて、馬防柵の設置が急務であった。高さ六尺（一・八メートル）の小柱を立て、横木を四段に取り付け、藤蔓《ふじづる》・麻縄で結んだ。その柵を二重に設置した。矢と鉄砲玉を防ぐために、付近の村々から俵と筵《むしろ》を高値で買い取ったので、俵と筵は山のように集まった。これを積んで敵の矢玉を防ぐのである。

築城作業は、やがて斎藤方の知るところとなり、二時間もすると斎藤方の騎馬勢が攻め寄せて来た。木下方は馬防柵の近くまで斎藤勢を引き付けておいて、積み上げた俵と筵の陰から鉄砲を乱射させて撃退した。

斎藤勢はそれからも毎日のように攻撃を仕掛けて来たが、木下方の巧みな防戦に打ち勝つことは出来なかった。そのうちに墨俣城は、城の姿を整えていった。城が完成すると、信長は藤吉郎に三千の兵を預けて、墨俣城の守備を命じた。

## ⒃　直江兼続《なおえかねつぐ》〈冥土《めいど》へ使いを送る〉

直江兼続は、越後（新潟県）藩主上杉景勝の家老であった。上杉の家臣に三宝寺勝三《さんぽうじしょうぞう》という者が居た。ある時、勝三がふとしたことから下人を手討ちにした。下人の罪は手討ちにするほどのものでなかったので、下人の一族が怒って、直江兼続のところへ、下人を生かして返すようにと訴えて来た。

兼続はこれを取り成そうと、白銀二十枚を与えて、これで我慢して死者を弔《とむら》うように諭《さと》した。しかし、下人の一族は納得せず、是非返して欲しいと言う。兼続はなおも、

「死者を呼び返すことは出来ぬではないか。不満だろうが、この銀子を受け取ってあきらめよ」

と、繰り返し諭《さと》したが、どうしても承知しない。そこで兼続は止むを得ず、家臣に命じて高札を作らせて一筆書かせ、その上でなお念を入れて訴人を諭したが、まったく聞き入れようとはしなかった。兼続はこの上は致し方ないと思い、

「それでは呼び返してやろう。しかし、冥土《めいど》まで呼びに行かせる者がいない。ご苦労だが、その者の兄と伯父、それに甥《おい》の三人で閻魔《えんま》の庁に行き、その者を申し受けて参れ」

と言って、その三人を捕らえて、往来の激しい橋のたもとで成敗し、家来に作らせてあった高札を立てた。高札の文言《もんごん》は次のようであった。


いまだ御意を得ませんが、一筆申し上げます。三宝寺勝三家来何某《なにがし》、思い掛けないことで果てました。親類共が嘆いて呼び返してくれるように申します。そこで三人の者を迎えに遣わします。どうぞかの死人をお返し下さい。恐れながら謹んで申し上げます。

慶長二年二月七日　　直江山城守兼続 ㊞

閻魔王様　獄卒《ごくそつ》へ御披露をよろしく

## ⒄ 山中鹿之介〈盗賊を懲《こ》らしめる〉

出雲（島根県）の尼子氏が滅び、尼子の家臣山中鹿之介は主家を再興しようと思い、順礼《じゅんれい》の

姿になって甲斐（山梨県）の武田、越後（新潟県）の上杉、相模《さがみ》（神奈川県）の北条などの武道の風格を見て回った。さらに越前（福井県）へ回り朝倉の家風を見て、時節の至るのを待っていた。

　ある時、近江の番場《ばんば》（滋賀県）に行き着いたが、日暮れになり雨が降り出し、宿を借りる家も無い。どうしようかと、一本の木の陰にたたずむと、ここにもはや老法師と若い修業僧の二人が、雨を避けて休んでいた。鹿之介は順礼の身なりであったので、老法師が、

「修業者は一人旅ですか、雨が降り出したが、お急ぎでなかったら、今夜は我が庵室に泊まって、旅の疲れを休めなされ」

　と、声を掛けてくれた。鹿之介は大変喜び、

「ともかくも、お言葉に従いましょう」

　と、老法師に従って庵室に行った。庵室には修業者・下男が二、三人居た。やがて鹿之介を招き入れ、

「そもそも御身はどこの地からどちらへ向けて出立《しゅったつ》されたのですか、本国はどこですか」

　と問う。鹿之介は、

「私は人数《ひとかず》に入るほどの者ではありません。名乗ってもご存じないと思いますので、わざと名は申しません。国は出雲で、分相応の奉公をしたいと思い立って、国々を回っているところです」

　と、答えた。老法師はうなずいて、鹿之介がいかにも尋常の人には見えなかったので、

「それではここに逗留《とうりゅう》して、美濃（岐阜県）・尾張（愛知県）の大将らの家に縁を求めなされ」

と、親切に言ってくれた。鹿之介は渡りに舟を得た心地がして、一日二日過ごすうちに、誰かは知らず、物の具を着けた武士が十余人、庵室の門をたたき、主に物申したいと言うので、修業僧が一人出て、何事かと問う。武士が言うには、

「我らは尾張の何某《なにがし》の配下の者だが、戦さ場で働いて息が疲れ、そのうえ飯が欲しくなってやって来た。どこでもよいから、しばらく休息させ、粥《かゆ》でも飯でも出してくれ」

と、大声で言いながら、一同でさっと入って来た。庵室の者は皆、恐れて音も立てない。鹿之介が出て、彼らに向かい、

「お前たちは戦さ場を逃げて来た者か、そうでなければ盗人であろう。この庵室は僧侶の隠れ家であって、軍勢誰彼《だれかれ》の立ち入りを禁止されていることは、美濃・尾張の武士は皆よく知っている。立ち入ることさえ許されぬ者に、粥《かゆ》や飯を出すことがあろうか。早く出て行け、出て行かぬならやりようがある」

と言って、庭の立て石の五、六尺（一・五〜一・八メートル）ばかりもあるのをさっと引き倒し、それに腰を掛けて相手を睨《にら》んだ。武士どもは初めの勢いに似ず、

「ああ間違った、許されよ。余りにひどく疲れて庵室を見違えた。さらば……」

と、皆走り出て、行方が分からなくなった。老法師を始め、一同大変喜んだ。

ところがその夜、あの武士たちは二た手に分かれて、庵室の前後から押し入って来た。鹿之介はかねてこのようなこともあろうかと思い、寝ずにいたので、直ぐに法師らを一所に忍ばせ、自身は戸口の内の床板をはぎ上げ、押し入ったら落ちるように構えて待っていた。表から来た者は皆たやすく落とし穴に落ちて、手足をもがくのを、そのまま上に床板を敷き並べて上に重

しを置いた。

そうして裏手へ回って見ると、窓の戸を引き外《はず》し、そこから入ろうと構えている。鹿之介は見て、窓の陰に添って身を潜め、様子をうかがっていた。武士たちはそれに気付かず、小高い窓に手を掛け、伸び上がって飛び降りるところを、罠《わな》に引っ掛けて傍《かたわ》らの柱に縛り付け、六人全員を生け捕った。

また、表へ回って床板の重しをのけるのに、裏手へ回った同僚が助けに来たように見せかけたので、床の下からおめおめと這《は》い出て来るのを、「こっちへ来い」と言いながら、罠を首に引っ掛け、八人を皆からめ捕った。

そして、一人一人糾問《きゆうもん》すると、この者どもはこの辺の野武士で、追い剝《は》ぎ強盗をして世を渡る者どもであることが分かった。一々首を刎《は》ねるべきであるが、庵室の仏も照覧されているところで、人の命を断つべきではない、と思い返して、主の老法師に、

「どうしたらよろしいか」

と問うと、

「許し給え」

と、揉《も》み手をして言う。

「それでは放してやろう」

と、罠を解き、

「思うように出て行け」

と言うと、首領と見える男が、鹿之介に向かい、

「某《それがし》は生まれ付きの盗人ではござらぬ。ただ一日の命を過ごし難く、このような浅ましい行いを致しておる。さて、盗みに入ったこと百余度、大小の戦い七十余回、いまだ今夜のような危ない目に会ったことは無い。そもそも貴殿は何人《なんぴと》でござるか、御名字をこそお聞き致したい。けれども今、某などに向かっては名乗られないであろう。天晴れ貴殿がどこかで志を立てられた時、馳せ参ずるために、せめて印ばかり知らせ給え」

と言う。鹿之介は聞いて、

「こやつ何を言うか、この庵室の居候《いそうろう》として世を過ごす我らが、何の志を立てようか。早く行け」

と言ったので、野武士どもは、名残り惜し気に見返りながら立ち去った。

それから老法師らも、鹿之介をいよいよ頼もしく思い、誠意を持って交わっていたが、このことが四方に聞こえて、出雲の浪人と言うので、山中鹿之介と気付く者があったら煩《わずら》わしいと思ったのであろう。鹿之介はやがてこの庵室を立ち去った。

## ⒅　榊原康政〈秀吉を謗《そし》る札〉

秀吉が織田信雄《のぶかつ》（信長次男）・徳川家康の連合軍と小牧《こまき》（愛知県）で戦った時のことである。家康の家臣榊原康政が秀吉のことを謗《そし》った木札をあちこちに立てた。木札には、

「織田家に向かって弓を引くこと、不義悪逆の至りなり」

と書かれていた。秀吉はこの札を見て歯がみして怒り、

「康政の首を取った者には、十万石の領地を与える」

と触れさせた。

その後、両陣和睦して、家康と秀吉の妹が婚姻することになった。それについて秀吉から家康に、「初めの使いに榊原康政を上らせ給え」とのことで、康政は上京して秀吉に対面した。秀吉は康政に、

「小牧で札を立てた時、その方の憎い首を一目《ひとめ》見ることだけを思ったのに、今このように和睦になったので、その方のあの時の志も今は了承している。このことを直《じか》に言いたいと思いその方を迎えた。小平太（康政の呼び名）と呼ぶのはどうかと思うので、叙爵《じょしゃく》することにしよう」

と言って、式部大輔《しきぶたいふ》の官名を贈ることにした。そして秀吉は康政に厚く馳走した。

## ⒆ 徳川家康〈信長を脅《おど》す〉

武田勝頼が長篠城（愛知県）へ攻めて来た時、家康は家臣の小栗重常《おぐりしげつね》を岐阜の織田信長のもとへ遣わし、援軍の要請を二度にわたって行った。けれども信長は、それに応じようとしなかった。信長の考えでは、すでに武田信玄は没し、子の勝頼は愚かで家臣の信望を失っているので、武田家はそのうちに衰亡するであろう、と信長は勝頼を軽視していた。

家康が三度目に重常を信長方へ遣わす時、重常に申し含めたのは、

「わしは先年、信長と交誼《こうぎ》を結び、互いに救助することを約した。それで六角義賢（承禎《じょうてい》）退治以来、数度信長を救援して大功を遂げさせた。信長が今さら違約して加勢を送らないならば、わしは勝頼と和して先鋒《せんぽう》となり、信長の本拠地である尾張を攻め取って、遠江《とおとうみ》（静岡県）を勝頼に与え、わしは尾張を領有しよう。その方密かに矢部善七郎（信長近習）にこのことを

告げ知らせよ」

　重常は岐阜に行き、重ねて信長に援兵を願ったが、信長は許容しなかった。そこで重常は、矢部善七郎に会い、右の密談を話した。信長は聞いて大いに驚き、急ぎ援兵を出すことにしたという。

## ⒇　後藤又兵衛〈戦況を予測〉

　朝鮮の陣に後藤又兵衛基次《もとつぐ》は、黒田長政に従って出陣した。ある時、長政は又兵衛を物見《ものみ》（斥候）に出した。又兵衛が馬を駆けさせて行くと、その道に一つの川があった。又兵衛はその川を渡って敵陣の近くまで行こうとしたが、日本の馬の沓《くつ》が川上より流れて来たのを見て、直ぐに引き返し、長政の前へ出て、

「味方の人々がはや川を越したと思われるので、敵陣近く行く必要もないと考え、立ち帰りました。早く軍勢を進め給え」

　と進言した。長政はその報告を聞き、馬の沓《くつ》のことを聞いて大いに喜び、

「又兵衛の巧者《こうしゃ》は、今に始まったことではないが、機敏な物見の仕方である。出かした」

　と言って、軍勢を進めた。

　この戦いで黒田勢の先手《さきて》は山の端を回った。先手が敵と戦って鬨《とき》の声を挙げるのを本陣に居た又兵衛が聞いて、

「先手の戦いは味方が負けた」

　と言うのを長政が聞いて、

「その方はここに在りながら、味方が負けたとは何をもって知るぞ」

「味方の鬨の声が次第に近く聞こえるのは、きっと負けて引き取ると思われます。勝ち戦さなら先へ進んで鬨を挙げるので、次第に遠くなるものです」

と言ううちに、味方の敗れた兵どもが朱《あけ》に染まって、段々に本陣へ帰って来た。人々は、

「又兵衛の察するところ神の如し」

と賞した。

この戦いで、敵陣が見えないところで長政が言うには、

「遥か向こうに馬煙《うまけむり》（馬が駆けて立てる土煙）がひどく上がっているが、戦さの勝ち負けはどうなっているのか」

又兵衛が馬煙を見て、

「敵が打ち負けて引き取ると見えます。その訳は、敵が進んで来る時の馬煙は、こちらへ近付くので黒く見え、逃げる敵の馬煙は、遠くなるので白く見えるものです。今見えるのは白んでいるので、敵の敗北と見えます」

又兵衛の言葉は少しも違わず、敵の敗軍であった。

## ㉑ 本多正信〈石田三成を利用〉

豊臣秀吉が死去し、翌年、前田利家が病死すると、朝鮮の役で石田三成に不満を募らせていた、加藤清正・福島正則ら七人の武将は、三成を殺そうと計画した。家康は、助けを求めて来た三成をかくまい、三成を説得して、奉行の職を辞任することと、居城佐和山（滋賀県）へ退

去することの二つを承知させた。

　三成が佐和山へ退去すると聞いた右の七将は、三成を途中で待ち受けて討ち取ろうとした。家康はこのことを聞いて、家臣の本多正信を召して、

「三成のことはもう打ち捨てて置こうか、どうしたらよいと思うか」

　と問うた。正信は、

「今、日本を取って徳川家に献ずる者は石田三成より外にありません。その訳は、石田は悪巧みをするので人々が憎んでいますが、また石田に味方する者も多く、容易に打ち滅ぼすことは出来ません。それで、石田を憎む人々は、石田らが徳川を除こうとする動きに乗じて、徳川へ味方することによって、徳川の手を借りて石田を滅ぼそうとしているのです。

　石田が今滅びたなら、天下は平穏になるかというと、決してならないでしょう。石田がいなくなれば、諸将は外面では殿に敬服しても、内面では隙《すき》をうかがう者も出て来ましょう。石田が生きていれば、太閤の恩を受けた豪勇の武将たちは、秀頼公に背くことをはばかって、石田を憎む心を移して殿に懐《なつ》くことになりましょう。石田が在れば殿を敬し重んずること、いよいよ厚くなるでしょう。

　その上、石田の人柄は、長く人の下に屈する男ではありません。やがて兵を挙げるであろうことは、手のひらを差すように明らかです。石田が挙兵しても恐れるに足りません。その時、石田に打ち勝たれたなら、殿は自然に勢力を得させられて、誰もが靡《なび》き従うでしょう。日本の三分の二は殿に帰服しましょう。そのためにも今は石田を討たせずに差し置かれるべきです」

　と、述べた。本多正信はその時、家康と三成が最後には決戦をしなければならないであろう、

と予想していたのである。

家康は正信の考えを了解し、三成を佐和山へ無事送り届けるため、子の結城《ゆうき》秀康に三成を警護して佐和山へ送ることを命じた。


関ヶ原の戦いが終わって後、本多正信は秀忠の供をして、京都二条城で家康に拝謁した。その時、石田三成の息子が妙心寺（京都市）で、すでに幼年のころから仏弟子として修業しているので、お許しを給わりたい、と、寺の住職を始め僧一同が願い出ているとの話を聞いた。正信は
「それは早くお許しなされよ。三成は当徳川家に対し奉りては、良い奉公を致したので、その子の坊主一人や二人お助けなさるとも、何の差し支えがありましょう」

家康は聞いて、

「三成がわしに良い奉公をしたとはどういうことか」

と、咎《とが》めた。正信は、

「左様でございます。今度、三成が無分別にこのようなことを企てなかったら、ご勝利にもならず、当家御一統の御世《みよ》にもならなかったでしょう。そうすれば、三成は当家へ大忠を尽くしたと存じます」

家康は聞いてニッコと笑い、

「おかしな言い様もあるものかな」

と、戯言《ざれごと》を言って、僧となっている三成の子を許すことにした。

## (22) 本多正信〈家康と秀忠の仲を取り持つ〉

徳川家康は鷹狩りを好み、禁猟区を設けて他の者の立ち入りを禁じていた。家康が東金《とうがね》（千葉県）で猟をしている時、狩猟用の網を張ってあるのを見付け、

「誰がこれを申し付けたぞ」

と尋ねた。近臣の者が、

「青山播磨守忠成《ただなり》・内藤修理亮清成《しゅりのすけきよなり》の指図です」

と申す。青山・内藤の二人は共に将軍秀忠の近臣であった。家康は大いに怒り、

「青山・内藤がまさか一存でやったわけではあるまい。我が鷹場へ二人の考えでこんなことをよくするものか」

と、暗に秀忠の指図によるものとして、もっての外に腹を立てた。このことが江戸へ聞こえると、秀忠も殊のほか驚き、まず阿茶《あちゃ》の局《つぼね》を家康のもとに遣わした。しかし、家康は阿茶の局に接見を許さなかった。秀忠は困って、青山・内藤二人の役職を解任し、本多正信を召して、申し訳をどのようにしたらよいかを相談した。正信は承り、某《それがし》へお任せ下され、と言って、さっそく東金へ行くと、家康は直ぐに呼び寄せ、

「寒気の時節大儀である。それにしても何事で来たのか」

正信は、

「某《それがし》こと、数年おひざ元で勤めましたところ、何の科《とが》が有ってか江戸（将軍）へお付けなされました。結局は切腹を仰せ付けられるものと存じて居ります。老後の思い出に何とぞ駿府へ

召し返して頂きたい。このことをお嘆き申し上げたく参上仕りました」

「今、改めて何事があってそのようなことを申すのか」

「新将軍には殿を恐れ給うこと一通りではございません。このたびも東金でご機嫌が悪いと聞こし召され、甚《はなは》だもって恐れさせ給い、青山・内藤両人共に閉門蟄居《ちっきょ》を仰せ付けられ、このうえ御機嫌次第では厳しいお叱りを仰せ付けられるとのことです。御父子の間で鳥を取ろうと網を張ったとて、私ごとの用でしたわけでもなし、また、このことについて何かをお聞きなされたわけでもなし、このような少々のことにさえ恐れ入られ給うては、毎度、諫めを申し上げる某などは串刺《くしざ》しにもなるであろうと、恐ろしく存じ奉ります」

と言うと、家康の怒りも解けて、

「さては将軍はそのように思っているのか、二人の者は早々に許すように取り計らえ。その方はいよいよ将軍の補佐を頼み入る」

と、懇《ねんご》ろに言われたので、正信は喜んで江戸へ帰り、青山・内藤の二人も閉門を許された。正信の機知に富んだ取り成しで、この場は収まったのである。

## ㉓ 酒井忠次《ただつぐ》〈長篠での戦略〉

織田信長・徳川家康の連合軍が、武田勝頼の軍勢と戦った長篠の戦いの時のことである。軍議の席で、信長は徳川方の武将酒井忠次を召して、意見を求めた。忠次は、

「勝頼は鳶ケ巣山《とびがすやま》（愛知県）から有見原《ありみ》へ打ち出します。勝頼が留守にした鳶ケ巣山の砦《とりで》を奇襲して陣屋を焼き払い、その後で有見原の背後を突けば、勝頼は必ず敗北するでしょう。今夜

襲うべきです」

と言った。信長は聞いてカラカラと笑い、

「いかに忠次、そのような留守稼ぎは、三河・遠江《とおとうみ》などで、百騎二百騎の小競り合いの時のことである。さすがの勝頼との戦いに、そのような小戦さは思いも寄らぬこと、蟹《かに》は甲羅に似せて穴を掘るとはこのことよ」

と、殊の外にあざけったので、忠次は赤面して座を立った。

さて、軍議が終わって皆が退出してから、信長は密かに家康を招いて、忠次を呼ぶようにと言った。忠次が来ると信長は側へ呼び寄せ、

「さすが徳川殿の片腕と言われるほどのことはある。先程の戦略はもっともである。あの時、もっともと言うべきであったが、諸人が列座しているのをはばかって、最前のように言ったのだ。夜襲は敵に知られては成功しないからである。今夜の先手《さきて》をその方に申し付ける」

と言われ、忠次は面目を施《ほどこ》した。さらに信長から織田の鉄砲隊五百人と、軍監として信長の母衣《ほろ》衆金森長近《ながちか》、家康から本多広高を忠次に付けられた。忠次は夜を徹して鳶ヶ巣山へ取り掛かり、武田の留守隊と激戦して、ついに砦を焼き落とし、長篠戦勝利の端緒を作ったのである。

## ㉔　内藤昌豊《まさとよ》〈上人《しょうにん》と葬式で論議〉

内藤昌豊は武田信玄の家臣で、武田家四将の一人と言われた。昌豊の妻の母が死んだ時、その母が一向宗（浄土真宗）であったので、一向宗の上人以下の僧が多数葬式に出席した。昌豊が死者に供える膳をいかにも見事に用意した時、上人が、

「わが宗では阿弥陀《あみだ》へ食を供えれば、脇は要らぬことです」

と言って、死者に膳を供えなかった。昌豊が、

「それはどうして他宗と異なる考え方になるのですか」

と尋ねると、上人は、

「阿弥陀こそ大事なのです。脇へ食を供えるのは迷いの心で、わが宗から見れば、他宗はおかしく見えます」

と言う。昌豊が、

「死者が飢えたらどうしますか」

と問うと、上人は、

「阿弥陀にさえ食を供えたら、それがすべての衆生《しゅじょう》へ施《ほどこ》しになります」

昌豊は聞いて手を合わせ、

「それにしても殊勝なことです。他宗と違って面倒のない宗旨であるわ、一尊に施せば万人に渡るとは珍しく、まずもって重宝な宗旨であることよ」

と褒めると、上人は大いに喜び、

「わが宗ほど殊勝な宗はありません」

と、自賛した。

さて、読経が終わって、昌豊自身が上人の前に膳を据え、残り百人余りの坊主には、一切膳を出さなかった。坊主どもはこれを見て、

「これはどうしたことですか、膳を頂きたい」

と言う。昌豊はそれを聞いて、
「ようお口の違うことよ。上人にさえ差し上げたなら、ほかのお坊さんたちも腹一ぱいになるかと存じ、このように致しましたが」
坊主どもはあわてて詫び言を言って、死者にも膳を据え、他宗のようにして葬式を終えた。

## ㉕ 東軍武将の妻子〈大坂脱出作戦〉

加藤清正夫人（側室で後の清浄《せいじょう》院）とその子藤虎は、加藤家の大坂屋敷に住んでいた。関ヶ原合戦が近付くと、石田三成は大坂屋敷に居住する東軍武将の妻子を、人質として大坂城へ入れようとした。

清正から大坂留守居役を命じられていた大木《おおき》土佐らは、策を巡らせて清正夫人と藤虎の脱出を計った。まず、藤虎とよく似た顔の子を探し出し、屋敷に連れて入り、藤虎とその子の着物を取り替えさせ、髪形もその子と同じように作り変えさせ、その子が帰るように見せかけて連れ出した。

一方、清正の船奉行梶原助兵衛は、大坂の河口に詰め所を置いて、毎日屋敷から通っていた。大木土佐はこの梶原と相談し、密かに夫人脱出計画を練った。梶原にくちなしの煎《せん》じ汁（解熱剤）を飲ませ、四、五夜眠らせずに置いて、衰弱し疲労しきって重病人のようになったのを駕《か》籠《ご》に乗せ、毎日詰め所と屋敷の間を往復した。梶原はいかにも重病人らしく、駕籠に乗ると、厚い綿の入った夜着を後ろに打ち掛けて、ぐったりとそれに寄り掛かる。

こうして十日余りも経って、警固の兵が駕籠の出入りに慣れて油断したころを見計らい、細《ほ》っそりと小柄な体つきの夫人を駕籠の中にひそませ、その上から綿入れの夜着を打ち掛け、いつもの通り梶原がぐったりとそれに寄り掛かった。

大木土佐は、夫人脱出がうまく成功するかどうか心配でたまらず、門内の物陰で耳を澄まし、もし見咎《みとが》められ発見された時は、夫人を刺し殺し、自分も切り死にする覚悟であった。だが、幸い見咎められることもなく河口に着いた。

そこで夫人と子息藤虎を小舟の底に隠し、上へ荷物を置き、船番所の目をごまかして大坂を脱出し、海上で待ち受けていた大船に乗り移って、九州へ向かった。瀬戸内海を横切り、九州の中津港（大分県）で、一たん黒田官兵衛の保護を受けた後、黒田から護衛の武士を付けられて、無事、清正の領地熊本に帰り着くことが出来た。

黒田長政の母幸園《こうえん》と妻女ねねも、家臣の努力で大坂屋敷を脱出することが出来た。

各大名の妻子を大坂城へ移すようにとの情報は、大坂城内の黒田家の縁者から、事前に黒田家へ知らされていた。長政の家臣らは相談して、黒田家に出入りしている納屋《なや》小左衛門という商人の家に、黒田官兵衛の妻幸園（長政母）と長政の妻ねねの二人をかくまってもらうよう、すでに手配済みであった。

けれども二人の身を移そうとした時、大坂方の監視人がすでに黒田屋敷を遠巻きにしていた。そこで黒田家では、夜を待って屋敷の裏手の湯殿の壁に穴を開け、幸園とねねをそれぞれ米俵につめて外へ出す、それを二つの駕籠に入れて、商人に変装した母里《もり》太兵衛が天秤棒《てんびんぼう》で担い、納屋小左衛門の家へ運んだ。納屋の家では二人を蔵に住まわせ、食事も納屋夫婦が運んだ。

幸園とねねが黒田邸を出た後、黒田邸は五十人の騎馬武者と六百人余りの大坂方の兵士に取り囲まれた。兵士は二百丁の鉄砲を持っていた。大坂方は二人の内室の所在を聞き、黒田家の家老が、

「二人とも屋敷内に居ります」

と答えると、幸園とねねの顔見知りという二人の女性が、二人の所在を確かめるために黒田邸へ遣《つか》わされた。

黒田家では取り急ぎ幸園とねねに似た侍女を選び出し、ねねの方は病気と称して蚊帳《かや》の中に入れ、大坂方の二人の女性には一部屋間隔を置いて見させた。幸い大坂方の女性は、幸園もねねも若いころの顔しか知らなかったので納得した。そして、

「御内室は二人とも屋敷に居りました」

と、大坂方へ報告したので、黒田家は無事であった。

そうこうしているうちに、中津（大分県）の黒田官兵衛が遣わした迎えの船が大坂湾へやって来た。だが、大坂方は川にも港にも軍船や早船を配し、百人余りの武装した兵士を警戒に当たらせて、女の通行は特に厳しく取り締まっていた。それで、なかなか二人を船に運ぶことが出来なかった。黒田方が思案に暮れていたところ、七月十七日のこと、突如として玉造の空に火の手が上がった。

「火事だ！」

川の番船も警備の兵たちも、先を争って玉造へと向かった。そのため川の見張りが手薄になった。

「今だ！」

黒田方では時を移さず、幸園とねねを大きな木箱に詰めると、裏の川の小舟に乗せ、途中の監視の目をくぐり抜けて、大坂湾で待つ迎えの船に無事運び込んだ。

玉造の火事は、大坂方の人質になるのを拒《こば》んで死んだ細川ガラシャの、細川邸を焼く炎であった。幸園とねねは、奇《く》しくもガラシャの死に救われたのである。七月二十九日、幸園とねねは無事、中津に着くことが出来た。

## (26) 小早川隆景〈深謀遠慮〉

毛利輝元は、居城広島の地形が低く守り難く攻められ易いので、山の小高いところに城を築いて移ろうと考えた。家老たちを集めて評議し、このことを叔父である小早川隆景に相談した。隆景は、

「ただ今の城は良くない。けれども城郭は国の安危に係《かか》わるところであるから、築城するかどうかは大事な決断である。黒田官兵衛はそのようなことに詳しいので、相談してみよう」

と答えた。黒田官兵衛は中津（大分県）城主であったので、大坂から領国へ帰るついでに広島城を見てもらった。官兵衛は城を見て、要害が悪いとは思いながら、毛利輝元は八か国を領する大名なので、もし毛利が秀吉に反逆の心を起こし、この城に立てこもるようなことになれば、要害の良い城では、秀吉のために悪いことになるだろうと考え、

「この要害は差し支えない。今どき城を改築されるのも莫大《ばくだい》な苦労なので、ただこのままで何の心配がありましょうや」

と言った。隆景は官兵衛のこの言葉を輝元に告げて、城を改築することを止めさせた。

その後、秀吉が九州へ向かう時、広島城を見て、

「この城は地形が低くて要害が悪い。水攻めにすれば、たちまち落城するだろう」

と、評した。輝元はこれを聞いて隆景を恨んだ。隆景は輝元が恨んでいると聞いて、

「要害の悪いことが毛利家長久の計略である。その故は、毛利家の領国が多過ぎるので、何かのはずみで、秀吉が毛利家を警戒するような事態が起こるかも知れない。そのような時でも、この城が要害悪く籠城《ろうじょう》し難いと考え、秀吉が気遣いしないのが当家安全の基《もと》である。

黒田官兵衛は秀吉の近臣なので、要害の悪いところを見せて安心させたのである。官兵衛は、きっと要害が悪いと知りながら、秀吉のためを思って、このままで良いと申すであろうと、自分は推量したので、わざと官兵衛に見せたのだ。

もしまた、毛利家に不意の変が起こって、籠城しなければならない事態になれば、領国の内に要害の良い所は数多くあるので、広島の城が悪くても事欠くことはない。ただ、秀吉より心安く思われるのが、何より良い城郭である」

と、考えを述べた。これを聞いた人は皆、隆景の深謀遠慮に感嘆した。

## ㉗　小早川隆景〈才知と思案〉

小早川隆景が、かつて黒田官兵衛に言った。

「貴殿はことを決断して後に悔《くや》まれることがあられるであろう。なぜならば、貴殿の才知は甚《はなは》だ鋭敏で、一を聞いて二を知るほど聡明なので、人の言うことを聞くと同時に、即座に善悪を

決断し給うこと、水が低いところへ流れる如くである。そのために十分に思慮を尽くされず、ことによっては貴殿の本意ではないこともあって、後悔されることもあるであろう。

我らの才は甚《はなは》だ鈍いので、人の言うことを聞いて、直ちに是非を判断することが出来ず、心を込めて時間をかけて考え、ようやくその是非を知ることが出来る。それ故、いつも十分の思慮を尽くすので、すでに決断したからには、是も非もわが心に有るところの力をすべて出し尽くした結果なので、後悔することはほとんど無い」と。

# 九　情が伝わる

## 【敵に対する情】(1)～(3)

戦っている時の相手は敵であるが、戦いが終われば敵も味方もない、そこに人間同士の情が生まれる。

### (1)　原虎胤《とらたね》〈敵の老武者《おい》をいたわる〉

原虎胤は若年のころ、下総《しもうさ》（千葉県）の千葉城主千葉勝胤《かつたね》に仕えていた。ある年、勝胤は隣国常陸《ひたち》（茨城県）の兵と戦って大いに勝ち、敵兵を追い払い、馬の背に食糧などを載せた小荷《こに》駄《だ》の一隊を分捕った。

一人の老武者が、小荷駄の陰でもぐさを据えて傷の治療をしていた。名を聞いたが答えず、ただ首を取れと言う。勝胤は殺すに忍びず、早くここを去れ、と言った。その武者は、傷を負っているので動くことが出来ない、と言う。その時、原虎胤が勝胤に、

「私がこの武者を常陸の陣まで送り届けたいと思いますが……」

と言うので、勝胤はこれを許した。

虎胤はその武者を背中に負い、常陸の軍勢が敗走した跡をたどり行くこと二、三里（八〜十二キロ）、その武者が、巴《ともえ》の模様を描いた旗を押し立て三、四百人ばかりの兵が真ん丸になって集まっているのを見て、

「あの陣に連れて行ってくれまいか」

と言った。虎胤は言われるままにその方へ向かった。その間が百間《けん》（百八十メートル）ばかりになった時、その陣から武者六、七人が駆けて来て、手負いの老武者を迎えた。虎胤が、

「何者ぞ」

と問うと、六、七人の者が、

「この老武者は我々の叔父です。我らの持ち場が危急に迫り、主君が退きかね給うのを守護して、ようやくこの地まで逃れて来た。それで叔父の負傷したことを知らなかったが、君の厚い義勇によって、今再会することが出来た。恩を感謝する言葉もない。どなたでございましょうや、ご姓名を承りたい」

と言う。虎胤は、

「先に御辺の叔父に名を問うたが、答えなかった。拙者もまた名乗らず。ただ老人の手負いをいたわしく思って送って来ただけである。幸い甥御《おいご》たちに巡《めぐ》り合って渡すことが出来て、わが望みは達した。但し、御辺の姓名を聞いて帰らねば、わが主君に答える言葉が無い」
六、七人の者は、
「名乗るには主君に知らせてからでなければ、後で咎《とが》めを受けるであろう。それでは主君に申

し上げよう」

と、陣中へ入って行った。その時、手負いの武者が虎胤に、

「君は年は若いけれども、勇武は関東に比べる者が居ないであろう。某《それがし》らが何人寄り集まってもかなうものではない。わが腰差しの瓢箪《ひょうたん》は、千葉殿も見知っておられる物である。甥共の腰差しも、また瓢箪である。某の分と合わせて八つある。これを君に与えよう。これを印とすれば、姓名を告げる必要は無いであろう」

戦場では、腰に小さな旗を差して各自の印としたが、この人々は旗の代りに瓢箪を差していたのである。虎胤は瓢箪を受け取り、再び姓名を問うことなく、本陣に帰り、このことを勝胤に報告した。勝胤は虎胤の始終の行動を勇気あるものとして、これより後は八瓢箪をもって虎胤の腰差しにするよう命じた。

その後、再び千葉勢と常陸勢が戦った時、常陸勢は虎胤の腰差しを見て、これこそ千葉の勇士である、と、戦いを止めて見物した。そのうちに原虎胤と名を知られ、やがて敵中に知れ渡った。

すると一方では、その勇士を討ち取ろうとする者も現れ、虎胤を取り囲んだ。虎胤は縦横に奮戦して三人を討ち取り、四人に手傷を負わせ、なお槍を取って進むところへ、一人の武者が横並びに来たと思うと、むずと組み付いて来た。

虎胤はどうしたことか組み敷かれた。下から跳ね返そうとするが、両方の手を踏まれて動くことが出来ない。敵はすでに首をかき切ろうとして、冑《かぶと》の内側を見、顔に付けた金具の透き間

から相手の顔を見ると、意外なことに、敵は太刀を取り直して、自分の首をかき落とした。虎胤は驚き、不思議に思ってこの男の面を見れば、あの老武者が甥と言った男であった。

戦い終わってこれを尋ね聞くと、水谷勝氏《かつうじ》の家臣で、牛久《うしく》隆直《たかなお》と言う者であることが分かった。叔父を助けてくれた恩を、自身の死で返したのである。原虎胤十七歳の時のことであった。

## (2) 島津家久〈敵の敗将を悼《いた》む〉

天正十四（一五八六）年、島津家久は筑前（福岡県）岩屋城の高橋鎮種《しげたね》を激しく攻めた。その時、鎮種は、同じく島津と戦っている同国立花城主立花宗茂《むねしげ》へ、使いとして谷川大膳《だいぜん》を送った。大膳は山伝いに立花城へ行き、宗茂から返事をもらって直ちに岩屋城へ引き返した。大手門へ忍び寄り、

「大膳ぞ、開けて入れられよ」

すると敵が大勢出て来て取り籠《こ》め、縄を掛けた。岩屋城はすでに落城し、城は敵の手に渡っていたのである。

大膳は家久の前へ連れて行かれ、どういう者ぞ、と尋ねられた。大膳は少しも隠さずに名乗って自分の役目を述べた。家久は、

「鎮種は今日、戦死を遂げられた。その方はもう我らに従われよ、鎮種より与えられたと同様の扶持は遣《つか》わそう」

と言った。大膳は答えて、

「かたじけないこと身に余るお言葉です。けれども、このような時にその望みはございません。

ただ御芳志に預かりたいことが一つ有ります。私、立花よりの返書を懐中しておりますが、首を刎《は》ねられて後御披見給わりますれば、何事かこれに過ぎた喜びはございません」

聞いて家久は涙を流し、

「誠の侍とお見受け申す、その状を披見する望みはござらぬ。持参してお帰り下され」

と、丁寧に言って、縄を解き、人を添えて立花へ送り返した。

さて、鎮種が討死《うちじに》した武具の引き合わせに一封の書があった。表に島津中務《なかつかさ》（家久）殿と書かれてあったので、家久が開いて読むと、

「今度降参を勧められたが、その言《げん》に従わなかったのは、義の重いことを考えての故である」

とあり、別に一封の書を大友に送り届け給わりたい、とあった。大友は当時、鎮種と同盟関係にあったのである。家久はこれを見て、

「類《たぐ》い希《まれ》な勇将を殺したことよ、この人を友としたらどれほどか嬉《うれ》しかったことであろうに、惜しいことをした。弓矢取る身ほど恨めしいものはない」

と言って、僧を招き、葬式の礼を執り行った。壇を築いて、家久は香をたき再拝した。薩摩（鹿児島県）は義に感ずる国風があり、武者たちは皆焼香して涙を流し、鎮種の勇武を褒めたたえた。島津家では、これを〝武者引導〟と言って、島津の家風であったという。

### ⑶　徳川家康〈武田信玄の死を悼《いた》む〉

武田信玄は三方《みかた》ヶ原（静岡県）で徳川家康を破った翌年に病死した。家康は自分を打ち負かした信玄が死んだ、と聞いて言うには、

「甚《はなは》だ惜しいことである。信玄のように上手に弓矢を取った大将は古今珍しい。この家康は若年のころより、信玄のように弓矢を取ることを習いたいと思い、密かにその仕方を見ていたが、万事にわたって気付かされることが多かった。そうすると、信玄は我らがためには弓矢の師匠である。今は敵対関係にあるので、弔《とむら》いの使いこそ送らないが、隣国の名将が病死したことを喜ぶべきではない。

我が本心はこのようであるから、家中の者は下々までその心懸けで居なければならぬ。例《たと》え敵であっても名高い武将の死去を悼《いた》むは、武士の心である。その上、隣国に強豪の敵があれば、その影響を受けて武道を励み、たしなみ、領国を支配するにも敵国への外聞をはばかるので、自然に政治の仕方も間違わず、きまりも正しくなる道理であるから、つまりは我が家を長久に保つ基である。

さてまた、隣国にそのような強豪の敵が無いと、味方に弓矢のたしなみが薄くなり、上下共に自分勝手に威張り、恥じることも恐れることもなく、ついに励むことを忘れる。それで、年を追って敵を攻撃する力も弱ることになる。故に信玄のような敵将が死ぬのは、少しも喜ぶことではない」

この家康の心の内を徳川の家中一同伝え聞いて、殊のほか信玄の死を悼んだ。家康は敵を理性的に評価する心の余裕を持っていた。

**【夫婦愛】(4)**

これは武士ではなく、百姓の話である。このような夫婦愛も存在したのである。

### (4)　妻の死罪に殉じた夫

この話は私（筆者）がその出所を忘れ、見付け出すことが出来ないので、私の記憶を頼りに述べることにする。

ある百姓夫婦の妻の方が大きな罪を犯し、死罪に行われることに決まった。夫はそれを聞いて役所へ出向き、妻の代りに自分が罪を受けたいと懇願した。しかし、役人はそれを許さなかった。妻が罪を犯したのであるから、妻が償《つぐな》うべきである、と言うのである。その夫は止むを得ず、妻が罪を犯したのは自分にも責任があるのだから、夫婦同罪にして一緒に死罪を受けたいと願った。たっての願いに、役人も止むなく承知した。

そして死刑の当日、二つのはりつけ柱が並んで立てられた。夫婦はその柱に縛り付けられ、処刑の合図と共に二人は同時に刑を受けた。二人は心の中で、この上ない強い愛情で結ばれている幸せを感じながら、一緒に最期を遂げたのである。

**【動物愛】**　(5)〜(8)

人の愛情は動物へも及ぶ。これは人間自然の心情である。

### (5)　島津義弘〈愛馬に以心伝心《いしんでんしん》〉

島津義弘には愛する名馬があり、〝長寿院栗毛〟と名付けていた。木崎原《きさきばる》（鹿児島県と宮崎県の境）で、伊東氏の軍勢と戦った時のことである。伊東の家臣柚木崎《ゆきざき》丹後が弓に矢をつがえて駆けて来た。義弘は退却の途中であったが引き返し、槍をもって丹後を突いた。丹後は少し低い地に居る。義弘の居るところは少し高いので、馬上からは距離が遠くて槍が届かない。

困っていると突然、義弘の馬がその場で膝《ひざ》を折った。すると槍の距離がちょうどになったので、義弘は丹後を突き止めることが出来た。これは馬が義弘の心に感応したのであろう。人と馬との間にも以心伝心ということがあると見える。これよりこの馬を〝膝つき栗毛〟と評判するようになった。

## (6) 明智光春〈湖水を渡った愛馬〉

明智光秀は、すでに織田信長を本能寺で討ち、安土城（滋賀県）を取り、城を明智光春に守らせて、自身は羽柴秀吉と戦うために山崎（京都府）に向かった。光春は安土城に居たが心落ち着かず、時が経つに連れて山崎の戦いを心もとなく思い、光秀に加勢しようと山崎へ向かった。だが、途中ではや光秀は討たれたとのうわさを聞き、坂本城（滋賀県大津市）へ入ろうと、琵琶湖の南端を回って大津に向かった。大津はすでに秀吉の先陣堀秀政の軍勢が占拠していた。

陸地は秀政の軍勢でふさがっているので、光春は止むを得ず琵琶湖へ馬を乗り入れ泳がせた。秀政の軍兵《ぐんぴょう》たちは水際に並んで、光春の溺《おぼ》れる有様を見ようと眺めている。光春は長く坂本城に居たので、大津から唐崎《からさき》まで約一里（四キロ）の遠浅はよく知っている。光春は大鹿毛《おおかげ》と名付けた名馬を御《ぎょ》して、遂に唐崎の浜に上がった。

松の木陰でしばらく馬を休め、追って来る敵を見て、再び馬に乗り坂本に着いた。お堂の前で馬を下り、手綱でお堂に馬をつないだ。そして、携帯していた筆墨を取り出して、「明智光

地図3
【明智光春関係図】

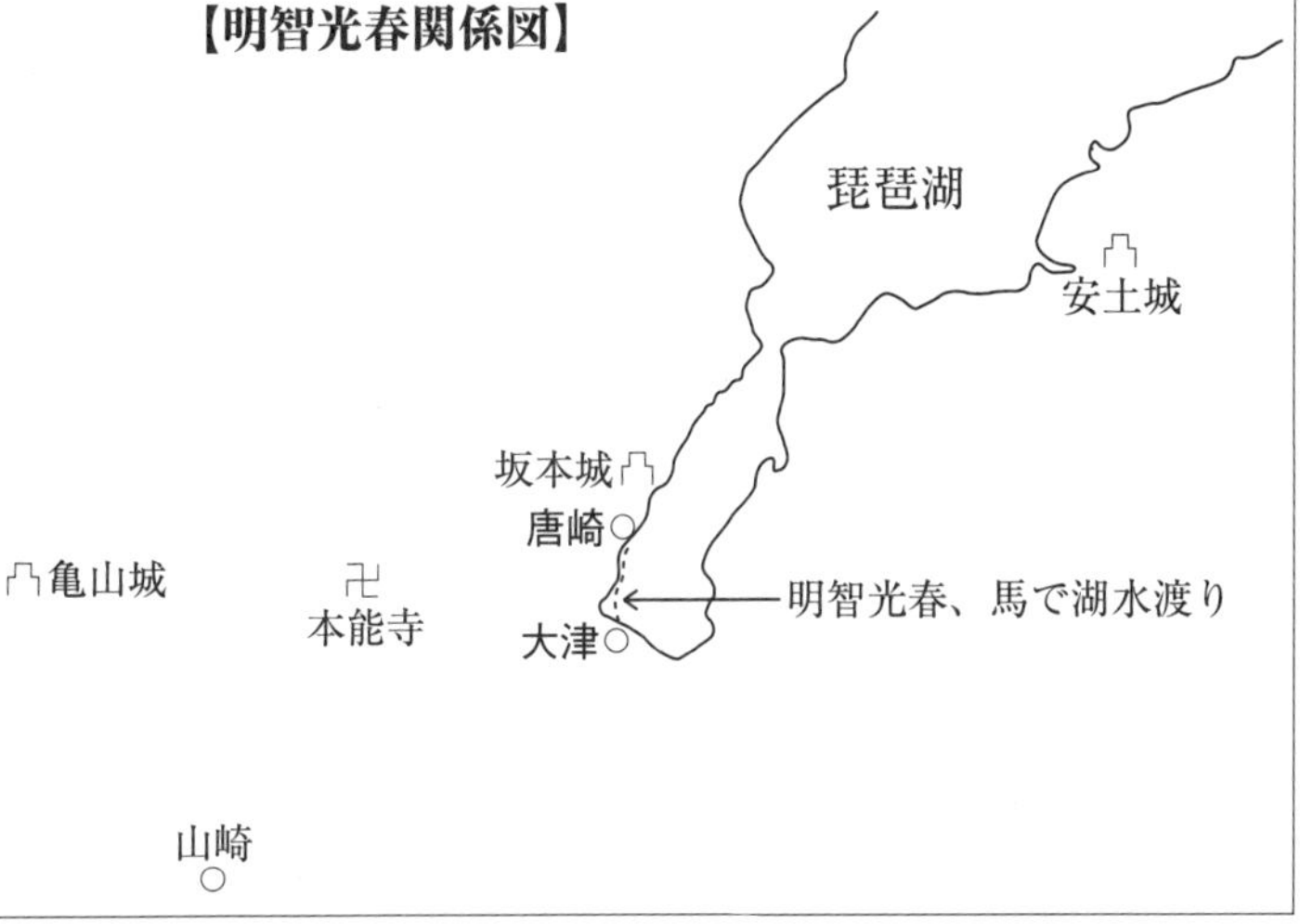


春が湖水を渡した馬なり」と、木札に書いて馬のたて髪に結び付け、城に入った。

後にこの馬は豊臣秀吉の手に渡り、〝曙《あけぼの》〟と名付けて賤ヶ岳の戦いの時、大垣（岐阜県）から賤ヶ岳の秀吉の本陣木之本（滋賀県）まで、約五十二キロの道を乗り切ったという。

光春の馬に対する扱いは、むかし後三年の役で、源義家に敗れた清原家衡《いえひら》が、秘蔵の名馬が敵の手に渡ることを妬《ねた》ましく思い、自分でその馬を射殺したのと比べると、雲泥《うんでい》万里の振る舞いかな、と、人々は光春の行いを褒めたという。

### ⑺　徳川家康〈馬は大事に扱うもの〉

豊臣秀吉が小田原征伐に取り掛かった当時のことである。徳川家康は、小田原への途中の道を、谷川に添って軍勢を進めていた。一方、堀秀政・丹羽《にわ》長重《ながしげ》・長谷川秀一《ひでかず》らの軍勢は、山の峰近くの道を小田原へ向かっていた。

堀秀政らが谷際を見下ろすと、徳川の旗・馬《うま》印《じるし》が見えたので、皆々立ち止まって見物した。谷には川が流れ、小さい橋が架《か》かっていた。徳川の軍勢はこの橋に行き掛かったが、乗馬のままで橋を渡ることが出来ず、橋の上下《かみしも》を下馬して歩いて川を渡った。家康も馬で橋詰めへ着いた。山の上で堀秀政ら三将が遥かに見つけ、

「家康公は世間に知られている馬の上手である。小橋を渡すを見物せよ」

と言って見ていると、橋詰めで馬を下り、その馬は橋より二十メートルばかり上《かみ》の方を、家《け》人《にん》四、五人で引いて渡し、家康は侍の背に負われて橋を渡った。三将の兵どもは、

「家康公は馬の名人と言われるのに、あの橋を乗り越すことが出来ず、人に負われて渡られたぞ」

と、笑って騒いだ。しかし、三将は家康の処置に深く感じ、

「馬に熟練した者は危ないことはしないものだ。殊に戦陣の前なので身を慎み、危ないことをされない心懸けは、誠に感じ入ったなされ方である。家康公があれほどの馬の名人とは存じ上げなかった」

と、感賞した。

家康は年寄ってはなお更のこと、若い時から、少しでも馬が歩きづらいと思われるところでは、馬から下りて歩いた。ある時、近習の者に向かって、

「我らが道の悪い所で馬から下りるのは、大坪流（馬術の一派）の極意の一つである。大体、少しでも危ないと思うところでは、馬には乗らぬものである。馬に乗れば乗ることばかり考え、少しもいたわる心がなく、馬の足を乗り損じ、ここはどうしても馬に乗らなくてはならぬというところで乗れないのでは、散々《さんざん》のことである。よく心得なければならぬ」

と言って戒めた。

## ⑻ 日本の犬〈明《みん》の虎を倒す〉

朝鮮出兵の途中で和睦交渉が行われたころのことである。明国から秀吉へ虎が贈られて来た。秀吉の慰みに献上するということであった。虎は檻《おり》に入れられ、堺（大阪府）で陸揚げすると大坂城へ運び込まれた。秀吉は係りの役人を任命して、虎の飼育に当たらせることにした。

虎を送って来た明人の話によると、普段の餌《えさ》には馬肉の切り身を与えるが、五日に一度くらいは生き餌を与えなければ、虎が勇猛さを失うと言う。生き餌には犬がよいとのことであった。そこで飼育係はむごいこととは思いながら、近くの村々から順次、犬を差し出すように、代官を通じて庄屋に割り当てた。庄屋はお上《かみ》の命令ということで、村内で飼っている犬の中から一匹を選んで報告する。それを徴発《ちょうはつ》係の役人が、下人どもに箱車を引かせて捕らえて回るのである。

生き餌にされた犬は、誠に無残であった。虎の檻《おり》に押し込まれた犬は、最初から正気を失って、入口にうずくまったまま悲鳴も上げることが出来ない。虎は悠々と近付いて来て、前足を上げて一撃して首の骨を折り、血を吐いて死んだのを、奥の寝所へくわえて行って食ってしまうのである。満足げに鼻を鳴らしのどを鳴らして、骨の一つも残さずバリバリと嚙《か》み砕いて飲み込む。後は舌なめずりし、あくびを二つ三つして寝てしまう。

そのころ、ある村に一人の猟師が居た。その猟師の飼っている犬は、赤毛の中型の犬であったが、なかなかの名犬であった。強くて利口で猟も上手であった。猟師は、その犬をこの上もなくかわいがっていた。

ある日、猟から帰って来ると、家族の者が青い顔をして飛び出して来て、猟師に言うには、うちの犬を虎の餌に差し出すように、と庄屋から連絡があったと言うのである。猟師は驚きと腹立たしさに、直ぐに庄屋の家へ談判すべく乗り込んだ。だが、間もなくしょげ返って帰って来た。庄屋に、

「わしも無理な仰せじゃと思うが、代官様は太閤殿下の仰せ付けじゃと申される。そう言われると、どうすることも出来んわ。殿下の仰せに背《そむ》いては、わし一人が罪人になるばかりではない、村中がおとがめを被《こうむ》ることは目に見えている。つらかろうが得心してくれや」

と、庄屋にことを分けて言われると、どうすることも出来なかったのである。

猟師は差し出すまでの五日間、存分に犬をかわいがることにした。毎日犬の喜びそうな物を自分で調理して食わせた。食わせながら、自分の体中の憤りを犬に託すように言って聞かせた。

「さあ、これを食って元気をつけろ、お前も日本の犬じゃ。しかもこの近郷近在では一番強うて一番賢うて、一番猟の上手な犬じゃ。相手は異国の虎じゃ、おめおめと食われてたまるか。しっかりと働いて、虎のどこへでも一咬《か》みは咬み付いて、それから死ねや。いいか、分かったか」

犬は食うのに夢中で、人の言うことが分かるはずもない。しかし、差し出す日が近付くにつれて、犬はめきめきと体力が付いて、当日になると精力絶倫の状態になっていた。

その犬が食われる日も、多数の見物人が集まっていた。犬は駕籠《かご》に入れられたまま、下人《げにん》たちの手で虎の檻《おり》の前まで運ばれて来た。今までの犬は、檻から二十メートルほどに近付くと、

虎の臭気と恐ろしい雰囲気を感じるようで、微《かす》かな悲鳴を上げて逃げようと焦るのだが、その犬は駕籠の底にうずくまったまま、身動き一つしなかった。鋭く立った耳だけがピリピリと絶えず震えて、緊張し切っていることを示していた。

一方、檻の中の虎は、うまい食べ物が近付いて来たことを知って寝所から出て来た。悠々たる身のこなしである。太くたくましく柔軟な足どりで、檻の中ほどまで進み出て、キッと入口の方を見たかと思うと、雷鳴がとどろくように吠《ほ》えた。血の滴《したた》っているような真っ赤な口、先の曲がってとがった真っ赤な舌、研《と》ぎ澄ました刃物のように鋭い白い歯、見慣れているはずの係り役人らさえ胸が震えるほどだから、見物人たちは顔色を変えている。たちまちシンと水を打ったように静かになった。

下人たちが役人の指図で犬を檻に入れた。一人が檻の戸口を開くと同時に、犬を抱き抱えていた一人が素早く投げ込み、投げ込むや否や戸を締めるのである。

投げ込まれたその犬は、宙で返ってスックと立ち、ゆっくりと腰を下ろした。両の目はランと光って虎をにらんで放さない。これまでの外の犬とは、まったく様子が違っていた。

虎はのそりと近付き、突如すさまじい唸《うな》り声を発したかと思うと、犬に躍り掛かった。見物の人々は、いつもの通り一たまりもなく背骨をたたき折られたと思ったが、犬は一声吠えるや虎の足をくぐって、虎ののどに咬《か》み付いていた。電光のような速さであった。

猟犬は、獲物を捕らえ、その息の根を止めるには、のど仏をかみ切るのが習性となっている。この犬も虎と対した時、即座にそうすることを思ったのであろう。一分の迷いもなかったに違いない。

虎は驚きあわて怒り、振り放そうとして激しく首を振ったが、犬は決して放れない。虎はいっそうあわて、激しく吠えながら躍り上がり躍り上がり首を振った。犬の小さな体はマリのように振り回された。しかし、それでも放さなかった。

遂に虎は後足で立ち上がって、前足でもぎ放そうとした。刃物のように鋭い爪は犬の胴体を引き裂いた。毛が抜け飛び散り、血がほとばしり、肉が剥《む》き出しになり、はらわたが流れ出したが、それでも放さない。虎は気が狂ったように、躍り上がり躍り上がり苦しみもがいた。頑丈な鉄の檻がメキメキと鳴りながら振動し、犬の血と肉片が散らばって、目を覆うばかりの有様になった。

こんなことが三十分も続いたであろうか、虎の勢いは次第に弱り、やがてドサッと前のめりに床《ゆか》に倒れた。猟犬が数多くの体験を通して得たただ一つの必殺技《わざ》は、自分の命と引き換えに、大敵を見事に仕留めたのである。

ことは秀吉に報告された。秀吉は直ぐやって来て自ら検分し、涙を流して犬を激賞した。

「天晴れな奴め！　天晴れな奴め！　天晴れ日本の犬じゃ、褒《ほ》めてやるぞ、立派に成仏するがよい」

そして、奉行の増田《ました》長盛を呼んで言った。

「この犬の死骸を持ち主のもとへ送って取らせよ。肉切れ一つ残すでないぞ。虎と立派に戦って仕留めた次第を詳しく書き送ってやれ。白銀十枚取らせよ」と。

# 十 その他のこと

ここには以上の一～九へ分類することが出来なかったものを集めた。

## (1) 北条早雲〈馬盗人と国盗人〉

ある時、小田原で馬盗人が捕らえられて北条早雲の前へ引き出された。役人が尋問すると、その馬盗人は、

「私は確かに馬を盗みました」

と言って、正面の早雲を指差し、

「あの人は国を盗みました。どうなりますか」

早雲は馬盗人を、「器量の有る奴だ」と、褒《ほ》めて許した。

## (2) 小山田《おやまだ》信茂〈降参して斬られる〉

小山田信茂は武田家累代の家老の家柄であったが、武田勝頼が戦いに敗れて最後に信茂を頼

ろうとした時、それを拒否した。

信茂は岩殿山《いわどのさん》城（山梨県大月市）を居城としたが、勝頼が入城しようとしたのを断り、織田信忠（信長嫡男）に降伏したのである。勝頼は生きる道をすべて失い、天目山《てんもくざん》（山梨県）で妻子や付き人と共に自害して、武田氏は滅んだ。

小山田信茂は降伏した後、城を出て甲府の善光寺に移っていたが、織田信忠は堀尾吉晴《よしはる》に信茂を殺すことを下知《げち》した。信茂の降伏があまりに遅く、また、信茂の武田家における立場からすれば、当然、勝頼と死を共にすべきものと考えたからである。

信茂の討手《うって》には堀尾吉晴の家臣、則武《のりたけ》三大夫が選ばれ、侍一人が付けられた。信茂に甲冑《かっちゅう》を贈り、信茂が一礼した時に刺し殺せとのことであった。則武は善光寺に行き、甲冑を贈り参らせる由を伝えると、信茂は出て来て一礼した。けれども、則武に討つ気色はなかった。少しして則武は静かに、

「武田家の侍大将として、数代武田家より重恩を受けた身でありながら、このたび主君に背いたこと不義の至りに付き、討手に参り申した。立ち向かわれよ」

と、言った。

「口惜しくも計らわれたものかな。早く首を刎《は》ねられよ」

信茂は観念したが、則武はまだ動かない。

信茂が刀に手を掛け、

「これまででござる」

と、言うと、その時、則武は立ち上がって小山田の首を斬り落とした。

## ⑶ 豊臣秀吉〈腕白盛りのころ〉

豊臣秀吉は尾張中村（名古屋市）に生まれ、幼名を日吉《ひよし》と言った。父に早く死に別れ、母が再婚したので継父《けいふ》と共に暮らしていた。才気があって人に束縛されることを嫌う性格だったので、継父の意に逆らうことが多かった。母が心配してたびたび意見したけれども、少しも言うことを聞かず、我がままを通そうとした。それで日吉八歳の時、母は日吉を光明寺《こうみょうじ》へ連れて行き、何とぞ手習い学問などを学ばせ、後々は出家させたい、と頼んだ。

けれども日吉は、なかなか手習い学問などはせず、朝夕、竹や木で槍・剣術の真似《まね》をしていた。人が武芸や戦さの話をすると耳を傾けて聴いた。常に、

「坊主は皆乞食《こじき》だ、おれは乞食にはならん」

と、言い放題を言い、思うままに遊んでいた。ともすれば人と争い、相手を殴《なぐ》った。後には光明寺の僧も扱いかね、父のもとに返すように言うと、日吉は継父に怒られることを恐れ、大《たい》言壮語《げんそうご》して言うには、

「おれを追い出したら、寺に火を付け焼き払い、坊主どもを皆切り殺すぞ」

と怒るので、寺の僧もいよいよ恐れ、ほかのことにかこ付けて断り、扇子・かたびら（夏の着物）などを与え、慰め諭してようやく寺を出し、親元へ返した。

日吉は家に帰り、田を耕し、雑草を取り、また、川でどじょうを取るなどして暮らしの足しにした。けれども、もともと家が貧しいので、父が他家の下男に出した。しかし、どこへ行っても数か月で戻り、春秋を一か所で暮らすことは無かった。家に帰ると継父に逆らう。母もほ

とんど呆《あき》れ果て、日吉の悪いところを言い聞かせ、涙を流して意見した。日吉はつくづく聞いていたが、やがて、

「わしは東国へ行って生活費を稼ぐつもりだ。近いうちに家を出ようと思う」

と言った。母も日吉が継父と仲が悪いので、とても同居することは出来ないと考え、銭一貫《かん》文《もん》（一千文）を与えて家を出した。日吉十四歳のころのことである。

### ⑷　加藤清正〈虎退治〉

加藤清正は朝鮮で山の麓《ふもと》に宿営したことがあった。ある夜のこと、虎が来て馬を口にくわえて引っ提《さ》げ、柵の上を飛び出た。清正が悔《くや》しがって怒っていると、小姓の上月左膳《こうづきさぜん》も咬《か》み殺された。清正は夜が明けると直ぐ、山を取り巻いて虎狩りを始めた。一匹の虎が生い茂った茅原《かやはら》をかき分け、清正を目掛けて歩いて来た。清正は大きな岩の上で鉄砲を構えて狙《ねら》っている。その間約五十メートルばかりになった時、虎は清正を睨《にら》んで立ち止まった。人々が鉄砲を揃えて打とうとするのを、清正は止めた。自ら打ち殺そうと考えたのである。

虎はほえ猛《たけ》って清正の間近に迫った。口を開けて飛び掛かろうとするところへ、清正は鉄砲を打ち放った。玉はのど深く打ち込まれて、虎はその場に倒れた。虎は起き上がろうとしたが果たせず、遂にそこで息絶えた。

### ⑸　徳川家康〈狩猟・鷹狩りの意味〉

徳川家康が本多正純《まさずみ》に、狩猟について次のように話した。

「狩猟を行うのは大名の習慣である。鳥や獣を追って楽しむためではない。天下無事が続き、身体が安逸に慣れてだらけている。これでは一たび危急の事態になると、何の役にも立たぬ。けれども、人は何事かが無ければ山野を跋渉《ばっしょう》することはない。それで、武を狩猟にこと寄せて、あるいは馬に乗り、あるいは歩き、山坂を乗り越え、川を渡り、自身険阻を体験して、体を騎馬・徒歩に慣れさせる。士卒は労苦を知り、組織として行動することに習熟する。これらはまた世の太平を守る訓練の一つでもある」と。


家康が鷹狩りに出た時、ある村で近臣に向かって、

「今年の麦の作柄は豊年と見えた。その方らは麦の様子を見たか」

と言った。近臣たちは皆、まったく気が付きませんでした、と言う。家康は、

「すべて麦草が左へよれて生えていれば必ず凶作になり、右へよれて生えていれば必ず豊作になる。あの麦草を見よ、全部右へよれている。その上、民百姓の幼児は達者である。これは母の食物が良く、乳が沢山出るからと分かる。また、芋《いも》蔵には去年の芋を家ごとに積んで置き、土を掛けて貯蔵して、百姓の食糧にしている。この芋蔵にはまだ芋が残っているので、きっと食物が尽きることはないと知れる」

家康は鷹狩りに行くのに、途中の百姓の生活にも気を付けていたのである。

## ⑹　本多作左衛門〈簡易を好む〉

本多作左衛門重次《しげつぐ》は徳川家康の家臣であった。生まれ付き簡易を好み、煩雑を嫌い、手短《てみじか》に

物事に区切りを付けることを好んだ。ある時、戦場から妻に手紙を出した。それには、

「一筆啓上《けいじょう》　火の用心　おせん泣かすな　馬肥やせ」

とあった。この手紙は、必要な用件だけを最も手短に述べた手紙の例として、後々まで有名になった。なお、手紙の中にある「おせん」とは、作左衛門の子息仙千代のことで、後の本多成重《なりしげ》（越前＝福井県丸岡藩主）である。


三河（愛知県）で役人が法令を書き出して住民に示したが、百姓どもは一向《いっこう》に守る様子がない。どうしたらよいかと相談した時に、作左衛門が、

「土地の住民は〝いろは〟もろくに知らぬのに、堅い文言《もんごん》をこのような古びた文字をもって高札を立てられては、全然読めないので、何のことか分からない。住民には知らせようがあろう。我らに任せられよ」

と言って、誰にも読める〝いろは〟で「何々のこと」と書いて、

「右にそむく者は作左衛門叱《しか》る」

と、書き加えた。これ以後、国中しっかりと法令を守るようになったという。

### ⑺ 池田輝政〈体の短小を披露〉

池田輝政は関ヶ原の戦功によって五十二万石の大封を受け、播磨の国（兵庫県）姫路城主となった。ある日、江戸城で諸大名の宴会が行われた時のこと、誰かが陰で、輝政の体の短小を嘲《あざけ》った。それを聞いた輝政は、扇を挙げて立ち上がり、舞いながら、

「勇功有ることとかくの如く、封土有ることとかくの如し、この上身の長大を求める要があろうか」

と謡《うた》って、万場にわが身の短小を披露した。

## ⑻　首帳《くびちょう》の付け方〈大坂冬の陣の例〉

首帳を書き付ける時、一番首を持って来ても、二番首を見て後一番首を書き付ける。さて、二番三番と書き付けるが、四番目よりは番付けをしない。首を討った人の名の下には尉《じょう》の字を書く。首の名には尉の字を書いてはいけない。これは昔からの慣例である。

大坂冬の陣の時、豊臣方は大坂城中千畳敷で首帳を付けた。松浦弥左衛門は今福《いまふく》（大阪市）の戦いで、一番首であると言って記帳所へ持参した。帳付けの者が、心得た、と言ったが、松浦は、早く書き付けられよ、と言う。帳付けが、

「我ら受け取り申した。相違なく書き付け申す」

と言うところへ、堀田盛重《もりしげ》の組の渡辺清兵衛が首を持って来て、

「某《それがし》一番首疑いなし。松浦は馬、某は徒歩《かち》である。それ故、帳前への遅速がこのようになったのだ」

帳付けの者が、心得た、と言って、二人共に一番首と書き付けた。

およそ首帳は二番首を見ないうちは書き付けない、という古い言い伝えがあるということである。

## 【使用・参考資料】

### 一 戦国の戦い


(1) 北条早雲〈小田原城乗っ取り〉
加来耕三「現代語訳名将言行録智将編」新人物往来社
海音寺潮五郎「武将列伝二」文春文庫
岡谷繁実「名将言行録(一)」岩波文庫

(2) 毛利元就〈厳島の戦い〉
岡谷繁実「名将言行録(一)」岩波文庫
河合正治編「毛利元就のすべて」のうち小都隆「元就合戦事典」新人物往来社
河合正治「安芸毛利一族」新人物往来社
野村敏雄「小早川隆景」ＰＨＰ文庫
三宅孝太郎「安国寺恵瓊」ＰＨＰ文庫
小和田哲男「戦国合戦事典」ＰＨＰ文庫
古川薫他「智謀の人毛利元就」中公文庫
八尋舜右「毛利元就」成美文庫

(3) 宇喜多直家〈祖父の敵を討つ〉
岡谷繁実「名将言行録(三)」岩波文庫

(4) 柴田勝家〈瓶割り柴田の由来〉
岡谷繁実「名将言行録(二)」岩波文庫

(5) 魚津城兵〈全員切腹〉
小和田哲男「戦国合戦事典」ＰＨＰ文庫
別冊歴史読本「武士道」のうち小和田哲男「武士道の系譜」新人物往来社
遠藤和子「佐々成政」学陽書房

(6) 竹中半兵衛〈稲葉山城乗っ取り〉
小和田哲男「戦国参謀頭の使い方」三笠書房
岡谷繁実「名将言行録(三)」岩波文庫

(7) 羽柴秀吉〈賤ヶ岳の戦い〉
佐竹申伍「加藤清正」ＰＨＰ文庫
佐竹申伍「蒲生氏郷」ＰＨＰ文庫
津本陽「前田利家上」講談社文庫

(8) 島津家久〈島原城の戦い〉
岡谷繁実「名将言行録(三)」岩波文庫

(9) 羽柴秀吉〈鳥取城を兵糧攻め〉
榊山潤訳「信長公記(下)」教育社
池宮彰一郎「本能寺下」毎日新聞社
吹上流一郎「常勝参謀黒田如水」成美文庫
新人物往来社編「豊臣秀長のすべて」のうち池内昭一「豊臣秀長とその時代」新人物往来社
浜野卓也「黒田官兵衛」ＰＨＰ文庫
小和田哲男「戦国合戦事典」ＰＨＰ文庫
桑田忠親監「武将名言100話」立風書房

(10) 羽柴秀吉〈備中高松城を水攻め〉
山路愛山「豊臣秀吉(上)」岩波文庫
安藤英男編「黒田如水のすべて」のうち甲斐素純「黒田如水合戦事典」新人物往来社
小和田哲男「戦国合戦事典」ＰＨＰ文庫
桑田忠親監「武将名言100話」立風書房
高柳光寿「本能寺の変」学研Ｍ文庫

(11) 戦場の恐怖〈その実態〉
吉川英治「上杉謙信」講談社
吉川英治「新書太閤記(四)(六)」講談社
吉川英治「われ以外みなわが師」学陽書房
海音寺潮五郎「武将列伝三」文春文庫
永岡慶之助「大坂の陣名将列伝」学研Ｍ文庫
安藤英男編「加藤清正のすべて」のうち田井友季子「清正をめぐる女たち」新人物往来社

(12) 戦争の惨害〈ひどい戦後〉
笹本正治「武田信玄」中公新書
石川能弘「山本勘助」ＰＨＰ文庫
津本陽「信長私記」新潮文庫
津本陽「武神の階」角川文庫
磯貝正義編「武田信玄のすべて」のうち坂本徳一「武田信玄合戦総覧」新人物往来社
堺屋太一「秀吉(二)」文春文庫
花村奨「前田利家」ＰＨＰ文庫
浜野卓也「吉川元春」ＰＨＰ文庫
鈴木良一「豊臣秀吉」岩波新書


### 二 侍の心懸け


(1) 山県昌景〈武芸四門〉
岡谷繁実「名将言行録(一)」岩波文庫

(2) 山県昌景〈いつも初めての合戦〉
岡谷繁実「名将言行録(一)」岩波文庫

(3) 馬場信房〈敵を見分ける〉
岡谷繁実「名将言行録(一)」岩波文庫

(4) 高畑三河〈たびたび戦っても疲れず〉
湯浅常山「常山紀談上巻」岩波文庫

(5) 弓の上手〈能ある鷹は爪を隠す〉
「備前老人物語」史籍集覧

(6) 稲葉一鉄〈雑賀衆を帰服させる〉

岡谷繁実「名将言行録㈢」岩波文庫
(7) 稲葉一鉄〈徳川勢を称賛〉
神坂次郎「徳川家康」成美文庫
童門冬二「織田信長の人間学」講談社文庫
(8) 豊臣秀吉〈下馬の作法〉
岡谷繁実「名将言行録㈢」岩波文庫
(9) 木村重成〈真田幸村の甥を打たせず〉
岡谷繁実「名将言行録㈤」岩波文庫
(10) 木村重成〈勇士の嗜み〉
岡谷繁実「名将言行録㈤」岩波文庫
(11) 福島正則〈茶道坊主の忠義に感ず〉
岡谷繁実「名将言行録㈣」岩波文庫
(12) 福島正則〈家臣が宇喜多秀家に酒を贈る〉
岡谷繁実「名将言行録㈣」岩波文庫
(13) 鳥居強右衛門〈長篠城を救う〉
二木謙一「長篠の戦い」学研M文庫
花村奨「前田利家」ＰＨＰ文庫
桑田忠親監「武将名言100話」立風書房
(14) 大久保兄弟〈長篠で奮戦〉
岡谷繁実「名将言行録㈥」岩波文庫
(15) 花房助兵衛〈戦国勇士の姿〉
岡谷繁実「名将言行録㈢」岩波文庫
海音寺潮五郎「乱世の英雄」文春文庫
(16) 本多忠勝〈東国無双の勇者〉
岡谷繁実「名将言行録㈢㈦」岩波文庫
(17) 母里太兵衛〈名槍を飲み取る〉
綿谷雪「実録後藤又兵衛」中公文庫
浜野卓也「黒田官兵衛」ＰＨＰ文庫
(18) 可児才蔵〈武勇談〉
別冊歴史読本「武士道」のうち浅田耕三「可児才蔵」新人物往来社
小和田哲男「日本の歴史合戦おもしろ話」三笠書房
(19) 可児才蔵〈研ぎ澄まされた槍先〉
岡谷繁実「名将言行録㈣」岩波文庫
(20) 可児才蔵〈長太刀の技で会釈〉
岡谷繁実「名将言行録㈣」岩波文庫
(21) 武田信玄〈臆病者の使い道〉
岡谷繁実「名将言行録㈠」岩波文庫
(22) 松永久秀〈百会の灸〉
「備前老人物語」史籍集覧
(23) 明智光春〈最後の始末〉
岡谷繁実「名将言行録㈡」岩波文庫
(24) 稲葉一鉄〈命を助けた下人〉
湯浅常山「常山紀談上巻」岩波文庫
(25) 前田利長〈切腹仕損じ者を抱える〉
岡谷繁実「名将言行録㈢」岩波文庫
(26) 池田利隆〈殉死を止める〉
湯浅常山「常山紀談下巻」岩波文庫
(27) 殉死の辞世〈ある下人の歌〉
岡谷繁実「名将言行録㈦」岩波文庫

### 三 上に立つ者（主君・将）

(1) 甘利晴吉〈馬糞水で部下を救う〉
岡谷繁実「名将言行録㈠」岩波文庫
(2) 徳川家康〈家康の宝〉
神坂次郎「徳川家康」成美文庫
(3) 加藤嘉明〈浪々の家臣に禄〉
岡谷繁実「名将言行録㈣」岩波文庫
(4) 池田輝政〈家臣をかばう〉
岡谷繁実「名将言行録㈢」岩波文庫
(5) 加藤清正〈下僕の心懸けを賞す〉
岡谷繁実「名将言行録㈣」岩波文庫
(6) 徳川家康〈家来の相続人を命ず〉
岡谷繁実「名将言行録㈣」岩波文庫
(7) 黒田長政〈忠義の小者を罰せず〉
岡谷繁実「名将言行録㈣」岩波文庫
(8) 前田利長〈家臣の暇請いを許す〉
岡谷繁実「名将言行録㈢」岩波文庫
(9) 武田信玄〈部下を激励する工夫〉
岡谷繁実「名将言行録㈠」岩波文庫
(10) 蒲生氏郷〈自身先陣で戦う〉
岡谷繁実「名将言行録㈢」岩波文庫
(11) 加藤清正〈飯田覚兵衛の述懐〉
岡谷繁実「名将言行録㈣」岩波文庫
(12) 立花道雪〈家臣全員を勇士にする〉
岡谷繁実「名将言行録㈢」岩波文庫
(13) 豊臣秀吉〈人を褒美で使う〉
岡谷繁実「名将言行録㈢」岩波文庫
(14) 黒田官兵衛〈昼盗人を奨励する〉
岡谷繁実「名将言行録㈣」岩波文庫
(15) 堀尾吉晴〈家来を褒め損なう〉
湯浅常山「常山紀談上巻」岩波文庫
(16) 徳川家康〈家臣の進言を喜ぶ〉
岡谷繁実「名将言行録㈤」岩波文庫
(17) 徳川家康〈主人を諌める難しさ〉
岡谷繁実「名将言行録㈤」岩波文庫
(18) 徳川家康〈本多正重の直言〉
湯浅常山「常山紀談中巻」岩波文庫

(19)　黒田長政〈家臣の諌言を聞く〉
岡谷繁実「名将言行録(四)」岩波文庫
(20)　黒田長政〈異見会を開く〉
岡谷繁実「名将言行録(四)」岩波文庫
(21)　豊臣秀吉〈新納忠元を服させる〉
岡谷繁実「名将言行録(三)」岩波文庫
(22)　加藤清正〈敵を家来にする〉
岡谷繁実「名将言行録(四)」岩波文庫
(23)　徳川家康〈武田の旧臣を抱える〉
岡谷繁実「名将言行録(五)」岩波文庫
(24)　武田信玄〈信長の日常を聞く〉
奥野・岩沢校注「信長公記」角川文庫
(25)　武田信玄〈軍勝率で士気を警戒〉
岡谷繁実「名将言行録(一)」岩波文庫
(26)　柴田勝家〈大将の威権〉
岡谷繁実「名将言行録(二)」岩波文庫
(27)　豊臣秀吉〈降将を逃がす〉
岡谷繁実「名将言行録(三)」岩波文庫
(28)　豊臣秀吉〈源頼朝と天下友達〉
岡谷繁実「名将言行録(三)」岩波文庫
(29)　豊臣秀吉〈行き過ぎを戒める〉
岡谷繁実「名将言行録(三)」岩波文庫
(30)　豊臣秀吉〈織田信長を批評する〉
岡谷繁実「名将言行録(三)」岩波文庫
(31)　土屋検校〈秀吉と信玄・謙信との違い〉
岡谷繁実「名将言行録(三)」岩波文庫
(32)　黒田官兵衛〈家臣の心を子長政に移す〉
岡谷繁実「名将言行録(四)」岩波文庫
(33)　徳川家康〈あかぎれだらけの足〉
池波正太郎「さむらいの巣」PHP文庫
(34)　黒田官兵衛〈盗人の処理〉
岡谷繁実「名将言行録(四)」岩波文庫
(35)　板倉勝重〈検死法を説明〉
岡谷繁実「名将言行録(七)」岩波文庫
(36)　板倉勝重〈盗賊を見付ける〉
岡谷繁実「名将言行録(七)」岩波文庫
(37)　板倉勝重〈町奉行と京都所司代〉
岡谷繁実「名将言行録(七)」岩波文庫

## 四　下で支える者（家来）

(1)　小森沢何某〈謙信の身を守る〉
岡谷繁実「名将言行録(二)」岩波文庫
(2)　木下藤吉郎〈信長の草履取り〉
岡谷繁実「名将言行録(三)」岩波文庫
(3)　明智光春〈本能寺の変前後のこと〉
岡谷繁実「名将言行録(二)」岩波文庫
(4)　堀直政〈主君の供をする時の覚悟〉
岡谷繁実「名将言行録(三)」岩波文庫
(5)　老臣鳥居忠吉〈家康への忠誠〉
岡谷繁実「名将言行録(六)」岩波文庫
(6)　本多作左衛門〈家康の疔を治す〉
岡谷繁実「名将言行録(六)」岩波文庫
(7)　大崎長行に奉公した女
岡谷繁実「名将言行録(四)」岩波文庫
(8)　可児才蔵〈鶉を拝領した時〉
岡谷繁実「名将言行録(四)」岩波文庫
(9)　浅野長政〈秀吉の朝鮮政策に苦言〉
岡谷繁実「名将言行録(四)」岩波文庫
(10)　鈴木久三郎〈家康を必死で諌める〉
岡谷繁実「名将言行録(五)」岩波文庫
(11)　本多作左衛門〈殿様の瓜畑を荒らす〉
岡谷繁実「名将言行録(六)」岩波文庫
(12)　本多作左衛門〈人を煮る釜を砕く〉
岡谷繁実「名将言行録(六)」岩波文庫
(13)　本多作左衛門〈秀吉の前で悪態をつく〉
岡谷繁実「名将言行録(六)」岩波文庫
(14)　西村左馬之允〈蒲生氏郷と相撲〉
岡谷繁実「名将言行録(三)」岩波文庫
(15)　加藤清正家臣〈手柄を競う〉
岡谷繁実「名将言行録(四)」岩波文庫

## 五　横の結び付き（交際）

(1)　上杉謙信と向井与左衛門〈返り感状〉
湯浅常山「常山紀談上巻」岩波文庫
(2)　佐々成政・前田利家・柴田勝家〈功名譲り〉
岡谷繁実「名将言行録(二)」岩波文庫
(3)　鳥居元忠と徳川家康〈娘捜し〉
岡谷繁実「名将言行録(六)」岩波文庫
(4)　本多忠勝と牧宗治郎〈槍合わせ〉
岡谷繁実「名将言行録(七)」岩波文庫
(5)　永井直勝と井伊直政〈直政増地不満〉
岡谷繁実「名将言行録(七)」岩波文庫
(6)　伊達政宗と今川求馬〈質流れ品〉
岡谷繁実「名将言行録(三)」岩波文庫
(7)　伊達政宗と鈴木石見〈奥州と水戸〉

岡谷繁実「名将言行録㈢」岩波文庫
(8) 伊達政宗の景品〈瓢箪から駒〉
岡谷繁実「名将言行録㈢」岩波文庫
(9) 徳川家康と伊達政宗〈狩場盗み〉
岡谷繁実「名将言行録㈢」岩波文庫
(10) 前田利家〈浅野長政父子を救う〉
岡谷繁実「名将言行録㈡」岩波文庫
(11) 徳川家康〈伊達政宗をかばう〉
岡谷繁実「名将言行録㈢」岩波文庫
(12) 徳川家康〈小早川秀秋を弁護〉
岡谷繁実「名将言行録㈤」岩波文庫
(13) 豊臣秀吉〈家康を大名支配に利用〉
岡谷繁実「名将言行録㈢」岩波文庫

## 六 内助の功

(1) 山内一豊の妻千代〈夫に名馬を買わす〉
岩原信守「山内一豊夫妻と馬の話について」南国史談第25号
(2) 細川忠興の妻玉子（ガラシャ）〈その生涯〉
上総英郎編「細川ガラシャのすべて」新人物往来社
小和田哲男「人物編日本の歴史がわかる本」三笠書房
永井路子「歴史をさわがせた女たち日本篇」文春文庫
中村晃「直江兼続」PHP文庫
(3) 山内一豊の妻千代〈大坂の状況報告〉
岩原信守校注「土佐物語」明石書店
(4) 真田信幸の妻小松〈城を守る〉
池波正太郎「さむらいの巣」PHP文庫
佐竹申伍「真田幸村」PHP文庫

## 七 教育

(1) 細川藤孝〈灯油を盗んで夜学する〉
岡谷繁実「名将言行録㈡」岩波文庫
(2) 武田信玄〈学問の必要を説く〉
岡谷繁実「名将言行録㈠」岩波文庫
(3) 武田信玄〈老武者の話を聴く〉
岡谷繁実「名将言行録㈠」岩波文庫
(5) 稲葉一鉄〈学問の功で刺殺を免れる〉
岡谷繁実「名将言行録㈢」岩波文庫
(6) 島津義久〈和歌で人質を取り戻す〉
岡谷繁実「名将言行録㈢」岩波文庫
(7) 長宗我部元親〈"袖鏡"を編集する〉
岩原信守校注「土佐物語」明石書店
(8) 太田道灌〈親の教訓を批判する〉
岡谷繁実「名将言行録㈠」岩波文庫
(9) 織田信長〈小姓を教育する〉
「備前老人物語」史籍集覧
(10) 織田信長〈長男信忠の教育〉
岡谷繁実「名将言行録㈡」岩波文庫
(11) 蒲生氏郷〈小姓の無作法を叱る〉
岡谷繁実「名将言行録㈢」岩波文庫
(12) 黒田長政〈若侍を諭す〉
岡谷繁実「名将言行録㈣」岩波文庫
(13) 板倉勝重〈子重宗を戒める〉
岡谷繁実「名将言行録㈦」岩波文庫
(14) 蜂須賀家政〈孫を訓戒する〉
岡谷繁実「名将言行録㈣」岩波文庫
(15) 安藤直次〈徳川頼宣を諫める〉
岡谷繁実「名将言行録㈥」岩波文庫
(16) 黒田官兵衛〈いたずら者を折檻する〉
岡谷繁実「名将言行録㈣」岩波文庫
(17) 黒田官兵衛〈博打打ちを戒める〉
岡谷繁実「名将言行録㈣」岩波文庫
(18) 黒田官兵衛〈倹約を徹底する〉
岡谷繁実「名将言行録㈣」岩波文庫
(19) 太田道灌〈将軍の猿を仕付ける〉
岡谷繁実「名将言行録㈠」岩波文庫
(20) "小僧三か条"の教訓
岡谷繁実「名将言行録㈤㈦」岩波文庫

## 八 知恵の働き

(1) 豊臣秀吉〈石田三成を召し出す〉
岡谷繁実「名将言行録㈤」岩波文庫
(2) 塚原卜伝〈弟子の心懸けを見る〉
湯浅常山「常山紀談下巻」岩波文庫
(3) 北条氏康〈子氏政を見る〉
岡谷繁実「名将言行録㈠」岩波文庫
(4) 可児才蔵〈兵法者を見る〉
岡谷繁実「名将言行録㈣」岩波文庫
(5) 豊臣秀吉〈蒲生氏郷を奥州へ〉
岡谷繁実「名将言行録㈢」岩波文庫
(6) 徳川家康〈平塚越中守を助命〉
岡谷繁実「名将言行録㈤」岩波文庫
(7) 織田信長〈偽善僧を成敗〉
岡谷繁実「名将言行録㈡」岩波文庫

(8) 高坂昌信〈犬神使いを斬る〉
岡谷繁実「名将言行録(一)」岩波文庫
(9) 蒲生氏郷〈弁才の知者を退ける〉
岡谷繁実「名将言行録(三)」岩波文庫
(10) 加藤清正〈少年時代の機転〉
安藤英男編「加藤清正のすべて」のうち
田井友季子「清正をめぐる女たち」新人物往来社
(11) 石田三成〈荻と葭を管理〉
岡谷繁実「名将言行録(五)」岩波文庫
(12) 石田三成〈米俵で堤防を修理〉
岡谷繁実「名将言行録(五)」岩波文庫
(13) 加藤清正〈勝つための武略〉
加来耕三「家康の天下取り」中公文庫
(14) 木下藤吉郎〈清洲城の石垣修理〉
岡谷繁実「名将言行録(三)」岩波文庫
(15) 木下藤吉郎〈墨股城を築く〉
吉田蒼生雄訳「武功夜話一」新人物往来社
桑田忠親編「豊臣秀吉のすべて」のうち
米原・二木「豊臣秀吉合戦事典」新人物往来社
津本陽「信長私記」新潮文庫
(16) 直江兼続〈冥土へ使いを送る〉
津本陽「のるかそるか」文春文庫
岡谷繁実「名将言行録(二)」岩波文庫
(17) 山中鹿之介〈盗賊を懲らしめる〉
岡谷繁実「名将言行録(一)」岩波文庫
(18) 榊原康政〈秀吉を謗る札〉
湯浅常山「常山紀談上巻」岩波文庫
(19) 徳川家康〈信長を脅す〉
岡谷繁実「名将言行録(五)」岩波文庫
(20) 後藤又兵衛〈戦況を予測〉
岡谷繁実「名将言行録(五)」岩波文庫
(21) 本多正信〈石田三成を利用〉
岡谷繁実「名将言行録(六)」岩波文庫
(22) 本多正信〈家康と秀忠の仲を取り持つ〉
岡谷繁実「名将言行録(六)」岩波文庫
(23) 酒井忠次〈長篠での戦略〉
桑田忠親監「武将名言100話」立風書房
(24) 内藤昌豊〈上人と葬式で論議〉
岡谷繁実「名将言行録(一)」岩波文庫
(25) 東軍武将の妻子〈大坂脱出作戦〉
安藤英男編「加藤清正のすべて」のうち
池内昭一「清正と関ヶ原役」新人物往来社
安藤英男編「黒田如水のすべて」のうち
小石房子「如水をめぐる女たち」新人物往来社
(26) 小早川隆景〈深謀遠慮〉
岡谷繁実「名将言行録(一)」岩波文庫
(27) 小早川隆景〈才知と思案〉
岡谷繁実「名将言行録(一)」岩波文庫


## 九 情が伝わる


(1) 原虎胤〈敵の老武者をいたわる〉
岡谷繁実「名将言行録(一)」岩波文庫
(2) 島津家久〈敵の敗将を悼む〉
岡谷繁実「名将言行録(三)」岩波文庫
(3) 徳川家康〈武田信玄の死を悼む〉
岡谷繁実「名将言行録(五)」岩波文庫
(5) 島津義弘〈愛馬に以心伝心〉
岡谷繁実「名将言行録(三)」岩波文庫
(6) 明智光春〈湖水を渡った愛馬〉
岡谷繁実「名将言行録(二)」岩波文庫
(7) 徳川家康〈馬は大事に扱うもの〉
岡谷繁実「名将言行録(五)」岩波文庫
(8) 日本の犬〈明の虎を倒す〉
海音寺潮五郎「さむらいの本懐」文春文庫
杉本苑子「太閤さまの虎」中公文庫


## 十 その他のこと


(1) 北条早雲〈馬盗人と国盗人〉
岡谷繁実「名将言行録(一)」岩波文庫
(2) 小山田信茂〈降参して斬られる〉
湯浅常山「常山紀談上巻」岩波文庫
(3) 豊臣秀吉〈腕白盛りのころ〉
岡谷繁実「名将言行録(三)」岩波文庫
(4) 加藤清正〈虎退治〉
岡谷繁実「名将言行録(四)」岩波文庫
(5) 徳川家康〈狩猟・鷹狩りの意味〉
岡谷繁実「名将言行録(五)」岩波文庫
(6) 本多作左衛門〈簡易を好む〉
岡谷繁実「名将言行録(六)」岩波文庫
(7) 池田輝政〈体の短小を披露〉
岡谷繁実「名将言行録(三)」岩波文庫
(8) 首帳の付け方〈大坂冬の陣の例〉
「備前老人物語」史籍集覧

武将《ぶしょう》たちの四季《しき》

二〇〇三年十月十日　第一刷

著者　岩《いわ》原《はら》信《のぶ》守《もり》

発行人　浜　正史

発行所　元《げん》就《しゅう》出版社

〒171-0022

東京都豊島区南池袋四—二〇—九

サンロードビル2F・B

電話　〇三—三九八六—七七三六

FAX　〇三—三九八七—二五八〇

振替　〇〇一二〇—三—三一〇七八

印刷　東洋経済印刷

落丁・乱丁本はお取り替えいたします。





ISBN4-906631-99-1 C0021